U0135595

約翰 D 洛克菲勒 著
John D. Rockefeller

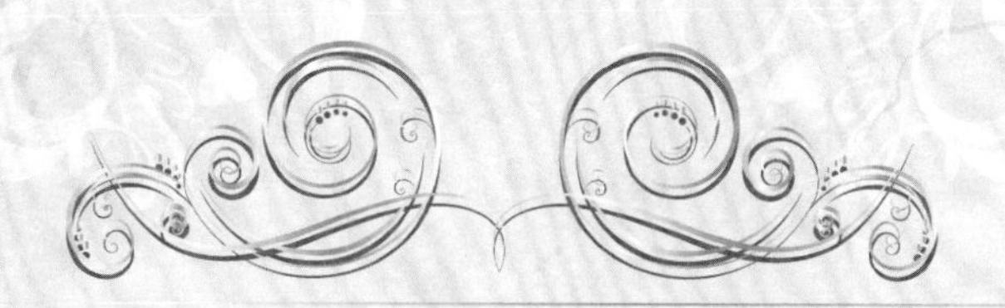

洛克菲勒
給子女的一生忠告

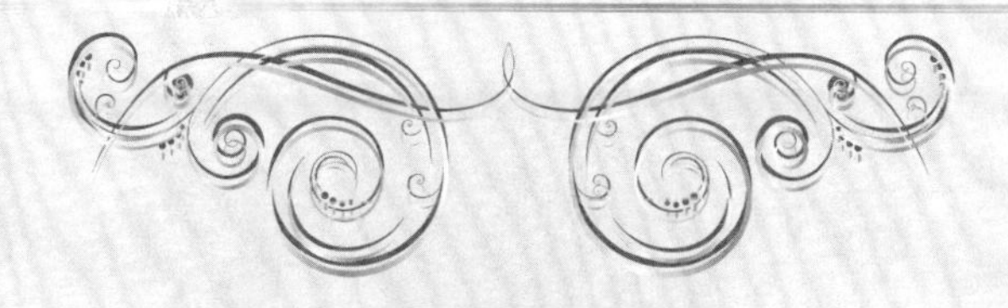

·典藏精裝版·

史上首位億萬富翁

親傳子女的成功致富法則

【DVD MP3使用說明】

本書MP3音檔總時數為11小時46分鐘，
故以較大容量的DVD光碟燒錄成有聲DVD-MP3（無影像）。
一般CD Player無法讀取，可選擇播放方式如下：

1.直接讀取光碟播放：請使用電腦、DVD Player播放。
2.下載：將光碟內的音檔下載至電腦、手機、MP3隨身碟、USB…等裝置聆聽。
3.燒錄CD光碟：下載檔案，選用CD格式光碟燒錄，於CD Player播放。

前　言

PREFACE

歷史上最富有的美國人究竟是誰？世界著名財經雜誌《富比士》近期公佈了答案——他就是約翰．D．洛克菲勒（1839~1937）。富比士排行榜所引用的個人資產總額均為上榜富豪巔峰期的資料，為了更準確地反映出他們對於美國經濟的影響，富比士對照當時的美國國內生產總值（GDP），將所有人的個人資產轉化為2006年的美元標準。因此，如果約翰．D．洛克菲勒今天仍然健在，他的個人資產將是比爾．蓋茲的數倍。

美國早期的富豪，多半靠機遇成功，唯有約翰．洛克菲勒例外。他並非多才多藝，但異常冷靜、精明，並富有遠見。憑藉自己獨有的魄力和手段，白手起家，一步一步地建立起他那龐大的石油帝國。在他漫長的一生中，人們對他毀譽參半，有人認為他只不過是極具野心、唯利是圖的企業家，也有人恭維他是個慷慨的慈善家。

約翰．洛克菲勒出生於紐約州力奇福德（Richford）鎮，父親威廉．埃弗裏．洛克菲勒是一個無執照的密醫，母親伊莉莎．大衛森是一個虔誠的浸禮會教徒。由於其父缺乏責任心，長年在外以藥販身份流浪，導致家庭生活艱難。母親伊莉莎肩負起養家糊口的繁重任務，獨自撫養五個子女。

洛克菲勒作為長子，從父親那裏學會了講求實際的經商之道，又從母親那裏學到了精細、節儉、守信用，和一絲不苟的長處，這對他日後的成功產生了莫大的影響。幼年時，洛克菲勒曾將自己捉到的小火雞精心餵養，挑好的在市集上出售。12歲時存了50美元，他把錢借給鄰居，收取本息。

1855年，由於其父的原因洛克菲勒不能繼續上學，離7月16日高中畢業典禮只差兩個月。約翰聽從父親的建議，花了40塊錢在福爾索姆商業學院克裏夫蘭分校讀了一個為期三個月的課程。

1858年洛克菲勒以800美元的積蓄加上從父親那裏以一分利借來的1000美元，同克拉克合夥成立了克拉克—洛克菲勒公司，主要經營農產品。他未參加南北戰爭，卻在戰爭期間賺取了豐厚利潤，1862年公司利潤達到17000美元。

1897年，從標準石油公司退休後，洛克菲勒專注於慈善事業。中國在洛克菲勒基金會的海外投資中獨佔鰲頭。眾所周知的是，北京協和醫院及醫學院是洛克菲勒基金會在中國最大、最著名的一項事業；鮮為人知的是，周口店「北京人」的挖掘和考古工作，洛克菲勒基金會從一開始就參與其中。

約翰．洛克菲勒曾說，賺錢的能力是上帝賜給洛克菲勒家族的一份禮物。出於對家族的責任感，年邁體衰的老洛克菲勒後來把這種人生觀傳遞給了他唯一的兒子——小約翰．D．洛克菲勒。勞倫斯也從祖父那裏繼承了賺錢的天賦，他的名下擁有15億美元的資產，在《富比士》全球587位億萬富翁中排名第377位。

2004年7月11日，坐擁億萬家產、在美國叱吒風雲的勞倫斯·洛克菲勒在睡夢中與世長辭，享年94歲。這位洛克菲勒家族的第3代傳人，儘管含著金湯匙出生，卻絕不是一位紈絝子弟，他在有生之年不僅開了風險投資的先河，還為美國的環保及慈善事業作出了不朽的貢獻。

對於中國人來說，「富不過3代」似乎是鐵一般的定律，然而洛克菲勒家族從發跡至今已經綿延6代，仍未現頹廢和沒落的跡象。這與他們的財富觀念和從小對子女的教育息息相關。他們的家族崇尚節儉並熱衷創造財富。這兩點從洛克菲勒家族的中興之主勞倫斯·洛克菲勒的一生中體現得尤其充分。

洛克菲勒家族的子孫之所以能獲得日後非凡的成就，和他們自小受到的家庭教育有很大關係。為了避免孩子被家族的光環寵壞，不管是老約翰·洛克菲勒還是小約翰·洛克菲勒，在教子方面相當花心思，並有一套祖傳教育計畫。老約翰·洛克菲勒每星期只給孩子5美元零用錢，並且要求孩子記帳。小約翰·洛克菲勒鼓勵勞倫斯等孩子做家務賺錢：抓到走廊上的蒼蠅，每100隻獎勵一角錢；捉住閣樓上的老鼠每隻5分；背柴、劈柴也有獎金。勞倫斯和哥哥尼爾遜，分別在7歲和9歲時取得了擦全家皮鞋的特權，每雙皮鞋2分，長筒靴每雙1角。

作為浸禮會教友，洛克菲勒家族抵制跳舞和酗酒，因此在他們的家裏看不見富人豪宅裏常有的舞廳和酒吧。虔誠的宗教信仰，令洛克菲勒家族在優越的生活中依然保持節約。

約翰·洛克菲勒雖然在商界創造出輝煌的成績，但他同樣是現代商業史上最富爭議的人物之一。一方面，他創建的標準石油公司，在巔峰時期曾壟斷全美80%的煉油工業和90%的油管生意。另一方面，洛克菲勒篤信基督教，以他名字命名的基金會，秉承「在全世界造福人類」的宗旨，捐款總額高達5億美元。這種看似相互衝突的精神狀態，使洛克菲勒的創業史在美國早期富豪中頗具代表性：異常冷靜、精明，富有遠見，憑藉獨有的魄力和手段，一步步建立起龐大的商業帝國。洛克菲勒曾說：

「如果把我剝得一文不名丟在沙漠的中央，只要一行駝隊經過——我就可以重建整個商業王朝。」

在今天的美國，要完全躲避洛克菲勒家族的影響幾乎是不可能的，毫不誇張地說，洛克菲勒家族在過去150年的發展史就是整個美國歷史的一個精確縮影，並且已經成為美國國家精神的傑出代表。

目 錄

CONTENTS

下篇　洛克菲勒的29條教子法則　275

上篇　洛克菲勒

寫給兒子的38封信

Letter

01

做善於裝傻的聰明人

知識原本是空的，除非將知識付諸行動，
否則什麼事都不會發生。

教科書上的知識幾乎都是那些皓首窮經的學者在象牙塔裡編撰出來的，它難以幫你解決實際問題。

在苦難中向上攀爬的人，知道什麼叫千方百計地去尋找方法、手段，讓自己得救。

只有長久地吃苦，才有長久的收穫。

做好小事是成就大事的基石。

一頭豬好好被誇獎一番，牠就能爬到樹上去。

每一次說「不懂」的機會，都會成爲我們人生的轉捩點。

裝傻的含義，是放低姿態，變得謙虛，換句話說，
就是隱藏你的聰明。

October 9, 1890

親愛的約翰：

明天，我要回老家克里夫蘭處理一些家族的事情。我希望在此期間，你能代我打理一些事務。但我提醒你，如果你遇到某些棘手或自己拿不定主意的事情，你要多向蓋茨先生請教和諮詢。

蓋茨先生是我最得力的助手，他忠實眞誠、直言不諱、盡職盡責，而且精明幹練，總能幫我做出明智的抉擇，我非常信任他，我相信他一定會對你大有幫助，前提是你要尊重他。

兒子，我知道你是布朗大學的優秀畢業生，你在經濟學與社會學方面的知識十分優秀。但是，你應該清楚，**知識原本是空的，除非將知識付諸行動，否則什麼事都不會發生。**而且，**教科書上的知識幾乎都是那些皓首窮經的學者在象牙塔裡編撰出來的，它難以幫你解決實際問題。**

我希望你能去除對知識、學問的依賴心理，這是你走上人生坦途的關鍵。

你需要知道，學問本身並不怎麼樣，學問必須加以活用，才能發揮作用，要成爲能夠活用學問的人，你必須首先成爲具有實務能力的人。

那麼實務能力從哪裡來呢？在我看來它就潛藏在苦難之中。我的經驗告訴我，走過艱難之路──佈滿艱辛、不幸、失敗和困難的道路，不僅會鑄就我們堅強的性格，我們賴以成就大事的實務能力亦將應運而生。**在苦難中向上攀爬的人，知道什麼叫千方百計地去尋找方法、手段，讓自己得救**。處心積慮地去吃苦，是我篤信的成功信條之一。

也許你會譏諷我，認爲沒有比想吃苦再傻的了。不！沒有不幸體驗的人，反而不幸。很多事情都是來得快去得也快，那些實現了一夜成名、一夜暴富夢想的人們，有誰不是很快就銷聲匿跡了？吃苦所得到的，是將你的事業帝國建築在堅實的地面上，而不是流沙裡。人要有遠見，**只有長久地吃苦，才有長久的收穫**。

我相信你已經發現了，自你在我身邊工作以來，我並沒有讓你肩負重擔去挑。但這並不表明我懷疑你的能力，我只是希望你善於做小事而已。

做好小事是成就大事的基石。如果你從一開始就高高在上，便無法體會部屬的心情，也就不能眞正地活用別人。在這個世界上要活下去，要創造成就，你必須藉助於人力，即別人的力量，但你必須從做小事開始，才會瞭解當部屬的心情，等你有一天走上更高的職位，你就知道如何讓他們貢獻出全部的工作熱情了。

兒子，世界上只有兩種頭腦聰明的人：一種是活用自己的聰明人，例如藝術家、學者、演員；一種是活用別人的聰明人，例如經營者、領導者。第二種人需要一種特殊的能力——抓住人心的能力。但很多領導者都是聰明的傻瓜，他們以爲要抓住人心，就得依據由上而下的指揮方式。在我看來，這非但不能得到領導力，反而會降低很多。要知道，每個人對自己受到輕視都非常敏感，被看矮一截會喪失幹勁。這樣的領導者只會使部屬無能。

一頭豬好好被誇獎一番，牠就能爬到樹上去。善於驅使別人的經營者、領導者或大有作爲的人，一向寬宏大量，他們懂得重視別人和讚美他人的藝術。這意味著他們要有感情的付出。而付出深厚感情的上司最終必贏得勝利，並獲得部屬更多敬重。

沒有知識的人終無大用，但有知識的人很可能成爲知識的奴隸。每個人都需要知道，一切的知識都會轉化爲先入爲主的觀念，結果是形成一邊倒的保守心理，認爲「我懂、我瞭解、社會本來就是這樣」。有了『懂』的感覺，就會缺乏想要知道的興趣，沒有興趣就將喪失前進的動力，等待他的也只剩下百般無聊了。這就是因爲「不懂」才成功的道理。

但是，受自尊心、榮譽感的支配，很多有知識的人對「不懂」總是難以啓齒，好像向別人請教，表示自己不懂，是見不得人的事，甚至把無知當罪惡。這是自作聰明，這種人永遠都不會理解那句偉大的格言——**每一次說「不懂」的機會，都會成為我們人生的轉捩點**。

自作聰明的人是傻瓜，懂得裝傻的人才是眞聰明。如果把聰明視爲可以撈到好處的標準，那我顯然不是一個傻瓜。

直到今天我都能清晰記得一次裝傻的情景，當時我正爲如何籌借到一萬五千塊錢大傷腦筋，走在大街上我都在苦思冥想這個問題。說來有意思，正當我滿腦子閃動著借錢、借錢的念頭時，有位銀行家攔住了我的去路，他在馬車上低聲問我：「你想不想用五萬塊錢，洛克菲勒先生？」我走運了嗎？我有點不相信自己的耳朵。但在那一瞬間我沒有表現出絲毫的急切，我看了看對方的臉，慢條斯理地告訴他：「是這樣……你能給我二十四小時考慮一下嗎？」結果，我以最有利於我的條件與他達成了借款合約。

裝傻帶給你的好處很多很多。**裝傻的含義，是放低姿態，變得謙虛，換句話說，就是隱藏你的聰明**。越是聰明的人越有裝傻的必要，因爲就像那句格言所說的——越是成熟的稻子，越垂下稻穗。

兒子，有了愛好，然後才能做得靈巧。現在，就開始熱愛裝傻吧！

我料想得到，在我離開的日子裡，讓你獨當一面對你而言絕非易事，但這沒有什麼。「讓我等等再說」，是我在經商中始終奉行的格言。我做事總有一個習慣，在做決定之前，我總會冷靜地思考、判斷，但我一旦做出決定，就將義無反顧地執行到底。我相信你也能做到。

愛你的父親

Letter

02

人生樂趣源於對工作的態度

失去工作就等於失去快樂，但令人遺憾的是，
有些人卻要在失業後，才能體會到這一點。

我從未嚐過失業的滋味，這並非我運氣好，
而在於我從不把工作視爲毫無樂趣的苦役，
卻因此能從工作中找到無限的快樂。

工作以最卑微的積累形式表現出來，並奠定幸福的基礎，
工作是豐富生命的調味料。

不管一個人的野心有多麼大，他至少要先起步，才能到達高峰。

收入只是你工作的附贈品，做好你該做的事，
出色完成你該完成的工作，理想的薪水必然會隨之而來。

工作是一種態度，它決定了我們快樂與否。

如果你視工作爲一種樂趣，人生就是天堂；
如果你視工作爲一種義務，人生就是地獄。

November 9，1897

親愛的約翰：

我曾經看過這麼一則寓言，讀來很有意思，也讓我感觸良多。

在古老的歐洲，有一個人在他死後，發現自己來到一個美妙而又能享受一切的地方。他剛踏進那片樂土，就有個看似侍者模樣的人走過來問他：「先生，您有什麼需要嗎？在這裡您可以擁有一切您想要的：所有的美味佳餚，所有可能的娛樂以及各式各樣的消遣，其中不乏妙齡美女，都可以讓您盡情享用。」

這個人聽了以後，感到有些驚奇，但非常高興，他暗自竊喜：這不正是我在人世間的夢想嘛！一整天他遍嚐所有佳餚美釀，同時盡享美色滋味。然而，有一天，他卻對這一切感到索然無味了，於是他就對侍者說：「我對這一切感到很厭煩，我需要做一些事情。你可以給我找一份工作做嗎？」

沒想到，這位侍者模樣的人卻搖了搖頭：「很抱歉，先生。這是我們這裡唯一不能為您做的，這裡沒有工作可以給您。」

這個人非常沮喪，並憤怒地揮動著手說：「這眞是太糟糕了！那我乾脆待在地獄裡好了！」

「您以爲這裡是什麼地方呢？」那位侍者溫和地回答。

約翰，這則頗富幽默感的寓言似乎告訴我：**失去工作就等於失去快樂，但令人遺憾的是，有些人卻要在失業後，才能體會到這一點。**眞是不幸！

我可以非常自豪地說，**我從未嚐過失業的滋味，這並非我運氣好，而在於我從不把工作視為毫無樂趣的苦役，卻因此能從工作中找到無限的快樂。**

我認爲，工作是一項特權，它帶來比維持生活更豐富的事物。工作是所有生意的基礎，所有繁榮的來源，也是天才的塑造者。工作使年輕人奮發有爲，比他的父母做得更多，不管他們多麼有錢。**工作以最卑微的積累形式表現出來，奠定幸福的基礎。工作是豐富生命的調味料。**但人們必須先愛它，它才能給予人們最大的恩惠、最好的結果。

我初進商場時，時常聽說，一個人想爬到高峰需要做很多犧牲。然而，歲月流逝，我開始瞭解到很多正爬向高峰的人，並不是在「付出代價」。他們努力工作是因爲他們眞正地喜愛工作。任何行業中往上爬的人都是完全投入正在做的事情，且專心致志。衷心喜愛從事的工作，自然也就成功了。

熱愛工作是一種信念。懷著這個信念，我們能把絕望的大山鑿成一塊希望的磐石。一位偉大的畫家說得好：「痛苦終將過去，但是美麗永存」。

但有些人顯然不夠聰明，他們有野心，卻對工作過分挑剔，一直在尋找「完美的」雇主或工作。事實是，雇主需要準時工作、誠實而努力的員工，他只將加薪與升遷機會留給那些格外努力、格外忠心、格外熱心、花更多的時間做事的員工，因爲他在經營生意，而不是在做慈善事業，他需要的是那些更有價值的人。

不管一個人的野心有多麼大，他至少要先起步，才能到達高峰。一旦起步，繼續前進就不太困難了。工作越是困難或不愉快，越要立刻去做。等的時間越久，就變得越困難、可怕，這有點像射擊，你瞄準的時間越長，射擊的機會就越渺茫。

我永遠也忘不了第一份工作——簿記員的經歷，那時我雖然每天天剛亮就得去上班，辦公室裡點著的油燈又很昏暗，但那份工作從未讓我感到枯燥乏味，反而令我深深著迷和喜悅，連辦公室裡的一切繁文縟節都不能讓我對它失去熱心。其結果是雇主不斷地爲我加薪。

收入只是你工作的附贈品，做好你該做的事，出色完成你該完成的工作，理想的薪水必然會隨之而來。而更爲重要的是，我們工作的最高報酬，不是我們獲得了什麼，而是我們會因此成爲什麼。那些頭腦活躍的人拼命勞動絕不是只爲了賺錢；使他們工作熱情得以持續下去的東西要比只知斂財的慾望更爲高尚——他們是在從事一項迷人的事業。

老實說，我是一個野心家，從小我就想成爲鉅商。對我來說，我受雇的休伊特—塔特爾（Hewitt & Tuttle）公司是一個鍛煉我的能力、讓我一試身手的好地方。它代理各種商品銷售，擁有一座鐵礦，還經營著兩項讓它賴以生存的技術，那就是爲美國經濟帶來革命性變化的鐵路與電報。它把我帶進了妙趣橫生、廣闊絢爛的商業世界，讓我學會了尊重數字與事實，讓我看到了運輸業的威力，更培養了我作爲商人應具備的能力與素養。所有的這些都在我之後的經商中發揮了極大作用。我可以說，若缺少在休伊特—塔特爾公司的歷練，在事業上我或許要走很多冤枉路。

現在，每當想起休伊特和塔特爾兩位先生時，我的內心就不禁湧起感恩之情，那段工作生涯是我一生奮鬥的開端，爲我打下了奮起的基礎，我永遠對那三年半的經歷感激不盡。

所以，我從未像有些人那樣抱怨他的雇主，說：「我們只不過是奴隸，我們被雇主吃得死死的，他們卻高高在上，在他們美麗的別墅裡享樂；他們的保險櫃裡裝滿了黃金，他們所擁有的每一塊錢，都是壓榨我們這些誠實的工人得來的。」我不知道這些抱怨的人是否捫心自問：是誰給了你就業的機會？是誰給了你建立家庭的機會？是誰讓你得到了發展自己的可能？如果你已經意識到了別人對你的壓榨，那你為什麼不結束壓榨，一走了之？

工作是一種態度，它決定了我們快樂與否。同樣都是工匠，同樣在雕塑石像，如果你問他們：「你在這做什麼？」他們其中一位很可能會說：「你看到了嘛，我正在鑿石頭，鑿完這塊我就可以回家了。」這種人永遠視工作為懲罰，在他嘴裡最常出現的一個字就是『累』。

另一個人則可能會說：「你看到了嘛，我正在做雕像。這是一份很辛苦的工作，但是酬勞很高。畢竟我有太太和四個孩子，他們需要溫飽。」這種人永遠視工作為負擔，在他嘴裡經常出現的一個詞就是『養家糊口』。

然而第三個人可能會放下錘子，驕傲地指著石像說：「你看到了嘛，我正在做一件藝術品。」這種人永遠以工作爲榮、工作爲樂，在他嘴裡最有可能出現的一句話是『這個工作很有意義』。

無論天堂還是地獄都是由自己建造的。如果你賦予工作意義，不論工作大小，你都會感到快樂，自我設定的成績不論高低，都會使人對工作產生樂趣；如果你不喜歡做的話，任何簡單的事都會變得困難、無趣。當你叫喊著這個工作很累人時，即使你不賣力氣，也會感到精疲力竭，反之就大不相同。事情就是這樣。

約翰，**如果你視工作為一種樂趣，人生就是天堂；如果你視工作為一種義務，人生就是地獄**。檢視一下你的工作態度，那會讓我們都感覺愉快。

愛你的父親

Letter

03

自己要看重自己

思想的大小決定成就的大小。

認識到自己的缺失很好，可藉此謀求改進。
但是，如果我們僅僅認識到自己消極的一面，就會陷入混亂，
使自己變得沒有任何價值。

思想會決定你的行動，你怎麼行動將決定別人對你的看法。

一個人的自我觀念就是他人格的核心，
你們自己認爲是怎麼樣的人，你們就眞的會成爲怎麼樣的人。

態度是我們每個人思想和精神因素的物化，
它決定著我們的選擇和行動。

所謂樂觀是一種信念，那就是相信生活終究是樂多苦少，
相信即使不如人願的事屢屢發生，好事終將佔得上風。

提高思考能力，會幫助提升各種行動的水準，
因而更大有作爲。

July 19，1897

親愛的約翰：

沉浸在熱烈、眞摯的愛戴之中，眞是美妙極了。今天，芝加哥大學的學生讓我體悟到了這種美妙的感受。姑且將其視爲對我創建這所學府的回報吧，不過，這的確讓我喜出望外。

眞心而言，在我決定投資創建這所大學之前，我從未奢望在那裡受到聖人般的禮遇，我的初衷只是爲了盡點心力，將我們最優秀的文化傳承給下一代。爲我們的青年造就美好未來，爲未來造就青年一代。現在看來，我的目的達到了，這是我一生中最明智的投資。

芝加哥大學的年輕人非常可愛，他們對未來充滿美好的憧憬，都有要成就一番事業的動機。他們當中幾個一臉稚氣的男生跑來向我說，我是他們的榜樣，眞誠地希望我能給他們一些建議。我接受了他們的請求，我忠告那些未來的洛克菲勒：

成功不是以一個人的身高、體重、學歷或家庭背景來衡量，而是以他思想的「大小」來決定。我們**思想的大小決定我們成就的大小**。這其中最重要的一條就是我們要看重自己，克服人類最大的弱點——自貶，千萬不要廉價出賣自己。你們比你們想像中的還要偉大，所以，要將你們的思想擴大到你們眞實的程度，絕不要看輕自己。

這時掌聲突然響起，我顯然被它徹底迷惑了，以致得意忘形，管不住自己的舌頭，我繼續說：

幾千年來，很多哲學家都忠告我們：要認識自己。但是，大部分的人都把它解釋爲僅僅認識自己消極的一面。大部分的自我評估都包括太多的缺點、錯失與無能。**認識到自己的缺失很好，可藉此謀求改進。但是，如果我們僅僅認識到自己消極的一面，就會陷入混亂，使自己變得沒有任何價值。**

而對那些渴望別人尊重自己的人來說，現實卻很殘酷，因爲別人對他的看法，與他對自己的看法相同。我們都會受到那種『我們自以爲是怎樣』的待遇。那些自以爲比別人差一截的人，不管他實際上的能力到底怎樣，一定會是比別人差一截的人，這是因爲思想本身能調節並控制各種行動的緣故。

如果一個人自己覺得比不上別人，他就會表現出『眞』的比不上別人的各種行動；而且這種感覺無法掩飾或隱瞞。那些自以爲『不很重要』的人，就眞的會成爲『不很重要』的人。

在另一方面，那些相信自己具有『承擔重責大任的能力』的人，就眞的會變成一個「很重要」的人物。所以，如果你們想成爲重要人物，就必須首先使自己承認『我確實很重要』，而且要眞正地這麼覺得，別人才會跟著這麼想。

每個人都無法逃脫這樣一個推理原則：**思想會決定你怎麼行動，你的行動將決定別人對你的看法**。就像你們自己的成功計畫一樣，要獲得別人的尊重其實很簡單。爲得到他人的尊重，你們必須首先覺得自己確實值得人敬重，而且你們越敬重自己，別人也會越敬重你們。

請你們想一想：你們會不會敬重那些在破舊街道遊蕩的人呢？當然不會。爲什麼？因爲那些流浪漢根本不看重自己，他們只會讓自卑感腐蝕他們的心靈而自甘墮落。

一個人的自我觀念就是他人格的核心，你們自己認為是怎麼樣的人，你們就真的會成為怎麼樣的人。

每一個人，無論他身居何處，無論他默默無聞或身世顯赫，無論他文明或野蠻，也無論他年輕或年老，都有成爲重要人物的強烈慾望。請仔細想一想你們身邊的每一個人——你的鄰居、你自己、你的老師、你的同學、你的朋友，有誰沒有希望自己很有分量的強烈需求？全都有，這種需求是人類最強烈、最迫切的一種目標。

但是，爲什麼很多人卻將這個本可以實現的目標，永遠地變成了無法實現的黃粱一夢呢？在我看來是態度使然。**態度是我們每個人思想和精神因素的物化，它決定著我們的選擇和行動**。在這個意義上說，態度是我們最好的朋友，也會是我們最大的敵人。

我承認，我們不能左右風的方向，但我們可以調整風帆——選擇我們的態度。一旦你們選擇了看重自己的態度，那些『我是個沒用的人，我是個無名小卒，我算老幾，我一文不值』等等貶低自己、消磨意志、減化信心和自暴自棄的懦夫想法就會消失殆盡，取而代之的，是心靈的復活，思維和行爲方式的積極改變，信心的增強，以「我能！而且我會！」的心態面對一切。

年輕人！如果你們中間有誰曾自己騙自己，請就此停止，因爲那些不覺得自己重要的人，都是自暴自棄的普通人。任何時候都不要自貶，要先選出自己的各種資產——優點。要問你自己：「我有哪些優點？」在分析自己的優點時，不能太客氣。

你們要專注自己的長處，告訴自己我比我想像的還要好。要有遠見，看到未來的發展性，而不單看現況，對自己要有遠大的期望。要隨時記住這個問題：「重要人物會不會這麼做呢？」這樣就會使你們漸漸變成更成功的大人物。

孩子們，通往成功的道路上鋪滿了黃金，然而這條道路卻只是一條單行道。此時此刻，我們需要一種樂觀的態度。樂觀常被哲學家稱爲「希望」。首先讓我來告訴你們，這是對樂觀的曲解！**所謂樂觀是一種信念，那就是相信生活終究是樂多苦少，相信即使不如人願的事屢屢發生，好事終將佔得上風。**

約翰，你知道嗎？在我短短十幾分鐘的即興演講中，我竟獲得了八次掌聲。遺憾的是過多的掌聲干擾了我的思緒，我有一個重要的觀點讓掌聲趕跑了，那就是**提高思考能力，會幫助他們提高各種行動的水準，使他們因此更大有作為**。但我還是很高興，我的話語居然有那麼大的魅力。

愛你的父親

Letter

04

善始不代表善終

我們的命運由我們的行動決定，而絕不是由我們的出身決定。

機會永遠都是不平等的，但結果卻可能平等。

富家子如果缺乏窮人那種要拯救自己的野心，
也只能祈禱上帝賜予他有所成就了。

給人帶來傷害最快捷的途徑就是金錢，
它可以讓人腐化墮落、飛揚跋扈、不可一世，失去最美好的快樂。

高貴快樂的生活，不是來自高貴的血統，
也不是來自高貴的生活方式，而是來自高貴的品格──自立精神。

起點可能影響結果，但不會決定結果。

每個人都有追求勝利的意志，只有決心做好準備的人才會贏得勝利。

找到了自己的路，上帝就會幫你！

July 20，1897

親愛的約翰：

雖然你希望我能永遠和你一起出航，但是孩子，美好的願望和現實是有差距的，我不是你永遠的船長。上帝爲我們創造雙腳，是要讓我們依靠自己的雙腳走路的。

或許你迄今仍未做好獨自前行的準備，但是我要讓你知道一點，在我所處的那個領域裡，那個充滿挑戰與神奇的商業世界中，就是你新生活的出發地，你將從那裡開始，參加你不曾享用而又關乎你未來的人生盛宴。但是如何操控你面前的刀叉，又如何品嚐命運天使奉上的每一道佳餚，那全都得依靠你自己的力量。

身爲你的父親，我當然期望你能夠在以後卓爾不凡，並勝我一籌。而我也將會把你留在我的身邊，這樣做的目的無非是想把你帶到事業生涯的頂峰起點，讓你無須艱難攀爬便可享有迅速飛黃騰達的機會。

然而在別人看來是一生慶幸和炫耀的事，你無須這麼想，更不用心存感激。雖然美國的建國信念是人人生而平等，但這種平等是權利與法律意義上的平等，與經濟和文化優勢無關。我們生活的這個世界就好像一座高山，當你的父母置身山頂上時，註定你不會生活在山腳下；當你的父母生活在山腳下時，也註定你不會生活在山頂上。在多數情況下，父母的位置決定了孩子的人生起點。

但是我要愼重地告訴你，起點的不同並不意味著人生命運的不同。在這個世界上，永遠沒有窮富可以傳承的說法，也永遠不會有成、敗世襲的道理，有的只是〈我奮鬥我成功〉的眞理。我堅信，**我們的命運由我們的行動決定，而絕不是由我們的出身決定**。

正如你所瞭解的情況，我小時候，家境十分貧寒，記得我剛上國中時所用的書本都是好心的鄰居爲我買的，我人生的第一份工作也只是一個週薪只有5美元的簿記員，但我透過不懈的奮鬥卻建立了一個令人豔羨的石油王國。在很多人看來這似乎是一個傳奇，但是我卻認爲這是命運之神對我持之以恆、積極奮鬥的回報，是艱苦付出後的犒賞。

約翰，**機會永遠都是不平等的，但結果卻可能平等**。在歷史上，無論是在政界還是在商界，尤其在商界，白手起家的例子俯拾皆是，雖然他們都曾因爲貧窮而鮮有成功的機會，然而他們卻都憑藉奮鬥功成名就。同樣，歷史上也隨處可見富家子弟雖然擁有所有可能成功的優勢，卻走向失敗的事例。麻州的一項調查統計數位顯示，十七個有錢人的孩子裡面，竟然沒有一個在離開這個世界時還是富翁。

這個結果讓我想起了一個很久以前就在社會上流傳的，一個關於諷刺富家子弟無能的故事。在費城的一個小酒吧裡，一位客人談起某位百萬富翁，說：「他是白手起家的百萬富翁。」「是啊，」旁邊一位比較精明的先生回答說：「他繼承了兩千萬，然後他把這筆錢變成了一百萬。」

這是一個令人痛心的故事。但是在今天我們所生活的社會裡，富家子弟正處在一種不進則退的窘境之中，他們其中的很多人註定要受人同情和憐憫，甚至要下地獄。

家族的榮耀與成功的歷史，不能保證其子孫後代的未來也會美好。我承認早期的優勢的確大有幫助，但它不能保證最後會贏得勝利。我曾不止一次地思考這個對富家子弟而言帶有悲哀性的問題，我似乎覺得，富家子弟開始承擔了優勢，卻很少有機會去學習和發展生存所需要的技巧；而出身低賤的人因迫切需要解救自身，便會積極發揮創意和能力，且珍視和搶佔各種機會。我還觀察到，**富家子如果缺乏窮人那種要拯救自己的野心，也只能祈禱上帝賜予他有所成就了。**

我看到了太多這樣的故事，並擔心這種事情發生在自己身邊。所以，在你和你的姐姐們尚小的時候，我就有意識地不讓你們知道你們的父親是個富人，我向你們灌輸最多的是諸如節儉、個人奮鬥等價值觀念，因爲我知道：**給人帶來傷害最快捷的途徑就是金錢，它可以讓人腐化墮落、飛揚跋扈、不可一世，失去最美好的快樂。**我不能用財富埋葬我心愛的孩子，愚蠢地讓你們成爲不思進取、只知依賴父母果實的無能者。

一個眞正快樂的人，是能夠享受自己創造的人。那些像海綿一樣，只吸取不付出的人，只會失去快樂。

我相信沒有不渴望過上快樂、高貴生活的人，但眞正懂得高貴快樂生活從何而來的人卻不多。在我看來，**高貴快樂的生活，不是來自高貴的血統，也不是來自高貴的生活方式，而是來自高貴的品格——自立精神。**看看那些贏得世人尊重、處處施展魅力的高貴的人，我們就知道自立的可貴。

約翰，你的每一個舉動都會讓我擔心。但與這種擔心相比，我更對你充滿信心，相信你優異的品格——比世界上任何財富都更有價值的品格，將幫助你鋪設出美好的前程，並將助你擁有成功而又充實的人生。

但你需要強化這樣的信念：**起點可能影響結果，但不會決定結果**。能力、態度、性格、抱負、手段、經驗和運氣之類的因素，在人生和商業世界裡扮演著極爲重要的角色。你的人生才剛剛開始，但一場人生之戰就在你面前。我能深切地感覺到你想成爲這場戰爭的勝者，但你要知道，**每個人都有追求勝利的意志，只有決心做好準備的人才會贏得勝利**。

我的兒子，享有特權而無能的人是廢物，受過教育而無影響的人是一文不值的垃圾。**找到了自己的路，上帝就會幫你！**

愛你的父親

Letter

05

不要拖延，馬上採取行動

如果你不採取行動，世界上最實用、最美麗、
最可行的哲學也無用武之地。

只要肯積極行動，你就會越來越接近成功。

沒有行動就沒有結果，
世界上沒有一件事不是由一個個想法付諸行動實現的。

缺乏行動的人，都有一個壞習慣：喜歡維持現狀，拒絕改變。

在我們這個世界上從來不缺少有想法、有主意的人，
但懂得成功地將一個好主意付諸實現，
比在家空想出一千個好主意要有價值得多，這樣的人卻很少。

習慣的繩索不是帶領我們到高峰就是引領我們到低谷，
這就得看是好習慣或壞習慣了。

爲了勝利，你需要行動，再行動，永遠行動！

December 24，1897

親愛的約翰：

智者說的話總能讓我記憶深刻。有位智者說過一句耐人尋味的話：「教育涵蓋了許多方面，但是它本身不教你任何一面。」這位智者向我們展示了一條眞理：**如果你不採取行動，世界上最實用、最美麗、最可行的哲學也無用武之地。**

我一直相信，機會是靠行動得來的。再好的構想都有缺陷，即使是很普通的計畫，但如果確實執行並且繼續發展，都會比半途而廢的好計畫要好得多，因爲前者會貫徹始終，後者卻前功盡棄。所以我說，成功沒有秘訣，要在人生中取得正面結果，有過人的聰明智慧、特別的才藝當然好，沒有也無可厚非；**只要肯積極行動，你就會越來越接近成功。**

遺憾的是，很多人並沒有記取這個最大的教訓，結果自己終於淪爲平庸之輩。看看那些庸庸碌碌的普通人，你就會發現，他們都在被動地活著，他們說的遠比做的多，甚至只說不做。但他們幾乎個個都是找藉口的專家，他們會找各種藉口來拖延，直到最後他們證明這件事不應該、沒有能力去做或已經來不及了爲止。

與這類人相比，我似乎聰明、狡猾了許多。蓋茨先生吹捧我是個主動做事、自動自發的行動者。我很喜歡這樣的吹捧，因爲我沒有辜負它。積極行動是我身上的另一個標誌，我從不喜歡紙上談兵或流於空談。因爲我知道，**沒有行動就沒有結果，世界上沒有一件事不是由一個個想法付諸行動實現的**。人只要活著，就必須考慮行動。

很多人都承認，沒有智慧和基礎知識是沒用的，但更令人沮喪的是即使空有知識和智慧，如果沒有行動，一切仍屬空談。行動與充分準備其實可視爲物體的兩面。人生必須適可而止，做太多的準備卻遲遲不去行動，最後只會徒然浪費時間。換句話說，事事必須有節制，我們不能落入不斷演練、計畫的圈套，而必須承認現實：不論計畫有多周詳，我們仍然不可能準確預測最後的解決方案。

我當然不否認計畫非常重要，計畫是獲得有利結果的第一步，但計畫並非行動，也無法代替行動。就如同打高爾夫球一樣，如果沒有打過第一洞，便無法到達第二洞。行動解決一切，沒有行動，什麼都不會發生。我們無論如何也買不到萬無一失的保險，但我們可以做到的是下定決心去實行我們的計畫。

缺乏行動的人，都有一個壞習慣：喜歡維持現狀，拒絕改變。我認爲這是一種深具欺騙和自我毀滅效果的壞習慣，因爲一切都在變化之中，正如人會生死一樣，沒有不變的事物。但因內心的恐懼——對未知的恐懼，很多人抗拒改變，哪怕現狀多麼不令他滿意，他都不敢向前跨出一步。看看那些本該事業有成、卻一事無成的人，你就知道不同情他們是件很難的事。

是的，每個人在決定一件大事時，心裡都會或多或少有些擔心、恐懼，都會面對到底要不要做的困擾。但『行動派』會用決心燃起心靈的火花，想出各種辦法來完成他們的心願，更有勇氣克服種種困難。

很多缺乏行動的人大都很天真，喜歡坐享其成。他們天眞地以爲，別人會關心他們的事。事實上，除了自己以外，別人對他們不大感興趣，人們只對自己的事情感興趣。例如一樁生意，我們獲利比重越高，就要越主動採取行動，因爲成敗與別人的關係不大，他們不會在乎的。這時候，我們最好把它推一把。如果我們怠惰、退縮，坐等別人採取主動來推動事情的話，結果必定會令人失望。

一個人只有自己依靠自己，他才不會讓自己失望，並能增加自己掌控命運的機會，因爲聰明人只會去促使事情發生。

人生中最令人感到挫折的，莫過於想做的事太多，結果不但沒有足夠的時間去做，反而因想到每件事的繁多步驟，而被做不到的情緒所震懾，以致一事無成。我們必須承認，時間有限，任何人都無法做完所有的事情。聰明的人知道，並非所有的行動都會產生好的結果，只有明智的行動才能帶來有意義的結果。所以聰明的人只會選取做了以後獲得正面效果的工作，做與完成最大目標有關的工作，而且專心致志，因此他們總能做出最有價值的貢獻，並得到很多好處。

就像大象要一口一口地被吃掉，做事也是一樣，事情不分輕重緩急只會讓機會溜掉。我的座右銘是：洛克菲勒優先處理緊急事件。

很多人都是自己使自己變成一個被動者的，他們想等到所有的條件都十全十美，也就是時機對了以後才行動。人生隨時都是機會，但是幾乎沒有十全十美的。那些被動的人平庸一輩子，恰巧是因爲他們一定要等到每一件事情都百分之百的有利，萬無一失以後才去做。這是傻瓜的做法。我們必須向命運妥協，相信手上的正是目前需要的機會，才能避免自己無所行動，錯失良機。

我們追求完美，但是人類的事情沒有一件絕對完美，只有接近完美。等到所有條件都完美以後才去做，只能永遠等下去，並將機會拱手讓給他人。那些要等到萬事俱備才行動的人，將永遠不會行動。要想變成「我現在就去做」的那種人，就是停止一切白日夢，時時想到現在，從現在就開始做。諸如『明天、下禮拜、將來』之類的句子，跟『永遠不可能做到』意義相同。

每個人都有失去自信、懷疑自己能力的時候，尤其是在事逢逆境時。但眞正懂得行動藝術的人，卻可以用堅強的毅力克服它，會告訴自己每個人都有失敗的時候，有失敗得很慘的時候，會告訴自己不論事前做了多少準備、思考多久，眞正著手做的時候，都難免會犯錯誤。然而，被動的人，並不把失敗視爲學習和成長的機會，卻總在告誡自己：或許我眞的不行了，以致失去了積極參與未來的行動。

很多人都相信心想事成，但我卻將其視爲謊言。好主意一毛錢能買一打。最初的想法只是一連串行動的起步，接下來需要第二階段的準備、計畫和第三階段的行動。**在我們這個世界上從來不缺少有想法、有主意的人，但懂得成功地將一個好主意付諸實現，比在家空想出一千個好主意要有價值得多，這樣的人卻很**

少。

人們用來判斷你的能力的眞正基礎，不是你腦子裡裝了多少東西，而是你的行動。人們都信任腳踏實地的人，他們都會想：這個人敢說敢做，一定知道怎麼做最好。我還沒聽過有人因爲沒有打擾別人、沒有採取行動或要等別人下令才做事而受到讚揚的。那些在工商界、政府、軍隊中的領袖，都是很有行動力的、百分之百主動的人。那些站在場外袖手旁觀的人永遠當不成領袖。

不論是自動自發者還是被動的人，都是習慣使然。習慣有如繩索，我們每天編製一根繩索，最後它便會粗大得無法折斷。**習慣的繩索不是帶領我們到高峰就是引領我們到低谷，這就得看是好習慣或者壞習慣了**。壞習慣能擺佈我們、引向失敗，它很容易養成，但卻很難伺候；好習慣很難養成，但很容易維持下去。

要有現在就做的習慣，最重要的是要有積極主動的精神，戒除精神散漫的習慣，要決心做個主動的人，要勇於做事，不要等到萬事俱備以後才去做，永遠沒有絕對完美的事。培養行動的習慣，不需要特殊的聰明智慧或專門的技巧，只需要努力耕耘，讓好習慣在生活中開花結果即可。

約翰，人生就是一場偉大的戰役，**為了勝利，你需要行動，再行動，永遠行動！**這樣，你的安全就能得到保障。

祝耶誕節快樂！我想此時送給你這封信就是你最好的聖誕禮物了。

愛你的父親

Letter

06

幸運之神眷顧勇者

你不能靠運氣活著，尤其不能靠運氣來建立事業生涯。

到底幸運兒是因爲幸運才表現得自信和大膽，
還是他們的「運氣」是自信和大膽的結果呢？
我的答案是後者。

如果你覺得自己是贏家，你的行爲就會像個贏家；
如果你的行爲像個贏家，你就很可能去做更多贏家會做的事，
從而改變你的「運氣」。

一榮俱榮、一損俱損的合作精神，是使我們不斷強大的精神支柱。

態度有助於創造運氣，而機運就在你的選擇之中。

如果你有百分之五十一的時間做對了，
那麼你就會變成英雄。

October 7，1898

親愛的約翰：

幾天前你的姐姐珊迪興高采烈地告訴我，她一頭栽進了幸運裡，說她手裡的股票就像百依百順聽她使喚的奴隸，正在幫她將大把大把的錢拿回家。

我想現在珊迪可能已經快樂瘋了，但我不希望她被那些錢弄得得意忘形而亂了分寸，我告訴她，小心過分相信運氣會把自己扔到失敗的田野上。

幾乎每一位事業有成的人都在警告世人：**你不能靠運氣活著，尤其不能靠運氣來建立事業生涯**。有趣的是，大部分的人對運氣深信不疑，我想他們是錯把機會當運氣了。沒有機會就沒有運氣。

約翰，想一想你認識的那些幸運兒，你幾乎可以確定，他們都不是溫良、恭儉、謙讓的人，也幾乎可以非常確定，他們總是散發出自信的光輝和天下無難事的態度，甚至會顯得非常大膽。這其中潛藏著一個雞生蛋、蛋生雞的問題：**到底幸運兒是因為幸運才表現得自信和大膽，還是他們的「運氣」是自信和大膽的結果呢？我的答案是後者。**

幸運之神眷顧勇者，是我一生尊奉的格言。勝利不一定屬於強者，高度警惕、生氣勃勃、勇敢無畏的人也會獲勝。當然，也有人相信謹慎勝過勇敢。但勇敢和大膽比謹慎更引人注目、更受歡迎，且更有吸引力，懦弱根本不能與之相比。

我從未見過不欣賞自信果斷的人，每個人都是自信果斷的人的支持者，期望這樣的人擔任領袖，而我們之所以受他們吸引，就在於他們有著強大的吸引力。所以，勇敢的人常常會比較成功，會較容易擔任領袖、總裁和司令官，那些迅速升職的人都屬於這樣的人。

經驗告訴我，大膽果敢的人，能完成最好的交易，能吸引他人的支持，締結最有力的盟約；而那些膽小、猶豫的人卻難以撈到這樣的好處。不僅如此，大膽的方法對自己也大有裨益，有自信的人期望成功，他們會配合自己的期望，設計所有的計畫以追求成功。

當然，這樣做不能保證會絕對成功，卻能自然而然地推出對成功的展望。換句話說，**如果你覺得自己是贏家，你的行為就會像個贏家；如果你的行為像個贏家，你就很可能去做更多贏家會做的事，從而改變你的『運氣』**。

眞正的勇者並非是不可一世的狂妄之徒，更不是沒有腦子的莽漢。勇者知道運用預測和判斷力，計畫每一步和做每一個決定，這種做法就像軍事策略家所說的那樣，會讓你力量大增，也就是擁有一種武器，能立刻形成明顯的優勢，幫你戰勝對手。這讓我想起了十幾年前，大膽決定買下萊瑪油區的事情。

在此之前，石油界沒有一天停止過對原油將會枯竭的恐懼，連我的助手都開始恐懼在石油上不能長期獲利，悄悄地賣著公司的股票；而有的人甚至建議，公司應該及早退出石油業，轉行做其他更爲穩定的生意，否則我們這艘大船就將永遠不能返航。作爲領袖，面對悲觀送出的應該永遠是希望而不是哀歎，我告訴那些惶恐中的人們：上帝會賜予我們一切。

再次感受上帝溫暖的撫摸，是人們在俄亥俄州萊瑪鎭發現了石油的時候。只是萊瑪的石油散發著用常規方法都不能去掉的臭味，深深打擊了很多人想從那裡大賺一筆的信心。但我對萊瑪油田充滿信心，我可以預見到一旦我們獨佔萊瑪，我們就將具有統治石油市場的強大力量。機會來了，如果讓它悄然溜走，洛克菲勒的名字就會與豬聯繫在一起。我鄭重地告訴公司的董事們：這是千載難逢之機，我是該把錢投到萊瑪的時候啦！

非常遺憾，我的意見遭到了膽小怕事者的反對。

強迫他人不符合我的性格，我寄望於透過和顏悅色的討論，讓大家最終能和我達成同一陣線。

那是一次漫長而沒有結果的等待。我憂心忡忡，我們建起了全球規模的巨型煉油廠，它就像一個饑餓的嬰兒對母親的乳汁貪得無厭一樣，需要吃掉源源不斷的原油，但賓夕法尼亞州的油田正在凋敝，其他幾個小油田業已開始減產，長此下去我們只得依賴俄羅斯的原油。幾乎可以肯定，俄國人一定會利用他們對油田的控制，削弱我們的力量，甚至徹底擊敗我們，把我們趕出歐洲市場。但是，一旦我們擁有了萊瑪的石油資源，我們就會繼續做贏家。不能再等了，是我該行動的時候啦！

正像我所預想的那樣，在董事會上保守派依然說「不」。但我以令反對派大吃一驚的方式，說服了他們，我說：「先生們，如果不想讓我們這艘巨輪沉下去，我們必須保證我們的原油供應。現在，蘊藏在萊瑪地下的石油正向我們招手，它將帶來令我們目眩的巨額財富。看在上帝的份上，請不要說那帶有臭味的液體沒有市場，我相信上帝賜予我們的東西都有其價值，我相信科學會掃除我們的疑慮。所以，我決定用我自己的錢進行這項投資，並情願承擔兩年的風險。如果兩年以後成功了，公司可以把錢還給我；如果失敗了，就由我自己承擔一切損失。」

我的決心與誠意打動了我最大的反對者普拉特先生，他眼中閃動著淚光，激動地對我說：「約翰，我的心被你降服了，既然你認爲應該這樣做，我們就一起拼吧！你能冒這個險，我也能！」**一榮俱榮、一損俱損的合作精神，是使我們不斷強大的精神支柱。**

我們成功了。我們傾盡全力將鉅資投到了萊瑪，其回報更是巨大，我們將全美最大的原油生產基地控制在自己的手中。而在萊瑪的成功又激發了我們的活力，支配我們開始了在石油業前所未有的大收購。結果正像我們預想的那樣，我們成爲石油領域最令人畏懼的超級艦隊，取得了不可動搖的統治地位。

約翰，**態度有助於創造運氣，而機運就在你的選擇之中。如果你有百分之五十一的時間做對了，那麼你就會變成英雄。**這是我對幸運的最深體會。

愛你的父親

Letter

07

要成功就要勇於冒險

借錢不是件壞事，它不會讓你破產，你只能在遭遇危機時使用它；
不要把它看成救生圈，而要把它看成是一種有力的工具，
你可以用它來開創機會。

一塊錢的買賣遠遠比不上一百塊錢的買賣賺得多。

不論是要贏得財富，還是要贏得人生，
優秀的人在競技中想的不是輸了我會怎樣，
而是要成爲勝利者我應該做什麼。

人生就是不斷抵押的過程，爲前途我們抵押青春，
爲幸福我們抵押生命。

因爲我支付誠實，所以我贏得了銀行家乃至更多人的信任，
也因此度過一道道難關，踏上了快速的成功之路。

細節永遠不應該妨礙熱情，成功的做法是你要記住兩點：
一個是戰術，另一個是戰略。

April 18，1899

親愛的約翰：

我能夠理解，爲什麼用我借你的錢去股市闖蕩總讓你感覺有些不安。因爲你想贏，卻又怕在那個冒險的世界裡輸，而輸掉的錢不是你的，是借來的，還得支付利息。

這種輸不起的感受，在我創業之初，乃至較有成就之後，似乎一直都在支配著我。以致每次借款前，我都會在謹愼與冒險之間徘徊，苦苦掙扎，甚至夜不能眠，躺在床上就開始算計如何償還欠款。

常有人說，冒險的人經常失敗。但白癡又何嘗不是如此？在我恐懼失敗過後，我總能打起精神，決定去再次借錢。事實上，爲了進步我沒有其他道路可尋，我不得不去銀行貸款。

兒子，呈現在我們眼前的，經常是巧妙化解棘手問題的大好良機。**借錢不是件壞事，它不會讓你破產，你只能在遭遇危機時使用它；不要把它看成救生圈，而要把它看成是一種有力的工具，你可以用它來開創機會**。否則，你就會掉入恐懼失敗的泥潭，讓恐懼束縛住你本可大展鴻圖的雙臂，而終無成就。

我所熟知或認識的富翁中間，只靠自己一點一滴、日積月累掙錢發達的人少之又少，更多的人是因借錢而發財。這其中的道理並不深奧，**一塊錢的買賣遠遠比不上一百塊錢的買賣賺得多**。

不論是要贏得財富，還是要贏得人生，優秀的人在競技中想的不是輸了我會怎樣，而是要成為勝利者我應該做什麼。借錢是爲了創造好運。如果抵押一塊土地就能借得足夠的現金，讓我獨佔一塊更大的地方，那麼我會毫不遲疑地抓住這個機會。在克里夫蘭時，我爲擴張實力、奪得克里夫蘭煉油界頭把交椅，我曾多次欠下巨債，甚至不惜把我的企業抵押給銀行，結果我成功了，我創造了令人震驚的成就。

兒子，**人生就是不斷抵押的過程，為前途我們抵押青春，為幸福我們抵押生命**。因爲如果你不敢逼近底線，你就輸了。爲成功我們抵押冒險難道不值得嗎？

談到抵押，我想告訴你，在我從銀行家手裡接過鉅款時，我抵押出去的不光是我的企業，還有我的誠實。我視合約、契約爲神聖的東西，我嚴格遵守合約，從不拖欠債務。我對投資人、銀行家、客戶，包括競爭對手，從不忘以誠相待，在同他們討論問題時我都堅持講眞話，從不捏造或含糊其辭，我堅信謊言在陽光下就會現形。

付出誠實的回報是巨大的，在我沒有走出克里夫蘭前，那些瞭解我品行的銀行家們，曾一次次把我從難以擺脫的危機中拯救出來。

我清楚地記得，有一天，我的一個煉油廠突然失火，損失慘重。由於保險公司遲遲不能賠付保險金，而我又急需一筆錢重建瓦礫中的企業，我只得向銀行追加貸款。現在一想起那天銀行貸款給我的情景就讓我激動不已。本來在那些缺乏遠見的銀行家眼裡，煉油業早已是高風險行業，向這個行業提供資金不亞於是在賭博，再加上我的煉油廠剛剛付之一炬，所以有些銀行董事對給我追加貸款一事猶豫不決，不肯立即放貸。

就在這時，他們之中一個善良的人，斯蒂爾曼先生，讓一名職員提來他自己的保險箱，向著其他幾位董事大手一揮說：「聽我說，先生們，洛克菲勒先生和他的合夥人都是非常優秀的年輕人。如果他們想借更多的錢，我懇請諸位要毫不猶豫地借給他們。如果你希望更保險一些，這裡就有，想拿多少就拿多少。」我用誠實征服了銀行家。

兒子，誠實是一種方法，一種策略。**因為我支付誠實，所以我贏得了銀行家乃至更多人的信任，也因此度過一道道難關，踏**

上了快速成功之路。今天，我無須再求助於任何一家銀行，我就是我自己的銀行，但我永遠都在感激那些曾鼎力幫助過我的銀行家們。

你未來可能會管理企業。你需要知道，經營企業的目的是要賺錢，擴大企業能夠賺錢，但是把企業拿出去抵押也是管理和運用金錢的重要事項。如果你只注重一種功能，而忽視另一種功能，就會招致失敗。在最糟糕的情形下，可能會造成財務匱乏；在較好的情形下，也許會錯失很多機會。

管理和運用金錢跟決心賺錢不同，需要有不同的信念。要管理和運用金錢，你必須樂於親自動手、親自管理數字，不能只是空談管理和策略。上帝表現在細節之中。如果你忽視這些細節，或是超脫細節，把這種「雜事」授權給別人去做，就等於至少忽視了你事業經營的一半重要責任。**細節永遠不應該妨礙熱情，成功的做法是你要記住兩點：一個是戰術，另一個是戰略**。

兒子，你正朝著贏得一場偉大人生的目標前進，這是你一直以來的目標，你需要勇敢，再勇敢。

愛你的父親

Letter 08

用積極的心態面對失敗

這個世界上的每個人都沒有順遂的人生；
反之，卻要時刻與失敗比鄰而居。

如果靜止不動，就是退步。
但要前進，必須勇於做決定和冒險。

人人都厭惡失敗，然而，一旦避免失敗變成你做事的動機，
你就走上了怠惰無力之路。

我們生活在弱肉強食的叢林之中，在這裡你不是吃人就是被別人吃掉。

樂觀的人在苦難中會看到機會，悲觀的人在機會中會看到苦難。

失敗是一種學習歷程，你可讓它變成墓碑，
也可以讓它變成墊腳石。

沒有挑戰就沒有成功，不要因爲一次失敗就停下腳步，
戰勝自己，你就是最終的勝利者！

November 19，1899

親愛的約翰：

你近來的情緒過於低落了，這讓我感到很難過。我能眞切地感受到，你還在爲那筆讓你賠進一百萬的投資感到恥辱和羞愧，以致終日悶悶不樂、憂心忡忡。其實，這大可不必。一次失敗並不能說明什麼，更不會在你的額頭貼上無能者的標籤。

快樂起來，我的兒子。你需要知道，**這個世界上的每個人都沒有順遂的人生；反之，卻要時刻與失敗比鄰而居**。也許正因爲這個世界上有太多太多無奈的失敗，追求卓越才變得魅力十足，讓人競相追逐，甚至不惜以生命爲代價。即便如此，我們的命運中的失敗依然會降臨。只是與有些人不同，我把失敗當作一杯烈酒，呑下苦澀，得到振奮。

在我信誓旦旦跨入商界，跪著懇祈上帝保佑我們新開辦的公司之時，一場災難性的風暴便襲擊了我們。當時我們簽訂了一筆合約，要購進一大批豆子，準備大賺一筆，但沒有想到一場突然「來訪」的霜凍擊碎了我們的美夢，到手的豆子毀了一半，而且缺德的供應商還在裡面摻加了沙土和細小的豆葉、豆莖。這註定是一筆要搞砸了的生意。但我知道，我不能沮喪，更不能沉浸在失敗之中，否則，我就會離我的目標、夢想越來越遠。

我不能維持現狀，**如果靜止不動，就是退步，但要前進，必須勇於做決定和冒險**。那筆生意失敗之後，我再次向我的父親借債，儘管我很不情願這麼做。而且，爲使自己在經營上勝人一籌，我告訴我的合夥人克拉克先生，我們必須宣傳自己，藉由報紙廣告讓我們的潛在客戶知道，我們能夠提供大筆的預付款，並能提前供應大量的農產品。

結果，膽識加勤奮拯救了我們，那一年我們非但沒有受『豆子事件』的影響，反而讓我們賺到了一筆可觀的純利。

人人都厭惡失敗，然而，一旦避免失敗變成你做事的動機，你就走上了怠惰無力之路。這非常可怕，甚至是種災難。因爲這預示著人可能要喪失原本可能有的機會。

兒子，機會是難遇的，人們因機會而發跡、富有。看看那些窮人你就知道，他們不是無能的蠢材，他們也不是不努力，他們是苦於沒有機會。**我們生活在弱肉強食的叢林之中，在這裡你不是吃人就是被別人吃掉**。逃避風險幾乎就是保證破產；利用了機會，就是在剝奪別人的機會，保證著自己。

害怕失敗就不敢冒險，不敢冒險就會錯失眼前的機會。所以，我的兒子，爲了避免喪失機會、保住競爭的資格，我們失敗與受挫是值得的！

失敗是邁向成功的階梯。我可以說，我能有今天的成就，是踩著失敗的迴旋階梯一步步上來的，是在失敗中崛起的。我是一個聰明的『失敗者』，我知道向失敗學習，從失敗的經驗中汲取成功的因數，用自己不曾想到的手段，去開創新事業。所以我想說，只要不變成習慣，失敗是件好事。

我的座右銘是：人始終要保持活力，永遠堅強、堅毅，不論遭遇怎樣的失敗與挫折，這是我惟一能做的事情。我自己能夠理解，我做什麼才會讓自己感到快樂，什麼東西值得自己爲之效命。根本的期望，就像清潔工手中的掃把，將掃盡你成功之路上的所有垃圾。兒子，你自己根本的期望在哪裡？只要你不丟掉它，成功必將到來。

樂觀的人在苦難中會看到機會，悲觀的人在機會中會看到苦難。兒子，記住我深信不疑的成功公式：

夢想+失敗+挑戰=成功之道。

當然，失敗有它的殺傷力，它可以讓人萎靡、頹廢，喪失鬥志和意志力。重要的是你將失敗看作什麼。天才發明家湯瑪斯·

愛迪生先生，在用電燈照亮摩根先生的辦公室前，共做了一萬多次實驗，在他那裡，失敗是成功的試驗田。

十年前，《紐約太陽報》一位年輕記者採訪了他，那位少不更事的年輕人問他：「愛迪生先生，您現在的發明曾經失敗過一萬次，您對此有什麼看法？」愛迪生對失敗一詞很感冒，他以長者的口吻對那位記者說：「年輕人，你的人生旅程才剛剛開始，所以我告訴你一個對你未來很有幫助的經驗，我沒有失敗過一萬次，我只是發明了一萬種行不通的方法。」精神的力量永遠如此強大。

兒子，你一旦要宣佈精神破產，你就會輸掉一切。你需要知道，人的事業就如同浪潮，如果你踩到浪頭，功名隨之而來；而一旦錯失，則終其一生都將受困於淺灘與悲哀。**失敗是一種學習歷程，你可讓它變成墓碑，也可以讓它變成墊腳石。**

沒有挑戰就沒有成功，不要因為一次失敗就停下腳步，戰勝自己，你就是最終的勝利者！

我對你很有信心。

愛你的父親

Letter 09
只有自己才最忠實於自己

利益是光照人性的影子，在它面前，
一切與道德、倫理有關的本質都將現形，且一覽無遺。

與其說我們是自己心靈的主人，
倒不如說我們是利益的奴隸更準確。

你只能相信自己，只有如此，你才不會被人矇騙。

我可以讓對手教導我，但我永遠不教導對手，
無論我對那件事瞭解有多深。

凡事三思而行，不管別人如何催促，不考慮周全絕不行動。

我有自己的眞理，只對自己負責。

好馬不會在同一個地方跌倒兩次。

November 29，1899

親愛的約翰：

心情好一點了嗎？如果還沒有，我想，你需要瞭解點什麼。

在這個世界上，絕大多數的人都不免受一種特殊力量的驅使，這種力量可以輕而易舉地剝落緊裹我們人性的外衣，將我們完全裸露在陽光下，並公正地將我們圈定在純潔與骯髒的圖版上，以致讓我們所有的辯護都變得蒼白無力，無論我們多麼伶牙俐齒。它就是檢驗我們人性的試金石。

換句話說，**利益是光照人性的影子，在它面前，一切與道德、倫理有關的本質都將現形，且一覽無遺**。也許你認爲我的話有些絕對，但我的經歷就是這樣告訴我的。

我不是人類史學家，我不知道他們如何解釋人之所以高尚與醜惡的現象，但我的人生歷程讓我堅信：利益似乎無堅不摧，它可以把本可彼此平靜度日的人、種族、國家，強拉在一起，彼此爾虞我詐，你爭我奪。在那些騙局、陷阱乃至誹謗、污蔑和詆毀，以及殘酷無情的血腥爭鬥和強盜式的掠奪中，你都會發現追逐利益的影子。在這個意義上，**與其說我們是自己心靈的主人，倒不如說我們是利益的奴隸更準確**。

我可以斷言，在這個世界上，除去神，沒有不追逐利益的人。自你走入人與人交往的那一刻起，一場曠日費時的人生謀利遊戲就開始了。在這場遊戲中，人人都是你的敵人，包括你自己，你需要與自己的弱點對抗，並與所有將快樂建築在你痛苦之上的惡行而戰。所以，當我看破這一切之後，我一直堅守著一個原則：我可以欺騙敵人，但絕不欺騙自己。

兒子，請不要誤會我，我無意要將我們這個世界塗上一層令人壓抑、窒息的灰色；事實上，我渴望友誼、真誠、善良和一切能滋潤我心靈的美好情感，我也相信它們一定存在。然而，很遺憾，在追名逐利的商場中，我難以得到這種滿足，卻要經常遭遇出賣和欺騙的打擊。

最令我痛心的一次被騙發生在克里夫蘭。當時煉油業因生產過剩幾乎無利可圖，很多煉油商已經瀕臨破產的邊緣。還有，克里夫蘭遠離油田，這就意味著與那些處在油田的煉油廠相比，我們因要付出高昂的長途運輸費用而使自己處於不平等的地位。我決心改變它，要大規模收購在死亡線上掙扎的煉油廠，形成合力，統一行動，讓每個人的錢包都鼓起來。

我告訴那些瀕臨倒閉的煉油廠主，我們在克里夫蘭處於不利地位，爲共同保護自己，我們必須要做些什麼。我認爲我的計畫很好，請認眞想一想。如果你感興趣，我們會很高興與你共同磋商。也由於善良的願望和戰略上的考慮，我買下了許多毫無價値的工廠，它們就像陳舊的垃圾，只配扔到廢鐵堆裡。

但有些人竟然如此邪惡、自私和忘恩負義，他們拿到我的錢後便與我爲敵，肆無忌憚地撕毀與我達成的協定，捲土重來。用廢鐵變成金子的錢購置設備，重操舊業，並公開敲詐我，要我買下他們的工廠。這些人都曾要求我誠實，讓我出個好價錢收購他們癱瘓的工廠，我做到了。然而，結果卻令人痛心。在那一刻我的心情糟透了，我甚至自責我不該太誠實，不該太善良，否則我也不會落到四面楚歌、一籌莫展的境地。

最令我不可接受的，是在謀利遊戲中，今天的朋友會變成明天的敵人。這種情形常會發生，我的兩位教友就曾無節制地多次矇騙我。看在上帝的份上，我不想歷數他們的罪惡。但我可以告訴你，當我知道我一直被他們欺騙的時候，我震驚了，我不明白與我一同禱告、虔誠地發誓要摒棄驕傲、縱慾和貪婪之心的人，何以如此卑鄙！

歷經種種欺騙與謊言，我無奈地告訴自己：**你只能相信自**

己，只有如此，你才不會被人矇騙。我知道這種略帶敵意的心態不好，但這個世界有太多太多的欺騙，提防是我們不可或缺的生存技能。

跟混蛋打交道，會讓你變得聰明。那些邪惡的「老師」教會了我許多東西，如果現在誰要想欺騙我，估計會比翻越科羅拉多大峽谷還要難，因爲那些魔鬼幫我建立了一套與人打交道的法則，這套法則對你也會有用的：

我只有在對自己有利無害的情況下，才表現自己的感情；**我可以讓對手教導我，但我永遠不教導對手，無論我對那件事瞭解有多深；凡事三思而行，不管別人如何催促，不考慮周全絕不行動；我有自己的真理，只對自己負責**；小心那些要求我以誠相待的人，他們其實是想在我這裡撈到好處。

我知道，欺騙只是謀利遊戲中的策略，並不能解決問題。但我更知道，謀利遊戲在夜以繼日地進行，所以，我必須從早到晚保持警惕並且明白：在這場遊戲中，人人都是敵人，因爲每個人都先顧及自己的利益，不管是否對他人有利。重要的是如何保護自己，並隨時隨地謹愼備戰。

兒子，命運給予我們的不是失望之酒，而是機會之杯，振作起來！發生在華爾街的那件事，並沒有什麼了不得，那只是你太相信別人而已。不過，你需要知道，**好馬不會在同一個地方跌倒兩次**。

愛你的父親

Letter

10

幸運是精心策劃的結果

有些人因爲非凡的才能註定會成爲令人眩目的王者或偉人。

幸運是策劃過程中永存的福音。

每個人都是他自己命運的設計師和建築師。

我不靠天賜的幸運活著，
但我要藉由策劃幸運使自己成功。

富有遠見的商人總善於從每次災難中尋找機會。

企業如戰場，
戰略目標的意義就是要造成對己方最有利的狀態。

設計幸運，就是設計人生。

January 20，1900

親愛的約翰：

有些人因為非凡的才能註定會成為令人眩目的王者或偉人。譬如，老麥考密克先生，他長著一顆能製造幸運的腦袋，知道如何將收割機變成收割鈔票的鐮刀。

在我看來，老麥考密克永遠是位野心勃勃且具商業才能的實業鉅子，他用收割機解放了美國農民，同時也把自己送入全美最富有者的行列。法國人似乎更喜歡他，盛讚他爲『對世界最有貢獻的人』。哦，這眞是一個意外的收穫。

這位原本只能做個普通農具商的商界奇才，說過一句深奧的名言：「幸運是設計的殘餘物質。」這句話聽起來的確讓人匪夷所思，它是指幸運是策劃和策略的結果？還是指幸運是策劃之後剩餘的東西呢？我的經驗告訴我，這兩種意義都存在，換句話說，我們創造自己的幸運，我們任何行動都不可能完全消除幸運，**幸運是策劃過程中永存的福音**。

麥考密克洞悉了幸運的眞諦，打開了幸運通過的大門。所以，我對麥考密克收割機能行銷全球，成爲日不落產品，絲毫不感到奇怪。

然而，在我們這個世界上，很難找到像麥考密克先生那樣善於策劃幸運的人，也很難找到不相信幸運的人和不誤解幸運的人。

在凡夫俗子眼裡，幸運永遠是與生俱來的，只要發現有人在職務上得到升遷、在商海中勢如破竹，或在某一領域取得成功，他們就會很隨便、甚至用輕蔑的口氣說：「這個人太幸運了，是幸運眷顧他！」這種人永遠不能窺見一個讓自己賴以成功的偉大眞理：**每個人都是他自己命運的設計師和建築師**。

我承認，就像人不能沒有金錢一樣，人同樣離不開「幸運」。但是，要想有所作爲就不能只等待幸運的光顧。我的信條是：**我不靠天賜的幸運活著，但我要藉由策劃幸運使自己成功**。我相信好的計畫會左右幸運，甚至在任何情況下，都能成功地影響幸運。我在石油界實施的「化競爭爲合作」的計畫恰恰印證了這一點。

在那項計畫開始前，煉油商們各自爲戰，利慾薰心，結果引發了毀滅性的競爭。這種競爭對消費者來說當然是個福音，但油價下跌對煉油商們來說卻是個災難。那時候絕大多數煉油商做的都是虧本生意，正一個一個滑入破產的泥潭。我很清楚，要想重新有利可圖並永遠盈利，就必須馴服這個行業，讓大家理性行事。我把它視爲一種責任，然而這很難做到，這需要一個計畫——一個將所有煉油業務置於我麾下的計畫。

約翰，要在獲取利益的狩獵場上成爲好獵手，你需要勤於思考、做事小心，能夠看到事物中一切可能存在的危險和機遇，同時又要像一個棋手那樣研究所有可能危及你霸主地位的各種戰略。我徹底研究了形勢並評估了自己的力量，決定將大本營克里夫蘭作爲我發動統治石油工業戰爭的第一戰場，待征服了在那裡的二十幾家競爭對手之後，再迅速行動，開闢第二戰場，直至將那些對手全部征服，建立石油業和新秩序。

就像戰場上的指揮官，選擇攻擊什麼樣的目標，要首先知道選擇什麼樣的武器才最奏效一樣。要想成功實現將石油業統一到我麾下的計畫，需要一個徹底解決問題的手段，那就是錢，我需要大量的錢去買下那些生產過剩的煉油廠。但我手頭上的那點資金不足以實現我的計畫，所以我決定組建股份公司，把行業外的投資者拉進來。很快我們以百萬資產在俄亥俄註冊成立了標準石油公司，第二年資本大幅擴張了三倍半。但何時動手卻是個學問。

富有遠見的商人總善於從每次災難中尋找機會，我就是這樣做的。在我們開始征服之旅前，石油業一片混亂，一天比一天沒有希望，克里夫蘭百分之九十的煉油商已經快被日益劇烈的競爭壓垮了，如果不把廠子賣掉，他們就只能眼睜睜地看著自己走向滅亡。這是收購對手的最佳時機。

在此時採取收購行動，似乎不太道德，但這的確與良知無關。**企業如戰場，戰略目標的意義就是要造成對己方最有利的狀態**。出於戰略上的考慮，我選擇的第一個征服目標不是不堪一擊的小公司，而是最強勁的對手克拉克—佩恩公司。這家公司在克里夫蘭很有名望，且野心勃勃，想要吃掉我的明星煉油廠。

但在對手決定之前，我總要先下手爲強。我主動約見克拉克—佩恩公司最大的股東、我中學時代的老朋友奧利弗·佩恩先生。我告訴他，石油業混亂、低迷的時代該結束了，爲了保護無數家庭賴以生存的這個行業，我要建立一個龐大、高績效的石油公司，並歡迎他入夥。我的計畫打動了佩恩，最後他們同意以40萬美元的價格出售公司。

我知道克拉克—佩恩公司根本不值這個價錢，但我沒有拒絕他們，吃掉克拉克—佩恩公司就意味著我將成爲世界最大煉油商，被收購的克拉克—佩恩公司將為迅速把克里夫蘭的煉油商聚合在一起充當強力先鋒。

這一招果然十分奏效。在以後不到兩個月的時間裡，就有二十二家競爭對手歸於標準石油公司的麾下，並最終讓我成為了那場收購戰的大贏家。而這又給了我勢不可擋的動力，在此後三年時間裡，我連續征服了費城、匹茲堡、巴爾的摩的煉油商，成為了全美煉油業的惟一主人。

今天想來，我眞是幸運，如果當時我只感歎自己時運不濟，隨波逐流，我或許早已被征服掉了。但我策劃出了我的幸運。

世界上什麼事都可能發生，就是不會發生不勞而獲的事。那些隨波逐流、墨守成規的人，我不屑一顧，他們的大腦被錯誤的思想盤踞，以為能全身而退就值得沾沾自喜。

約翰，要想讓我們好運連連，我們必須要精心策劃幸運；而策劃幸運，需要好的計畫，好的計畫一定是好的設計，好的設計一定能夠發揮作用。你需要知道，在構思好的設計時，要首先考慮兩個基本的先決條件，第一個條件是知道自己的目標，譬如你要做什麼，甚至你要成為什麼樣的人；第二個條件是知道自己擁有什麼資源，譬如地位、金錢、人際關係，乃至能力。

這兩個基本條件的順序並非絕對不能改變，你可能先有一個構想，一個目標，才開始尋找適於這些資源的目標。還可以把它們整合一處，形成第三和第四種方法，例如擁有某種目標和某種資源，為實現目標，你必須選擇性地創造一些資源，又如你也可能擁有一些資源和某個目標，你必須根據這些資源，提高或降低目標。

你根據資源調整目標或根據目標調整資源之後，就有了一個基礎——可以據以構思設計的結構，剩下的東西就是用手段與時間去填充，和等待幸運的來臨了。

你需要記住，我的兒子，**設計幸運，就是設計人生**。所以在你等待幸運的時候，你要知道如何引導幸運。試試看吧！

愛你的父親

Letter II

要有接受挑戰的決心

任何競爭都不是一場輕鬆的遊戲，而是活力十足、
需要密切注意、不斷做出決定的遊戲。

邪惡和不道德的行爲非常危險，
它會讓人喪失尊嚴，甚至可能坐牢。

一個優秀的指揮官，不會攻打與他無關的碉堡，
而是要全力摧毀那個足以攻陷全城的碉堡。

每一場至關重要的競爭都是一場決定命運的大戰，
後退就是投降！
後退就將淪爲奴隸！

要想在競爭中獲勝，勇氣只是贏得勝利的一部份，還要有實力。

February 19，1901

親愛的約翰：

我有一個不好的消息要告訴你，賓森先生去世了，就在昨晚。我很難過。

賓森先生是我昔日的勁敵，也是爲數不多受我尊重的對手之一，他出類拔萃的才幹、頑強的意志和優雅的風度留給我深刻的印象。直到今天，我還記得在我們結盟之後，他跟我開的那個玩笑，他說：「洛克菲勒先生，您是一個毫不手軟而又完美的掠奪者，輸給那些壞蛋，會讓我非常難過，因爲那就像遭遇了搶劫，但與您這種循規蹈矩的人交手，不管輸贏，都會讓人感到快樂。」

當時，我分不清賓森是在恭維我還是在讚美我，我告訴他：「賓森先生，如果你能把掠奪者換成征服者，我想我會樂意接受的。」他笑了。

我非常敬佩那些在大敵當前依然英勇奮戰的勇士，賓森先生就是這樣的人。在賓森與我爲敵前，我剛剛擊敗了全美最大的鐵路公司——賓州鐵路公司，並成功制服了全美第四家，也是最後一家大型鐵路公司——巴爾的摩．俄亥俄鐵路公司。就這樣，連同我最忠實的盟友——伊利鐵路公司和紐約中央鐵路公司，全美四大鐵路公司全都成為了我馴服的手下。

與此同時，標準石油公司的輸油管道一點一點延伸到油田，更利於我獲得連接油井和鐵路幹線所有主要輸油線的絕對控制權。

坦率地說，那時我的勢力已經延伸到採油、煉油、運輸、市場等石油行業的各個角落，如果我說我手中握有採油商、煉油商的生殺大權，絕非大話，我可以讓他們腰纏萬貫，也可以讓他們一文不名。但的確有人無視我的權威，例如賓森先生。

賓森先生是個有雄心的商人，他要鋪設一條從布拉德福德油田到威廉斯波特的輸油管道，去拯救那些擔心被我擊垮、而急欲擺脫我束縛的獨立石油生產商們。當然，想從中大撈一把的念頭更支配著他勇闖我的領地。

這條連接賓夕法尼亞州東北部與西部的輸油管線，從一開始就以驚人的速度向前鋪進。這引起我的極大關注。約翰，**任何競爭都不是一場輕鬆的遊戲，而是活力十足、需要密切注意、不斷做出決定的遊戲**，否則，稍不留神你就輸了。

賓森先生在製造麻煩，我必須讓他住手。起初我用了一套顯然並不高明的手法與賓森開始較量。我用高價買下一塊沿賓夕法尼亞州州界由北向南的狹長土地，企圖阻止賓森前進的步伐，但賓森採取繞行的辦法，化解了我打出的重拳，結果我成了無所作爲的地主，卻讓那裡的農民一夜暴富。接著我動用了盟友的力量，要求鐵路公司絕不能讓任何輸油管道跨越他們的鐵路，賓森如法炮製，再次成功突圍。最後我想借助政府的力量來阻擊賓森，但沒有成功，只能眼睜睜地看著賓森成爲英雄。

我知道，我遇到了難以征服的勁敵，但他無法動搖我競爭的決心。因爲那條長達110英哩的管道是我最大的威脅，如果任由原油在那裡毫無阻礙地流淌，一直流到紐約，那麼賓森他們就將取代我成爲紐約煉油業的新主人，同時也將使我失去對布拉德福德油田的控制。這是我不能允許的。

當然，我並不想趕盡殺絕、困死他們，我真正的目標是希望不用太高的價格，就能得到我想要的東西——讓賓森他們不能胡來，破壞我費盡心機才建立起來的市場秩序，毀了我對石油業的控制權，這可是我的生命。所以，當那條巨蛇即將開始活動的時候，我向賓森提議，我想買他們的股票。但很不幸，他們拒絕了。

這激怒了我們很多人。主管公司管道運輸業務的奧戴先生要用武力毀了它，以懲罰那些不知好歹的傢伙。我厭惡這種邪惡的想法，只有無能的人才會做這類令人不齒的勾當，我告訴奧戴：放棄你那個愚蠢的想法！我從來沒有想到會輸，但是即使輸了，惟一該做的就是光明磊落地去輸。

如果誰能在背後搞鬼而沒有被人抓到，這個人幾乎一定會獲得競爭優勢。但是，**邪惡和不道德的行為非常危險，它會讓人喪失尊嚴，甚至坐牢**。任何欺騙和不道德的行爲都無法持久，都不能成爲企業的可靠策略，只會破壞大局，使未來變得愈發困難，甚至不可能再有機會。我們一定要守規矩，因爲規矩可以創造關係，關係會帶來長久的業務，好的交易會創造更多的交易，否則，我們將提前結束我們的好運。

就我本性而言，我不喜歡競爭，我摧毀競爭者。但我不要不光明的勝利，我要贏得美滿、徹底而體面。

就在賓森洋洋得意、享受他成功快樂的時候，我向他發動了一系列令他難以招架的攻勢。我派人給儲油罐生產商送去大批訂單，要求他們保證生產、按時交貨，令他們無暇顧及其他客戶，包括賓森。沒有儲油罐，採油商只能將開採的原油傾瀉到荒野上，那麼賓森先生所接受的就不是待運的石油，而是大聲的抱怨了。與此同時，我大幅降低管道運輸價格，將大批靠賓森運送原油的煉油商吸引過來，變爲了我們的客戶，而在此前我已迅速收購了在紐約的幾家煉油廠以阻止它們成爲賓森一夥的客戶。

一個優秀的指揮官，不會攻打與他無關的碉堡，而是要全力摧毀那個足以攻陷全城的碉堡。我的每一輪攻擊都旨在致使賓森先生無油可運，我取得勝利。在那條被稱爲全美最長的輸油管道建成未足一年的時候，賓森先生投降了，他主動提出與我講和。我知道這不是賓森他們的本意，但他們很清楚，如果再與我繼續對抗下去，等待他們的就只能是敗得更慘。

約翰，**每一場至關重要的競爭都是一場決定命運的大戰，「後退就是投降！後退就將淪為奴隸！」**戰爭既已不可避免，那就讓它來吧！而在這個世界上，競爭一刻都不會停止，我們也一刻沒有休息。我們所能做的，就是帶上鋼鐵般的決心，迎接紛至沓來的各種挑戰和競爭，而且要情緒高昂並樂在其中，否則，就不會產生好的結果。

要想在競爭中獲勝，較爲關鍵的是你要保持警覺，當你看到對手不斷地想削弱你，那時就是競爭的開始。這時你需要知道自己擁有什麼，也需要知道友善、溫情可能會害了你，之後就是動用調動所有資源的技巧去贏得勝利了。

當然，**要想在競爭中獲勝，勇氣只是贏得勝利的一部份，還要有實力**。拐杖不能取代強健有力的雙腳，我們要靠自己的雙腳站起來，如果你的腳不夠強壯，不能支持你，你不應放棄和認輸，而應努力磨練、強化、發展雙腳，讓它們發揮力量。

我想賓森先生在天堂上也會贊同我的觀點。

愛你的父親

Letter

12

蒙羞並不是一件壞事

善於思考與善於行動的人，都知道必須摒棄傲慢與偏見，
都知道永遠不能讓自己的個人偏見妨礙自己的成功。

在談判中能堅持到最後一刻的人一定會獲得好處。

對他人的報復，就是對自己的攻擊。

不管你是誰，
即使是美國總統都無力阻止來自他人的侮辱。

蒙辱不是件壞事，如果你是一個知道冷靜反思的人，
或許就會認爲侮辱是測量能力的尺規。

尊嚴不是天賜的，也不是別人給予的，
是你自己締造的。

February 27，1901

親愛的約翰：

你與摩根先生談判時的表現，令我和你的母親感到驚喜，我們沒有想到你竟然有勇氣向那個盛氣凌人，華爾街最大的錢袋子對抗。而且，應對沉穩，言辭得體，不失教養，並徹底控制住了你的對手。感謝上帝，能讓我們擁有你這樣出色的孩子。

在信中你告訴我說，摩根先生待你粗魯無禮，是有意想要侮辱你，我想你是對的。事實上，他是想報復我，讓你代我受辱。

你知道，此次摩根提出要與我結盟，是擔心我會對他構成威脅。我相信他並不情願與我合作，因爲他知道我和他是兩條毫無交集的平行線，彼此誰都不喜歡誰。我一見到他那副趾高氣揚、傲慢無理的樣子就感到噁心。我想他一見到我肯定也有叫他不舒服的地方。

但摩根是位商界奇才，他知道我不把華爾街放在眼裡，更不懼怕他對我的威脅，所以他要實現他的野心——統治美國鋼鐵行業，就必須與我合作，否則，等待他的就將是一場你死我活的競爭。

善於思考與善於行動的人，都知道必須摒棄傲慢與偏見，都

知道永遠不能讓自己的個人偏見妨礙自己的成功，摩根先生就是這樣的人。所以，儘管摩根先生不想和我打交道，但他還是問我，是否可以在標準石油公司總裁辦公室與他會面。

在談判中能堅持到最後一刻的人一定會獲得好處，所以我告訴摩根：「我已經退休了，如果你願意，我很樂意在我家中恭候你。」他果眞來了，這對他而言顯然是有些屈尊。但他做夢都不會想到，當他提出具體問題時我會說：「很抱歉，摩根先生，我退休了，我想我的兒子約翰會很高興同你談那筆交易。」

只有傻瓜才看不出來，我這是在公然輕蔑摩根，但他很克制，告訴我希望你能到他在華爾街的辦公室去談。我答應了。

對他人的報復，就是對自己的攻擊。摩根先生似乎不懂得這個道理，結果爲解心頭怒火，反倒讓你給控制住了。但不管怎麼說，儘管摩根先生對我公然侮辱他耿耿於懷，但始終將眼睛盯在要達成的目標上，對此我頗爲欣賞。

我的兒子，我們生長在追求尊嚴的社會，我知道對於一個熱愛尊嚴的人來說，蒙受侮辱意味著什麼。但在很多時候，**不管你是誰，即使是美國總統都無力阻止來自他人的侮辱**。

那麼，我們該怎麼辦呢？是在盛怒中反擊，捍衛尊嚴呢？還是寬容相待，大度化之呢？還是用其他方式來回應呢？

你或許還記得，我一直珍藏著一張我中學同學的多人合照。那裡面沒有我，有的只是出身富裕家庭的孩子。幾十年過去了，我依然珍藏著它，更珍藏了拍攝那張照片的情景。

那是一天下午，天氣不錯，老師告訴我們說，有一位攝影師跑來要拍學生上課時的情景照。我是照過相的，但很少，對一個窮人家的孩子來說，照相是種奢侈。攝影師剛一出現，我便想像著要被攝入鏡頭的情景，多點微笑、多點自然，帥帥的，甚至開始想像如同報告喜訊一樣回家告訴母親：「媽媽，我照相了！是攝影師拍的，棒極了！」

我用一雙興奮的眼睛注視著那位彎腰取景的攝影師，希望他早點把我拉進相機裡。但我失望了。那個攝影師好像是個唯美主義者，他直起身，用手指著我，對我的老師說：「你能讓那位學生離開他的座位嗎？他的穿戴實在是太寒酸了。」我是個弱小還要聽命於老師的學生，我無力抗爭，我只能默默地站起身，爲那些穿戴整齊的富家子弟製造美景。

在那一瞬間我感覺我的臉在發熱，但我沒有動怒，也沒有自哀自憐，更沒有埋怨我的父母爲什麼不讓我穿得體面些，事實上他們爲我能受到良好教育已經竭盡全力了。看著在那位攝影師調動下的拍攝場面，我在心底握緊了雙拳，向自己鄭重發誓：總有一天，你會成爲世界上最富有的人！讓攝影師給你照相算得了什麼！讓世界上最著名的畫家給你畫像才是你的驕傲！

我的兒子，我那時的誓言已經變成了現實！在我眼裡，侮辱一詞的詞義已經轉換，它不再是剝掉我尊嚴的利刃，而是一股強大的動力，排山倒海，催我奮進，催我去追求一切美好的東西。如果說那個攝影師把一個窮孩子激勵成了世界上最富有的人，似乎並不過分。

每個人都有享受掌聲與喝彩的時候，那或者是在肯定我們的成就，或者是在肯定我們的品性、人格與道德；也有遭受攻擊、侮辱的時候。除去惡意，我想我們之所以會遭受侮辱，是因爲我們的能力欠佳，這種能力可能與做人有關，也可能與做事有關，總之不能讓他人對你表示尊重。所以，我想說，**蒙辱不是件壞事，如果你是一個知道冷靜反思的人，或許就會認為侮辱是測量能力的尺規，**我就是這樣做的。

我知道任何輕微的侮辱都可能傷及尊嚴。但是，**尊嚴不是天賜的，也不是別人給予的，是你自己締造的。**尊嚴是你自己享用的精神產品，每個人的尊嚴都屬於他自己；你自己認爲自己有尊嚴，你就有尊嚴。所以，如果有人傷害你的感情、你的尊嚴，你要不爲所動；你不死守你的尊嚴，就沒有人能傷害你。

我的兒子，你與你自己的關係是所有關係的開始，當你相信自己，並與自己和諧一致，你就是自己最忠實的伴侶。也只有如此，你才能做到寵辱不驚。

愛你的父親

Letter 13

交易的真諦在於交換價值

不論你從事哪一個行業，其實都是在從事一個行業，
那就是跟人打交道的行業。

眞實瞭解自己、瞭解對手，是保證你在決勝中取得大勝的前提。

越是認爲自己行，你就會變得越高明，積極的心態會創造成功。

主動、預期性的措施幾乎總比被動反應有效，且更有力量。

每個人所做的第一個選擇，也是洩露眞相的第一個動作。

在一場競爭激烈的談判中失敗，
意味著下次贏得談判的機會將會降低。

交易的眞諦是交換價值，
用別人想要的東西來換取你想要的東西。

沒有誰願意出高價，但在最低價之外，人們更希望得到最高的價值。

February 27，1901

親愛的約翰：

今晚我會晤了調解人亨利·弗里克先生，我告訴他：「正像我的兒子告訴摩根先生的那樣，我並不急於賣掉聯合礦業公司。但又像你所猜測的一樣，我從來不阻止建立任何有價值的企業。但是，我堅決反對買主居高臨下，定下企圖將我們排斥在外的價格，我寧可血戰到底也不會做這樣的生意。」我請弗里克先生轉告摩根先生，他想錯了。

約翰，看來你還得同摩根先生繼續打交道，儘管你討厭那個傢伙。所以，我想給你一些建議，讓那個不可一世的傢伙知道什麼是我行我素的惡果。

兒子，很多人都犯有相同的錯誤，他們不知道自己到底是做什麼的。其實，**不論你從事哪一個行業**，譬如經營石油、地產，做鋼鐵生意，還是做總裁、做員工，**其實都是在從事一個行業，那就是跟人打交道的行業**。談判更是如此，與你開戰的不是那樁生意，而是人！

所以，**真實瞭解自己、瞭解對手，是保證你在決勝中取得大勝的前提**。你需要知道，準備是遊戲心理的一部分，你必須知己知彼。如果你要擁有實質性的優勢，你必須知道：

第一，整體環境：市場狀況如何，景氣狀況如何。

第二，你的資源：你有哪些優勢（優點）和弱勢（弱點），你有哪些資本。

第三，對手的資源：對手的資產狀況如何，他的優勢、劣勢在哪裡。在任何競爭中，謀劃大策略的重要因素之一，就是了解對手的優勢。

第四，你的目標和態度：太陽神阿波羅的座右銘只有短短的一句話：「人貴自知。」你要知道自己在做什麼、有什麼目標，實現目標的決心有多堅決，認爲自己像個贏家還是懷疑自己，在精神與態度上有什麼優點和缺點。

約翰，你要記住我的一句話：**越是認為自己行，你就會變得越高明，積極的心態會創造成功**。

第五，對手的目標和態度：要儘量判斷對手的目標，同樣重要的是，要設法深入對手的內心，瞭解他的想法和感受。

毫無疑問，最後這一條——預測和瞭解對手——是最難實現和利用的，但你要去力爭實現。那些偉大的軍事將領大多有一個習慣，他們總是盡力瞭解對手的性格和習慣，以此來判斷對手可能做出的選擇和行動方向。在所有的競爭活動中，能夠瞭解對手和競爭者也總是很有功效，因爲這樣你就可以預測對手的動向。**主動、預期性的措施幾乎總比被動反應有效，且更有力量**。俗話說，預防勝於治療就是這個道理。

在有些時候，你的競爭對手可能是你熟知的人，那你就要多利用這個優勢。如果你瞭解他是一個很謹慎的人，或許你自己最好也要小心一點；如果你覺得他總是很衝動，或許這是在暗示你，要大刀闊斧，否則你就可能被他逼上絕路。

但是，你不必與對手熟識，才能瞭解他們；只要你能明察秋毫，在談判桌上你就可以發現很多有價值的東西。善於談判的人應該要能觀察一切。你甚至不必等到開始走出第一步，才開始瞭解對手。

我們說的話可能會透露或掩飾自己的心意，但我們的選擇幾乎總是會洩露自己內心的秘密——想法；**每個人所做的第一個選擇，也是洩露真相的第一個動作**。在談判中你必須瞭解自己在說什麼，如果你眞的能掌控一切，就應該能夠掌控自己所說的話，爲自己帶來好處。

同樣地，你必須隨時保持警惕，以便收到對手發出的資訊。

如果是這樣，你就可以持續掌控明確的優勢；做不到這一點，你就可能喪失另一個機會。你需要知道，**在一場競爭激烈的談判中失敗，意味著下次贏得談判的機會將會降低。**

做交易的秘訣在於，你要知道不能交易什麼和可以交易什麼。摩根先生視我們爲牆角裡的殘渣，要清掃出去，但我們必須留在地板上。這是不能談判的。同時，他還必須給出一個好價錢。但你也要知道，在做生意時，你絕對不能想把錢賺得一乾二淨，總要留一點給別人賺。

約翰，你知道，我們願意做這筆交易，是因爲我們認爲這筆交易對我們有利，這是顯而易見的。然而，你不要受制於這種明顯而狹隘的觀點。

有太多的「聰明人」認爲自己的目的不是要交易，而是要撿便宜，希望以最低的價格買到東西。這次摩根一方給出的價格比實際價值低過百萬。如果他只想做這種交易，表示他會因此失掉這次他登上美國鋼鐵行業霸主地位的機會。**交易的真諦是交換價值，用別人想要的東西來換取你想要的東西。**

要完成一筆好交易，最好的方法是強調其價值。而很多人會犯強調價格、而非價值的錯誤，常說什麼：「這的確很便宜，再也找不到這麼低的價格了。」不錯，**沒有誰願意出高價，但在最低價之外，人們更希望得到最高的價值。**

約翰，在你與摩根先生的談判中，當涉及金錢的時候，你絕對不要先提金額，要提供他寶貴的價值，強調他從你這裡能夠買到什麼。

我相信，人經過努力可以改變世界，達到嶄新、美好的境界。祝你好運！

愛你的父親

Letter

14

要具備合作精神

合作，在那些妄自尊大的人眼裡，它或許是件軟弱或可恥的事情，
但在我看來，合作永遠是聰明的選擇，前提是只要對我有利。

在任何時候，任何地方，只要存在競爭，
誰都不可能孤軍奮戰，除非他想自尋死路。

合作可以壓制對手或讓對手出局，
達到讓自己向目標闊步邁進的目的。

合作的目的不是去獲取情感，而是要得到利益和好處。

往上爬的時候要對別人好一點，
因爲你走下坡的時候也許會碰到他們。

如果在付錢的時候又送上一份尊重，
我就會讓他們爲我忠心地服務。

May 16，1901

親愛的約翰：

你與摩根先生的手終於握在一起，這是美國經濟史上最偉大的一次握手，我相信後人一定會慷慨記住這一偉大時刻，因為正如《華爾街日報》所說，它標誌著「一艘由華爾街大亨和石油大亨共同打造的超級戰艦已經出航，它將勢不可擋，永不沉沒」。

約翰，你知道這叫什麼嗎？這就是合作的力量。

合作，在那些妄自尊大的人眼裡，它或許是件軟弱或可恥的事情，但在我看來，合作永遠是聰明的選擇，前提是只要對我有利。現在，我很想讓你知道這樣的事實：

假如說不是上帝成就了我今天的偉業，我很願意將其歸功於三大力量的支持：第一股力量來自於按規則行事，它能讓企業得以永續經營；第二股力量來自於殘酷無情的競爭，它會讓每次的競爭更趨於完美；第三股力量則來自於合作，它可以讓我在合作中取得利益、獲得好處。

而我之所以能跑在競爭者的前面，就在於我擅長走捷徑——與人合作。在我創造財富之旅的每一站，你都能看到合作的站牌。因為從我踏上社會那一天起我就知道，**在任何時候，任何地**

方，只要存在競爭，誰都不可能孤軍奮戰，除非他想自尋死路；聰明的人會與他人包括競爭對手形成合作關係，假藉他人之力使自己存在下去或強大起來。

當然，我可以做出一個很可能會成爲現實的假設，如果我們不與摩根先生牽手，我們雙方就很可能會拼個兩敗俱傷，而我們的對手卡內基先生則會從中漁利，讓他在鋼鐵行業始終一枝獨秀的態勢繼續下去。但現在，卡內基先生一定要捶胸頓足了，想想看，誰會在對手蠶食自己領地的時候還能泰然自若呢？除非他是躺在墳墓裡的死人。

合作可以壓制對手或讓對手出局，達到讓自己向目標闊步邁進的目的。換句話說，合作並不見得是追求勝利。遺憾的是，只有爲數不多的人才瞭解其中的奧妙。

但是，合作並不等同於友誼、愛情和婚姻，**合作的目的不是去獲取情感，而是要得到利益和好處**。我們應該知道，成功有賴於他人的支持與合作，我們的理想與我們自己之間有一道鴻溝，要想跨越這道鴻溝必須依靠別人的支持與合作。

當然，我永遠不會拒絕與生意夥伴建立友誼，我相信建立在生意上的友誼遠勝過建立在友誼上的生意。例如我與亨利．弗里克先生的合作。亨利是我永遠的知己，最好的助手；我與他結盟，他讓我得到的不只是投資，更多的是智慧和心靈上的支持。亨利同我一樣，從不自滿且雄心勃勃，成爲石油行業的主人是他的夢想。直到現在，我還記得我們開始合作時的情景，那時候除去吃飯和睡覺，我們幾乎形影不離，我們一同上班、下班，一同思考，一同制定計劃，相互激勵，彼此堅定決心。那段時間，就如同歡度蜜月一樣，永遠是讓我感到愉快的記憶。

如今，幾十年過去了，我們依然親如兄弟，這份情感給多少錢我都不賣。這也是我一直讓你叫他亨利叔叔而不要叫他亨利先生的原因。

我從不嘗試去買賣友誼，因爲友誼不是能用金錢買來的。友誼的背後需要眞情的支援。我與亨利之所以有不悔的合作和永遠的友誼，不僅僅在於我們是追逐利益的共謀者，更重要的是，我們都是嚴於律己的人，我們都知道要想讓別人怎麼待你、你就怎麼待別人而且從現在做起的價值。

『己所不欲，勿施於人』，既是我的行爲準則，又是我對合作所保有的明智態度。所以，我從不以財勢欺凌處於弱勢的對手，我情願與他們促膝談心，也不願意擺出盛氣凌人的姿態去壓服他們。否則，我寧可毀了我們之間的合作，讓目標停止在中途。

當然，遇到傲慢無禮的人，我也有總忘不了要羞辱他一番的時候，例如我就曾教訓過紐約中央鐵路公司的老闆范德比爾特先生。

范德比爾特出身貴族，在南北戰爭中立過戰功，享有將軍頭銜，但他把戰場上得到的榮譽當作了他生活中不可一世的資本，並自以爲把持著運輸大權，就可以把我們當成打零工的。

有一次，亨利找到他要談運輸的事情，可誰知道這個傲慢的傢伙竟然說：「年輕人，你要與我談？你的軍階似乎低了些！」亨利從未受到過這樣的侮辱，但在那一刻良好的教養幫了他，他沒有失態，但回到辦公室，他那個漂亮的筆筒卻遭了殃，被他摔了個粉身碎骨。

我趕快安慰他：「亨利，忘了那混蛋說了什麼，我一定爲你討回尊嚴。」後來范德比爾特急著要與我們做生意，請我們到他那裡去談判，我派人告訴他：「可以，但你要到我們辦公室來談。」結果，這位習慣了別人巴結、討好他的將軍，只能屈尊來見比他小四十多歲的年輕人，同時還要屈從兩個年輕人提出的條件。我想，在那一刻，范德比爾特將軍一定明白了這樣一個道理：**往上爬的時候要對別人好一點，因為你走下坡的時候也許會碰到他們。**

我厭惡以粗暴的態度對待人，更知道耐心、溫和對待下屬和同事的價值——有利於實現目標。我知道用錢可以買到人才，卻不會買到人心，但**如果在付錢的時候又送上一份尊重，我就會讓他們為我忠心地服務**。這就是我能建立起高效管理隊伍的成功所在。

但我不希望你因此產生錯誤的判斷，認爲合作就是做好人。不！合作不是做好人的問題，而是好處和利益的問題。沒有任何結盟是永遠持久的，合作只是一種獲利戰術。當環境發生變化的時候，戰術將隨之改變，否則，你就輸了。現實很嚴酷，你必須更嚴酷，但是，你仍要當個好人。

約翰，生命的本質就是鬥爭和競爭，它們激動人心；但是，當它們發展爲衝突時，就往往具有毀滅性和破壞性，而適時的合作則可化解它們。

愛你的父親

Letter

15 不與消極的人爲伍

明智的人絕不會爲命運坐下來哀號。

一個人的個性與野心、目前的身份與地位，和與什麼人交往有關。

經常跟消極的人來往，他自己也會變得消極；
跟小人物交往過密，就會產生許多卑微的習慣。

我要挑戰令人厭惡的逆境，因爲智者告訴我，
那是邁向成功最明智的方向。

我們不能阻止他人成爲那些無聊的消極分子，
卻可以不被那些消極人士影響，降低我們的思想水準。

說你辦不到的人，都是無法成功的人，
亦即他個人的成就頂多普普通通而已。

如果向一個失敗者請教，就跟請求庸醫治療絕症一樣可笑。

多接近積極成功的人，少和消極的人來往。

May 11，1902

親愛的約翰：

我想你已經覺察到了，你的某些思想和觀念正在發生著變化，因爲你的那些朋友。我當然不反對你擴大社交圈，它可以增加你的生活情趣，擴展你的生活領域，甚或幫你找到知己或能幫你實現人生理想的人。但有些人顯然不値得你與他交往，比如，那些拘泥於卑微、瑣碎的人。

從我年輕的時候開始，就拒絕同兩種人交往。

第一種人是那些完全投降、安於現狀的人。他們深信自己條件不足，認爲創造成就只是幸運兒的專利，他們沒有這個福氣。這種人願守著一個很有保障卻很平凡的職位，年復一年渾渾噩噩。他們也知道自己需要一份更有挑戰性的工作，這樣才能繼續發展與成長，但就因爲有無數的阻力，使他們深信自己不適合做大事。

明智的人絕不會為命運坐下來哀號。但這種人只會哀歎時不我予，卻從不欣賞自己，從不把自己看成是更有份量、更有價値的人，他們失去了使自己全力以赴的感覺和自我鼓勵的功能，反讓消極佔據了自己的內心。

第二種人是不能將挑戰進行到底的人。他們曾經非常嚮往成就大事，也曾替自己的工作大做準備，制訂計畫。但是過去幾十年或十幾年後，隨著工作阻力的慢慢增加，爲更上層樓需要艱苦努力的時候，他們就會覺得這樣下去實在不值得，因而放棄努力，變得自暴自棄。

他們會自我解嘲：「我們比一般人賺得多，生活也比一般人要好，幹嘛不知足，還要冒險呢？」其實這種人已經有了恐懼感，他們害怕失敗，害怕大家不認同，害怕發生意外，害怕失去已有的東西。他們並不滿足，卻已經投降。這種人有些很有才能，卻因不敢重新冒險，才願意平平淡淡地度過一生。

這兩種人身上有著共同的思想毒素，極易感染他人的思想毒素，那就是消極。

我一直以爲，**一個人的個性與野心、目前的身份與地位，和與什麼人交往有關。經常跟消極的人來往，他自己也會變得消極；跟小人物交往過密，就會產生許多卑微的習慣**。反過來說，經常受到大人物的薰陶，自會提高自己的思想水準；經常接觸那些雄心萬丈的成功人士，也會使他養成邁向成功所需要的野心與行動。

我喜歡和那些永遠也不屈服的人做朋友。有個聰明人說得好：「**我要挑戰令人厭惡的逆境，因為智者告訴我，那是邁向成功最明智的方向**。」只是這種人少之又少。

這種人絕不讓悲觀來左右一切，絕不屈從各種阻力，更不相信自己只能渾渾噩噩虛度一生。他們活著的目的就是獲得成就。這種人都很樂觀，因爲他們一定要完成自己的心願。這種人很容易成爲各個領域的佼佼者。他們能眞正地享受人生，也眞正瞭解生命的可貴與價值。他們都盼望每一個新的日子，以及跟別人之間的新接觸，因爲他們把這些看成是豐富人生的歷練，因此熱烈地接受。

我相信人人都希望列入其中，因爲只有這些人才能成功，也只有這些人才能眞正做事，並且能得到他們期盼的結果。

不幸的是，消極的人隨處可見，也使很多很多的人無法逃脫消極之牆的圍困。

在我們周圍的人並非人人相同，有些消極保守，有些則積極進取。曾與我共事的人，有些人只想混口飯吃，有些則胸懷大志、野心勃勃，想要有更好的表現，他們也瞭解，在成爲大人物前，必須先做個好的追隨者。

要有所成就就要避免落入各式各樣的陷阱或圈套。在任何一個地方都有人自知不行，卻硬要擋住你上進的路，阻止你更上層樓。有許多人因爲力爭上游，而被人嘲笑甚至被恐嚇。還有些人非常嫉妒，看到你努力上進，力求表現，會想盡辦法來捉弄你，要你難堪。

我們不能阻止他人成為那些無聊的消極分子，卻可以不被那些消極人士影響，降低我們的思想水準。你要讓他們自然溜過，就像水鴨背後的水一樣自然滑過。時時跟隨思想積極前進的人，跟著他們一起成長、一起進步。

你確實能夠做到這一點，只要你的思想正常，一定可以辦到，而且你最好要這樣做。

有些消極的人心腸很好；另外還有一些消極的人，自己不知上進，還想把別人也拖下水，他們自己沒有什麼作爲，所以想使別人也一事無成。記住，約翰，**說你辦不到的人，都是無法成功的人，亦即他個人的成就頂多普普通通而已。**因此這種人的意見，對你有害無益。

你要多加防範那些說你辦不到的人，只能把他們的警告看成證明你一定辦得到的挑戰。你還要特別防範消極的人破壞你邁向成功的計畫，這種人隨處可見，他們似乎專門破壞別人的進步與努力。千萬要小心，要多多提防那些消極的人，千萬不要讓他們破壞你的成功計畫。不要讓那些思想消極、度量狹窄的人妨礙你的進步。那些幸災樂禍、喜歡嫉妒的人都想看你摔跤，不要給他們機會。

當你有任何困難時，明智的做法是找最好的人物來幫你。**如果向一個失敗者請教，就跟請求庸醫治療絕症一樣可笑**。你的前途很重要，千萬不要從長舌婦那裡徵求意見，因爲這種人一輩子都沒有出息。

你要重視你的環境，就像食物供應身體一樣，精神活動也會滋潤你的心理健康。要使你的環境爲你的工作服務，而不是拖累你。不要讓那些阻力，亦即專門扯你後腿的人使你萎靡不振。讓環境幫助你成功的方法是：**多接近積極成功的人，少和消極的人來往**。

每一件事情都要做得盡善盡美。你付不起貪小失大所累積的種種額外負擔。

愛你的父親

Letter

16

做目的主義者

每一位領導都是一位希望大使，是帶領部屬安度眼前無法避免的荊棘道路上的嚮導，但不辜負部屬的期望卻很難。

我們選擇什麼樣的態度，也就決定了我們要採取什麼樣的行為。

明確、果斷的目的，更會讓我們專注於所選擇的方向，並盡力達成目標。

如果你無法主動確立自己的目的，你就會被動或不自覺地選擇其他目的，結果很可能會讓你失去掌控全局的能力，
同時你也將受制於使你分心或攪亂你的人或事件。

傑出的領導者都善於動用兩種無形的力量：信任和尊重。

公開你的目的，更能避免無益的推論。

領導者的天職是發現問題，而解決問題要依靠部屬。

亮出你的目的，熱情地對待每個人，就能實現你所要的。

May 11，1902

親愛的約翰：

你能走向標準石油的核心，是你的榮耀，也是我的榮耀。然而，你需要知道，當你在享受這個榮耀的時候，無疑地，你也要肩負起與之相伴的責任。否則，你就將有愧於這個榮耀，更會辜負眾人對你的希望和信任。別忘了，你是標準石油公司的中堅。我們事業的最終成敗，已與你息息相關，你當以更高的力量與犧牲標準來要求自己。

坦率地說，你要想在那個位置上做得出色，讓大家認同你、敬佩你，你需要學習的東西還很多。現在，你需要思考一個問題：你自己是否能成功掌握這個角色？

每一位領袖都是一位希望大使，是帶領部屬安度眼前無法避免的荊棘道路上的嚮導，但不辜負部屬的期望卻很難。作爲領袖者，無論是誰，都會面臨諸多難題，譬如，堆積如山的工作，排山倒海般滾滾而來資訊，突然發生的變故，最高管理層、投資人和客戶無止境的要求，難以調教的員工，始終在變動的挑戰……這些能讓你疲於奔命，感到挫折、恐懼、焦慮和不知所措，以致摧毀你要取得商業成就與個人成就的夢想。

但是，有時成爲一個充滿信心與活力的卓越領導者，比成爲一個活力盡失、在掙扎無助中度日的領導者更容易，前提是他需要知道如何讓部屬甘心賣命。注意，是甘心，而不是被迫。

作爲標準石油公司的領袖，我既享有權威又享有愉悅，因爲我知道，找到可以保證完成任務的人，就等於爲我創造了時間。換句話說，這不僅會讓我精力充沛，更重要的是，它會讓我有更多的時間去思考怎麼能爲公司賺更多的錢。

這裡面有一個態度問題：行動受態度驅使。**我們選擇什麼樣的態度，也就決定了我們要採取什麼樣的行為**。至於結果，則很快就能見分曉。人可以經由改變自己的態度改變自己的人生，如果你相信能夠改變態度，你就能夠改變。

聰明人總會選擇對自己最有利的態度。懂得領導藝術的人，總會自問：怎樣的態度才能幫自己達到眞正想要的結果？是鼓舞激勵的態度？還是抱持同情的態度？他們永遠不會選擇冷淡或敵意的態度。

如果你把自己視爲高高在上、一言九鼎的專制君主，你很可能會成爲下一個法王路易十六。就我而言，我從不專横跋扈、製造衝突，或者給予自身過大壓力，反倒有給予部屬信任、鼓舞士氣、達成我所期望的商業成就的習慣，這個習慣會幫助我實現活用部屬的目的。要做到這一點，方法很簡單，那就是要知道如何運用設定目的的力量。

我是一個目的主義者，我從不像有些人那樣誇大目標的作用，卻異常重視目的的功能。在我看來，目的是激發我們潛能的關鍵，是主導一切的力量，它可以影響我們的行爲，激勵我們製造達到目的的手段。**明確、果斷的目的，更會讓我們專注於所選擇的方向，並盡力達成目標**。

我的經驗告訴我，一個人所達成的任務，以及他最終的表現，與他的目的的本質與力量息息相關，而與他爲了目標所做的事情幾乎無關。想想看，沒有一桿完成的高爾夫球比賽，你需要一洞一洞打過去，你每打出一桿的目的就是離球洞越近越好，直到把它打進。

目的是我領導的依據，目的就是一切。我習慣於在做任何事情之前先確立目的，而且每天我都要設定目的，無數的目的，譬如與合夥人談話的目的，召集會議的目的，制訂計畫的目的等等。我在做事之前也會先檢視自己設定的目的。通常在我到達公司時，我已經成功做好了萬全的準備。所以，在我心裡從未出現過諸如『我沒有辦法、我不管了、沒有希望了』等具有吞噬人心的聲音。每一天確立的目的，已經抵消了這些失敗的力量。

如果你無法主動確立自己的目的，你就會被動或不自覺地選擇其他目的，結果很可能會讓你失去掌控全局的能力，同時你也將受制於使你分心或攪亂你的人或事件。

這就像將一艘遊艇自碼頭鬆開繩索，卻忘記了啓動馬達一樣。你將隨波逐流，海風、水流或其他船隻隨時都會讓你葬身海底。也許對岸有好事等著你，但是除非奇蹟出現，否則你無法順利到達對岸。確立目的就如同開啓遊艇的引擎，能驅動你朝向所選擇的道路前進。目的可爲人類的努力增添方向與力量。

但是，確立目的只是走到了成爲目的主義者的中途；你還要走另一半路程，你需要毫無保留地向你的部屬陳述你的目的——你個人的企圖、動機與內心的戰略計畫。對於每一位需要瞭解我所要達成目的的人，我會向他們說明我的目的。在每次會談、會議、報告中或事情開始階段，我都會先表達出我的動機、想法、以及期望。

這樣做的好處會讓你感到驚訝。它不僅能使部屬清楚你的目的，知曉正確的前進方向，最重要的是，當你勇於將目的開誠佈公之後，你將收穫情感上的忠誠。要知道忠誠是甘心效命的開始。

傑出的領導者都善於動用兩種無形的力量：信任和尊重。當你誠實地說出你的目的時，你也傳遞了這樣的資訊：「因爲我對你有足夠的信任，所以我願意向你表白。」它將開啓讓人信任你的大門，而在大門外，你擁抱的不僅是部屬的能力，還有來自他們的無價忠誠——要凝聚力量來幫助你的忠誠。信賴別人並使別人也信賴我，是我一生取得成就的重要原因。

公開你的目的，更能避免無益的推論。如果你不告訴部屬你的目的，他們就會花時間猜想臆測你的目的，根據所能搜集到的蛛絲馬跡進行推測，而這些資訊都很容易受到扭曲。只有不需要解讀你的動機時，部屬的士氣與能力才有機會獲得提升。所以，把部屬當成『傻瓜』似乎更有利。

目的表明的力量是無可取代的，它所傳達出的不僅是一項聲明，同時也是領導者對於個人行爲勇敢堅決的誓言。出自堅決意志與絕對韌性的目的，往往能夠激勵、鼓舞部屬，使他們在以後的工作中能有更傑出的表現。

領導者的天職是發現問題，而解決問題要依靠部屬：如何把部屬調動起來，完成他們的職責是領導者第一考慮的要事。我認爲，**亮出你的目的，熱情地對待每個人，就能實現你所要的**。

目的就如同鑽石：如果要它有價値，它必須是眞實的。不誠懇的目的表現只會壞事。如果一個人濫用目的的力量，他只會破壞彼此間的信任，並失去別人的信賴。這就是表達目的的風險。

約翰，到達地獄的路，是由善意鋪成的。除非你已做好萬全的準備，否則這句話很可能成眞。

愛你的父親

Letter

17

忍耐是一種策略

屈從是思想的大敵，也是自由的獄吏。

對一個胸懷大志的人而言，保持必要的屈從與忍耐，
恰恰是一條屢試不爽的成功策略。

忍耐不是盲目的容忍，你需要冷靜地考量情勢，
要知道你的決定是否會偏離或損害你的目標。

忍耐並非忍氣吞聲、也絕非卑躬屈膝；
忍耐是一種策略，同時也是一種性格磨練，它所孕育出的是好勝之心。

能忍人所不能忍之忤，才能為人所不能為之事。

在任何時候，衝動都是我們最大的敵人。

做決策時不要受感情左右，而是完全根據需要來做決定，
要永遠知道自己想要什麼。

September 2，1902

親愛的約翰：

非常感謝你對我的信任，告訴我你退出花旗銀行董事會的事情。我當然理解你爲什麼這樣做，你已經無法繼續忍受同仁們的某些做法，更不想繼續屈從於他們。

但是，你的決定是否明智，似乎還有待於時間來證實。理由很簡單，如果你不主動放棄花旗銀行董事的職位，而是選擇留在那裡，或許你會得到更多。

我知道，**屈從是思想的大敵，也是自由的獄吏**。然而，**對一個胸懷大志的人而言，保持必要的屈從與忍耐，恰恰是一條屢試不爽的成功策略**。追溯過往，我曾經忍耐過許多，也因忍耐得到過許多。

在我創業之初，由於資金缺乏，我的合夥人克拉克先生邀請他昔日的同事加德納先生入股，對此我舉雙手贊成，因爲有了這位富人的加入，就意味著我們可以做我們想做、有能力做、只要有足夠資金就能做成的事情。

然而，出乎我意料的是，克拉克帶來了一個錢包的同時，卻送給了我一份屈辱：他們要把克拉克—洛克菲勒公司更名爲克拉克—加德納公司，而他們將洛克菲勒的姓氏從公司名稱中抹去的理由是：加德納出身名門，他的姓氏能吸引更多的客戶。

這是一個大大刺傷我尊嚴的理由！我憤怒啊！我同樣是合夥人，加德納帶來的只是他那一份資金而已，難道他出身貴族就可以剝奪我應得的名分嗎？！但是，我忍下了，我告訴自己：你要控制住你自己，你要保持心態平靜，這只是開始，路還長著哪！

我故作鎮靜，裝作若無其事的樣子告訴克拉克：「這沒什麼。」事實上，這完全是謊言。想想看，一個遭受不公平、自尊心正受到傷害的人，他怎麼能有如此的寬容大度！但是，我用理性澆滅了我心頭燃燒著的熊熊怒火，因爲我知道這會給我帶來好處。

忍耐不是盲目的容忍，你需要冷靜地考量情勢，要知道你的決定是否會偏離或損害你的目標。對克拉克大發雷霆不僅有失體面，更重要的是，它會給我們的合作製造裂痕，甚至招致一腳把我踢出去、讓我從頭再來的惡果。而團結則可以形成合力，讓我們的事業越做越大，我的個人力量和利益也必將隨之壯大。

我知道自己要到哪裡去。在這之後我繼續一如既往、不知疲倦地熱情工作。到了第三個年頭，我就成功地把那位極盡奢侈的加德納先生請出了公司，讓克拉克—洛克菲勒公司的牌子重新豎立起來！那時人們開始尊稱我爲洛克菲勒先生，我已成爲富翁。

在我眼裡**忍耐並非忍氣吞聲，也絕非卑躬屈膝；忍耐是一種策略，同時也是一種性格磨練，它所孕育出的是好勝之心**。這是我與克拉克先生合作期間得出的心得。

我崇尚平等，厭惡居高臨下發號施令。然而，克拉克先生在我面前卻總要擺出趾高氣揚的架勢，這令我非常反感。他似乎從不把我放在眼裡，把我視爲目光短淺的小職員，甚至當面貶低我，除了記帳和管錢之外一無所能，沒有他我更一文不值。這是公然的挑釁，我卻裝作充耳不聞，我知道自己尊重自己比什麼都重要。但是，我在心裡已經向他開戰，我一遍一遍地叮囑自己：超過他，你的強大是對他最好的羞辱，是打在他臉上最響的耳光。

結果正像你所知道的那樣，克拉克—洛克菲勒公司永遠成爲了歷史，取代它的是洛克菲勒—安德魯斯公司，我就此搭上了成爲億萬富翁的特快列車。**能忍人所不能忍之忤，才能為人所不能為之事**。

在任何時候，衝動都是我們最大的敵人。如果忍耐能化解不該發生的衝突，這樣的忍耐永遠是值得的；但是，如果頑固地一意孤行，非但不能化解危機，還會帶來更大的災難。安德魯斯先生似乎並不明白這個道理。

安德魯斯先生是一個沒有商業頭腦卻自以爲是的人，他缺乏成爲偉大商人的雄心，卻有著邪惡的偏見。這種人與我發生衝突毫不奇怪。

導致我們最終分道揚鑣的那場衝突，緣於公司發放股東的紅利。那一年我們做得不錯，賺了很多錢，可是我不想把公司賺到的錢全都讓股東們拿回家，我希望能將其中的一半收益再投入到公司的經營中去。但安德魯斯堅決反對，這個自私自利的傢伙想把賺來的錢全分了，甚至怒氣沖沖地威脅我說，他不想在公司繼續做下去了。我不能忍受任何阻止公司強大的想法。我只能向他攤牌，請他爲他持有的股票開價，他說一百萬，我說沒問題，第二天我就用一百萬買下了。

錢一到手，安德魯斯興奮極了，他自以爲自己交了好運，認爲他賣給我的股票根本不值一百萬。但他沒有想到，我很快一轉手就賺了三十萬。這事傳到他那裡，他竟然罵我手段卑鄙。我不想因爲區區三十萬就落得卑鄙的名聲，就派人告訴他可以按原價收回。但懊惱中的安德魯斯拒絕了我的好意。事實上他拒絕的是一次成爲全美巨富的機會，如果他能把他價值一百萬的股票保留到今天，就會成爲當然的千萬富翁。但爲賭一時之氣，他喪失了終生再也抓不住的機會。

約翰，在這個世界上要我們忍耐的人和事太多太多，而引誘我們感情用事的人和事也太多太多。所以，你要修煉自己管理情緒和控制感情的能力，要注意在**做決策時不要受感情左右，而是完全根據需要來做決定，要永遠知道自己想要什麼**。你還需要知道，在機會的世界裡，沒有太多的機會可以爭取。如果你眞的想成功，你一定要掌握並保護自己的機會，更要設法搶奪別人的機會。

記住，要天天把忍耐帶在身上，它會給你帶來快樂、機會和成功。

愛你的父親

Letter 18
信心驅使我們走向成功

眞正相信自己能夠移山的人不多，結果，眞正做到的人也不多。

勝利是一種習慣，失敗也是一種習慣。
如果想成功，就得取得持續性的勝利。

相信會成功，是已經成功的人所擁有的一項基本而絕對必備的要素。

相信會勝利，就必定成功。信心的大小決定了成就的大小。

如果他們不能將自信抬高，他們就會在自我評估中畏縮，
變得愈來愈渺小。

每個人邁向成功的第一個步驟，也是不能漏掉的基本步驟，
就是要相信自己，要相信自己一定能夠成功。

June 7，1903

親愛的約翰：

你說得很對，雄才大略的智慧可以創造奇蹟。然而，現實中創造奇蹟的人總是寥若晨星，而平庸之輩卻層出不窮。

耐人尋味的是，人人都想要大有所爲。每一個人都想要獲得一些最美好的東西。每一個人都不喜歡巴結別人，過平庸的日子，也沒有人喜歡作二流人物，或被迫進入這種境況。

難道我們沒有雄才大略的智慧嗎？不！最實用的成功智慧早已寫在《聖經》之中，那就是『堅定不移的信心足可移山』。可爲什麼還有那麼多失敗者呢？我想那是因爲**真正相信自己能夠移山的人不多，結果，真正做到的人也不多。**

絕大多數的人都視那句聖言爲荒謬的想法，認爲那是根本不可能的。我以爲這些不可理喻的人犯了一個常識性的錯誤，他們錯把信心當成了『希望』。不錯，我們無法用『希望』移動一座高山，無法靠『希望』取得勝利或平步青雲，也不能靠希望而擁有財富和地位。

但是，信心的力量卻能幫助我們移動一座山嶽，換句話說，我們要相信自己能夠成功。你也許認爲我將信心的威力神奇或神秘化了，不！信心產生『我確實能做到』的信念，相信『我確實能做到』能產生創造成功所必備的能力、技巧與精力。每當你相信『我能做到』時，自然就會想出『如何解決』的方法，成功就誕生在成功解決問題之中。這就是信心發揮作用的過程。

每一個人都『希望』有一天能登上頂峰，享受隨之而來的成功果實。但是他們絕大多數偏偏都不具備必需的信心與決心，他們也便無法達到頂點。也因為他們以為達不到，以致找不到登上巔峰的途徑，他們的事業也就一直停留在一般人的水準。

但是，有少部分人真的相信他們總有一天會成功。他們抱著「我就要登上巔峰」的心態來進行各項工作，並且憑著堅強的信心而達到目標，我認為我就是他們當中的一員。當我還是一個窮小子的時候，我就自信我一定會成為天下最富有的人，強烈的自信激勵我想出各種可行的計畫、方法、手段和技巧，一步步攀上了石油王國的頂峰。

我從不相信失敗是成功之母，我只堅信信心是成功之父。**勝利是一種習慣，失敗也是一種習慣。如果想成功，就得取得持續性的勝利**。我不喜歡取得一時的勝利，我要的是持續性勝利，只有這樣我才能成為強者。信心激發了我成功的動力。

信心會結出偉大的成果，是所有偉大的事業、名著、劇本，以及科學新知背後的動力。**相信會成功，是已經成功的人所擁有的一項基本而絕對必備的要素。**但失敗者『慷慨地』丟掉了這些。

我曾與許多在生意場中失敗過的人談話，聽過無數失敗的理由與藉口。這些失敗者在說話的時候，時常會在無意中說：「老實說，我並不以爲它會行得通。我在開始進行之前就感到不安了。事實上，我對這件事情的失敗並不會太驚訝。」

採取『我暫且試試看，但我想還是不會有什麼結果』的態度，最後一定會招致失敗。「不信」是消極的力量。當你心中不以爲然或產生懷疑時，你就會想出各種理由來支持你的「不信」。懷疑、缺乏信心、潛意識要失敗的傾向，以及不是很想成功，都是失敗的主因。心中存疑，就會失敗。

相信會勝利，就必定成功。信心的大小決定了成就的大小。庸庸碌碌、過一天算一天的人，自以爲做不了什麼事，所以他們僅能得到很少的報酬。他們相信不能做出偉大的事情，他們就眞的不能。他們認爲自己很不重要，他們所做的每一件事都顯得無足輕重。久而久之，連他們的言行舉止也會表現得缺乏自信。**如**

果他們不能將自信抬高，他們就會在自我評估中畏縮，變得愈來愈渺小。而且他們怎麼看待自己，也會使別人那樣看待他們，於是這種人在眾人的眼光下又會變得更渺小。

那些積極向前的人，肯定自己有更大的價值，他就能得到很高的報酬。他相信他能處理艱巨的任務，眞的就能做到。他所做的每一件事情，他的待人接物，他的個性、想法和見解，都顯示出他是專家，他是一位不可或缺的重要人物。

照亮我的道路，不斷給我勇氣，讓我愉快正視生活的理想正是信心。在任何時候，我都不忘增強信心。我用成功的信念取代失敗的念頭。當我面臨困境時，想到的是『我會贏』，而不是「我可能會輸」。當我與人競爭時，我想到的是「我跟他們一樣好」，而不是「我無法跟他們相比」。機會出現時，我想到的是「我能做到」，而不是「我不能做到」。

每個人邁向成功的第一個步驟，也是不能漏掉的基本步驟，就是要相信自己，要相信自己一定能夠成功。要讓關鍵性的想法「我會成功」支配我們的各種思考過程。成功的信念會激發我的心智創造出獲得成功的計畫。失敗的意念正好相反，使我們去想一些會導致失敗的念頭。

我定期提醒自己：你比你想像的還要好。成功的人並不是超人。成功不需要超人的智力，不是看運氣，也沒有什麼神秘之處。成功的人只是相信自己、肯定自己所作所爲的平凡人。永遠不要、絕對不要廉價出售自己。

每個人都是他思想的產物，想的是小的目標，就可預期成果也是微小的。想到偉大的目標就會贏得重大的成功。而偉大的創意與大計畫通常比小的創意與計畫要來得容易，至少不會更困難。

那些能夠在商業、傳教、寫作、演戲，以及其他成就的追求上達到最高峰的人，都是因爲能夠踏實、有恆地奉行一個自我發展與成長的計畫。這項訓練計畫會爲他們帶來一系列的報酬：獲得家人更尊敬的報酬；獲得朋友與同事讚美的報酬；能覺得自己有價值的報酬；成爲重要人物的報酬；收入增加、生活水準提高的報酬。

成功——是生命的最終目標，它需要我們用積極的思考去呵護。當然，在任何時候我們都不能讓信念出問題。

愛你的父親

Letter

19 找出把事情做得更好的方法

被委以重任者是能找出更好的方法把事情做好的人。

相信某一件事可以做成，就會爲我們提供創造性的解決之道，
將我們各種創造性的能力發揮出來。

做任何事都不可能只找到一種最好的方法，
最好的方法正如創造性的心靈那樣多。

各種計畫都不可能達到絕對的完美，
這意味著一切事物的改良可以無止境地進行。

要找出完美想法的最佳途徑，就是擁有許多想法。

最大的成功都是那些曾經有『我能把事情做得更好』的態度的人。

我們的心態決定我們的能力。

December 4，1903

親愛的約翰：

我不贊同你的觀點，讓羅傑斯擔當重任，獨當一面。事實上，我曾爲此做過努力，但結果頗令我失望。我的用人原則是，**被委以重任者是能找出更好的方法把事情做好的人**。但羅傑斯顯然不夠格，因爲他是個懶得思考的人。

在我有心啓用羅傑斯之前，我爲考察他，問了一個問題。我說：「羅傑斯先生，你認爲政府怎麼做才能在三十年內廢除所有的監獄？」他聽了顯得很困惑，懷疑自己聽錯了，一陣沉默過後，他便開始反駁我：「尊敬的洛克菲勒先生，您的意思是要把那些殺人犯、強盜以及強姦犯全部釋放嗎？您知道這樣做會有什麼後果嗎？如果眞是那樣，我們就別想得到安寧了。不管怎樣，一定要有監獄。」

我希望把羅傑斯那顆鐵板一塊的腦袋砸開一道縫，我提醒他：「羅傑斯，你只說了不能廢除的理由。現在，你來試著相信可以廢除監獄。假設可以廢除，我們該如何著手？」

「這太讓我勉強了，洛克菲勒先生，我無法相信，我也很難找出廢除它的方法。」這就是羅傑斯的辦法——沒有辦法。

我想像不出，當給予他重任，當機會或危難來臨的時候，他是否會動用他所有的才智去積極應對。我不信任羅傑斯，他只會將希望變成沒有希望。

找出把事情做得更好的方法，是將任何事情都能做成的保證。這不需要有超人的智慧，重要的是要相信能把事情做成，要有這種信念。當我們相信某一件事不可能做到的時候，我們的大腦就會為我們找出各種做不到的理由。但是，當我們相信——真正地相信，某一件事確實可以做到，我們的大腦就會幫我們找出各種方法。

相信某一件事可以做成，就會為我們提供創造性的解決之道，將我們各種創造性的能力發揮出來。相反，不相信事情能夠做成功，就等於關閉了我們創造性解決問題之道的心智，不但會阻礙發揮創造性的能力，同時還將毀滅我們的理想。所謂「有志者、事竟成」是創造成就的根本，不過如此。

我厭惡我的手下人說「不可能」。「不可能」是失敗的用語，一旦一個人被「那是不可能的」想法所支配，他就能生出一連串的想法來證明他想得沒錯。羅傑斯就犯了這種錯誤，他是個傳統的思考者，他的心靈都是麻木的，他的理由是：這已經實行一百年了，因此一定是個好辦法，必須維持原狀，又何必冒險去改變呢？而事實上往往只要用心去想辦得到的原因，就可以達成。「普通人」總是憎惡進步。

我相信，**做任何事都不可能只找到一種最好的方法，最好的方法正如創造性的心靈那樣多**。沒有任何事是在冰雪中生長的，如果我們讓傳統的想法凍結我們的心靈，新的創意就無法滋生。

傳統的想法是創造性計畫的頭號敵人。傳統性的想法會冰凍我們的心靈，阻礙我們增長眞正需要的創造性能力。羅傑斯就犯了這樣的錯誤，他應該樂於接受各種創意，要丟棄『不可行、辦不到、沒有用、那很愚蠢』等不良思想；他也要有實驗精神，勇於嘗試新的東西，這樣就將擴展他的能力，爲他擔負更大的責任做準備。同時，他也要主動前進，不要想：這通常是我做這件事的方式，所以在這裡我也要用這種方法，而要想：有什麼方法能比我們慣用的方法做得更好呢？

各種計畫都不可能達到絕對的完美，這意味著一切事物的改良可以無止境地進行。所以我經常會再尋找一些更好的方法，我不會問自己：我能不能做得更好？我知道我一定辦得到，所以我會問：我要怎樣才能做得更好？

要找出完美想法的最佳途徑，就是擁有許多想法。我會不斷地爲自己和別人設定較高的標準，不斷尋求增進效率的各種方法，以較低的成本獲得較多的報酬，以較少的精力做更多的事情。因爲我知道，**最大的成功都是那些曾經有『我能把事情做得更好』的態度的人。**

培養我能做得更好的態度，要每天想：我今天要怎樣把工作做得更好？今天我該如何激勵員工？我還能爲公司提供哪些特殊的服務呢？我該如何使工作更有效率呢？這項練習很簡單，但很有用。你可以試試看，我相信你會找到無數創造性的方法來贏得更大的成功。

我們的心態決定我們的能力。我們認爲我們能做多少我們就眞地能做多少。如果我們眞的相信自己能做得更多，我們就能創造性地思考出各種方法。

任何拒絕新挑戰的做法都是非常愚蠢的。我們要集中心思於怎樣才可以做得更多。如此，許多富有創造性的答案都會不期而至。例如，改善目前工作的計畫，或者處理例行工作的捷徑，或者刪除無關緊要的瑣事。換句話說，那些使我們做得更多的方法多半都在這時候出現。

約翰，你可以跟羅傑斯談談，我希望他能有所改變，到那時候他也許就能擔負重任。

愛你的父親

Letter

20

永遠做策略性思考

我是能夠創造多種選擇，
直至挑選出最能創造商業利益那條魚的漁夫。

不論你做什麼，要找出完美想法的最佳途徑，就得擁有許多想法。

單純操弄手段的計畫者只配給策略者提鞋。

策略所提供的是一個大方向，而非達到成功的唯一方式。

無論情況看起來或是實際上有多糟糕，
請擦亮眼睛找出其中蘊含的無限希望——永遠不要放棄尋找，
因爲希望永遠存在。

希望源自於相信有其他選擇的存在。

我們要勇於在別無選擇中，毅然殺出一條生路。

October 14，1904

親愛的約翰：

漢彌爾頓醫生又發福了，看來高爾夫運動無法抑制他的腰圍向外擴張，他只能藉助其他運動方式來減少脂肪了。不幸的是，能防止他增重的運動還沒被發明，他很痛苦。不過，他倒總能用他腦子裡各種稀奇古怪的故事爲我們帶來快樂。

今天，漢彌爾頓醫生用一個漁夫與垂釣者的故事，又娛樂了我們。或許是看到我們各個捧腹大笑，醫生顯得很得意，他笑著問我：「洛克菲勒先生，您是想做漁夫，還是想做垂釣者？」我告訴他，如果我做了垂釣者，或許我就沒有資格和諸位打高爾夫球了。

因爲我靠有效的行爲策略來創造商業利益，而垂釣者的行爲方式不能保證我成功。當然，沒有一個垂釣者會愚蠢到只知丟下魚餌而不事先思考、計畫、決定：要釣哪種魚，用什麼樣的餌料，需要將魚線拋到哪裡，而後才坐等大魚上鉤。就形式而言，他們沒做錯什麼，但結果是否如願卻沒人知道。

也許花上一段時間他們會釣到魚，也許他們一條魚都釣不到，而那條他們理想中的魚，也許永遠不會上鉤。因爲他們太執著於自己的方式，儘管他們很清楚自己的目標，但他們的方式卻限制了成功的可能——除了那條魚線所及之處，他們捕魚的範圍等於零。但是，如果能像漁夫那樣，張網捕魚，就將擴大捕魚範圍，而豐富的魚量會讓他們有許多的選擇機會，並最終捕獲到他們想要的魚。

我告訴漢彌爾頓先生和我的球友們，我不是刻板固執、按部就班、以簡單方式來解決問題的垂釣者；**我是能夠創造多種選擇、直至挑選出最能創造商業利益那條魚的漁夫**。他們都笑了，說我洩露了賺錢的秘密。

約翰，**不論你做什麼，要找出完美想法的最佳途徑，就得擁有許多想法**。在做出最完美的決定之前，我會致力於尋找具有創意與功效的各種可能性選擇，考量多種可能性方案，並積極嘗試各種選擇，然後才將重點放在最好的選擇上。

這就是我總能捕到我想要的大魚的原因。當然，在執行計畫的過程中，我也會保持開放策略，順應時勢，不斷地進行調整或修正我的計畫；所以，即使計畫進展並不順利，我都不會驚慌失措，卻總能沉著應對。

很多人都認爲我有著非凡的能力，是一位充滿效率與行動能力的領導者。如果眞是這樣，我想你也可以獲得這樣的讚譽，只是你需要克制找尋簡單、單向解決方案的衝動，樂於嘗試能達成目標的各種可能性辦法，擁有在困難面前付諸行動的耐心、勇氣和膽略，以及不達目的決不甘休的執著精神。

單純操弄手段的計畫者只配給策略者提鞋。作爲總裁，我只爲部屬設立清楚明確的方向或策略，但不會將自我侷限於過分僵化的行動計畫中。相反地，我會持續探索能夠實現策略的各種可能性。

許多人都堅持認爲，成功的關鍵在於紮實的策略計畫，而這項計畫必須由具體、可衡量、可達成以及實際的行動目標作爲後盾。我承認這樣做很重要，但它有致命的缺陷。計畫強調的是判斷的標準與預設的成果，人們所採行的也是認爲可達成目標的固定方法。由於這些方案依據的是預期能達成目標的已知方法，因此我們在開始行動之前，其實已經侷限了範圍。

儘管在我們提筆擬定計劃之際，該計畫看起來似乎天衣無縫，但是局勢在計畫定稿之前情況可能已經轉變了，也就是說，不僅市場的狀況早已改變，客戶早已改變，就連所能支持計畫的資源也已改變。這也難怪這些成本高昂、又耗時費力的策略，僅有極少的部分能眞正被執行。

要如何適應這種狀況呢？不論我們是為公司或是單一部門擬定計劃，我們都必須確認自己所擬定的是策略，而非手段。策略的本質是彈性的、長遠的、多面向的、大格局的。它們強調的是如何成長或擴大利潤這類的成果，而不是某個可衡量的目標。同時，**策略所提供的是一個大方向，而非達到成功的唯一方式**。

要成為傑出的領導者，我們必須讓自己成為一位策略性的思考者，而不僅是手段的設計者。我們還得避免將自己侷限於既定的文件流程中，我們的座右銘將是：專注，但是具有彈性空間。我們著重於探索的過程，在每一天的分分秒秒中，我們都能開創有助於達成長遠目標的可能方向。

我們不會固守三種、五種方式來達成遠端目標，而是在無時無刻都能發掘獲取利潤的機會——不論是在與對手的交談中，還是在與部屬進行腦力激盪的會議中。

為了遠離危機風暴，我們必須不斷地擬定新的策略，同時調整舊有的計畫。在適應每天商業環境改變的同時，我們也必須依據情勢的變化來修正長遠的進程。這樣在短期內我們不但能維持彈性的作風，同時從長期來看，我們對一個能符合最新經濟環境的彈性理想目標，也有了清楚的概念。我們可將陳腐的策略計畫束之高閣，並且精力充沛、滿懷希望地在朝氣蓬勃的環境中步調一致地向前邁進。

要做一名希望主義者。**無論情況看起來或是實際上有多糟糕，請擦亮眼睛找出其中蘊含的無限希望——永遠不要放棄尋找，因為希望永遠存在。**

我相信所有的領導者都負有提供希望的義務，而且不但要替自己，同時也要爲員工指引出一條康莊大道。回想一下生命中你感到最沒有希望的那段時日，那很可能是因爲你覺得自己已經走投無路，或者相信自己沒有任何其他選擇了；你被困住、被放棄、找不到出路。

克服絕望的方式只有一種，那就是持續創造出各種可能性以跨越障礙。簡單地說，**希望源自於相信有其他選擇的存在。**

傑出的領導者具備能夠應付特定商業狀況的腹案、創造新市場的機動計畫、因應危機的錦囊妙計，以及爲自己與員工發展事業的藍圖。當局勢似乎跌到谷底而無可挽回時，他們就像驍勇善戰的摔跤手一樣，即使被對手壓制在地難以脫身，他們也永遠不會放棄能夠翻身的任何機會。

憑藉著他們的才能、靈活的身段，以及隨機應變的智慧，他們巧妙地找到空隙並逃脫險境。他們在別無選擇的劣勢下，硬是殺出一條生路。

如果能在一開始就勇於發揮創意，就能夠避免無止境的疲於奔命、挫折與痛苦。

事情看來已到了絕望的地步時，如果我們依然保持著無窮的希望，我們就能超越自己所設定的界線，且能提供給部屬新的選擇。所以，**我們要勇於在別無選擇中，毅然殺出一條生路。**

愛你的父親

Letter

21 不為失敗找藉口

贏本身並不代表一切，而努力去贏的做法才是最重要的。

一個人愈是成功，愈不會找藉口，處處亨通的人，
與那些沒有什麼作為的人之間最大的差異，就在於藉口。

如果有一個人根本不考慮才智的問題，
而勇於一試，就能夠很好地勝任。

興趣和熱心是決定成敗的重要因素。

專注與執著佔了一個人百分之九十五的能力。

想成大事卻不懂得思考的大腦，也就是一桶廉價的漿糊而已。

一個不以才智為藉口的人，絕不低估自己的才智，
也不高估別人的才智。

藉口把絕大多數的人擋在了成功的大門之外，
百分之九十九的失敗都是因為人們慣於找尋藉口。

April 15，1906

親愛的約翰：

斯科菲爾德船長又輸了，他輸得有些氣急敗壞，一怒之下把他那根漂亮的高爾夫球桿扔上了天，結果他只得再買一個新球桿了。

坦率地說，我比較喜歡船長的性格，人生奮鬥的目標就是求勝，打球也是一樣。所以，我準備買個新球桿送給他，但願這不會被他認爲是對他發脾氣的獎賞，否則他一發不可收拾，我可就慘了。

斯科菲爾德船長還有一個令人稱道的優點，儘管輸球會令他不高興，但他認爲**贏本身並不代表一切，而努力去贏的做法才是最重要的**。所以在輸球之後，他從不找藉口。事實上，他可以以年齡太大、體力欠佳來解釋他輸球的理由，爲自己討回顏面，但他從來不這樣做。

在我看來藉口是一種病症，而染有這種嚴重病症的人，無一例外的都是失敗者，當然一般人也有一些輕微的症狀。但是，**一個人愈是成功，愈不會找藉口，處處亨通的人，與那些沒有什麼作為的人之間最大的差異，就在於藉口。**

只要稍加留意你就會發現，那些沒有任何作爲，也不曾計畫要有番作爲的人，經常會有一籮筐的藉口來解釋：爲什麼他沒有做到，爲什麼他不做，爲什麼他不能做，爲什麼他不是那樣的。失敗者爲自己收拾『殘局』的第一個舉動，就是爲自己的失敗找出各種理由。

我鄙視那些善找藉口的人，因爲那是懦夫的行爲，我也同情那些善找藉口的人，因爲藉口是製造失敗的病源。

一旦一個失敗者找出一種「好」的藉口，他就會抓住不放，然後總是拿這個藉口對他自己和他人解釋：爲什麼他無法再做下去，爲什麼他無法成功。起初，他還能自知他的藉口多少是在撒謊，但是在不斷重複使用後，他就會越來越相信那完全是眞的，相信這個藉口就是他無法成功的眞正原因，結果他的大腦就開始怠惰、僵化，讓努力想方設法要贏的動力化爲零。但他們從不願意承認自己是個愛找藉口的人。

偶爾，我見過有人站起來說：「我是靠自己的努力而成功的。」到目前爲止，我還未見過任何男人或女人，敢於站起來說：「我是使自己失敗的人。」失敗者都有一套失敗者的藉口，他們將失敗歸咎於家庭、性格、年齡、環境、時間、膚色、宗教信仰、某個人乃至星象，而最壞的藉口莫過於健康、才智以及運氣。

最常見的藉口，就是健康的藉口，一句『我的身體不好』或「我有這樣那樣的病痛」，就成了不去做或失敗的理由。事實上，沒有一個人是完全健康的，每個人的身體多少都會有些毛病。

很多人會完全或部分屈服於這種藉口，但是一心要成功的人則不然。蓋茨先生曾爲我引薦過一位大學教授，他在一次旅行中不幸失去了一條手臂，但就像我所認識的每一個樂觀者一樣，他還是經常微笑，經常幫助別人。那天在談及他的殘障問題時，他告訴我：「那只是一條手臂而已，當然，兩個總比一個好。但是切除的只是我的手臂，我的心靈還是百分之百的完整，也正常。我實在是要爲此感謝。」

有一句老話說得好：「我一直在爲自己的破鞋懊惱，直到我遇見一位沒有腳的人。」慶幸自己已有的健康比抱怨哪裡不舒服要好得多。爲自己擁有的健康而感恩，這樣能有效地預防各種病痛與疾病。我經常提醒自己：累壞自己總比放著朽壞要好。生命是要我們來享受的，如果浪費光陰去擔憂自己的健康而眞的想出病來，那才是眞正的不幸。

『我不夠聰明』的藉口也很常見，幾乎有百分之九十五的人都有這種毛病，只是程度不同而已。這種藉口與衆不同，它通常默不做聲。人們不會公開承認自己缺少足夠聰明才智，多半是在自己內心深處這麼想。

我發現大多數人對「才智」有兩種基本錯誤態度：太低估自己的腦力，和太高估別人的腦力。因爲這些錯誤，使許多人輕視自己。他們不願面對挑戰，因爲那需要相當的才智。認爲自己愚蠢的人才是眞正愚蠢的人。他們應該知道，**如果有一個人根本不考慮才智的問題，而勇於一試，就能夠很好地勝任。**

我認爲眞正重要的，不在於你有多少聰明才智，而是如何使用你已經擁有的聰明才智。要成爲一個好的商人，不需要有閃電般的靈敏，不需要有驚人的記憶，也不需要在學校名列前茅，唯一的關鍵，就是對經商要有強烈的興趣和熱心。**興趣和熱心是決定成敗的重要因素。**

事情的結果往往與我們的熱心程度成正比。熱心能使事情變好一百倍、一千倍。很多人並不知道什麼叫熱心，所謂熱心就是「這是很了不起的」那種熱情和幹勁。

我相信才智平庸的人，如果有樂觀、積極與合作的處世態度，將會比一個才智傑出卻悲觀、消極也不合作的人，賺得更多的金錢，贏得更多的尊敬，並取得更大的成功。一個人不論他面對的是繁瑣的小事、艱鉅的任務還是重要的計畫，只要他懷著熱忱去完成，成果會遠勝於聰穎但是懶散的人。因為，**專注與執著佔了一個人百分之九十五的能力。**

有些人總在呻吟感歎：為什麼很多非常出色的人物會失敗呢？我可以永遠不再讓他們歎息。如果那些絕頂聰明的人總在用他們驚人的腦力，去證明事情為什麼無法成功，而不是引導自己的心力去尋找邁向成功的各種方法，失敗的命運就會找上他們。消極的思想牽制他們的智力，使他們無法施展身手而一事無成。如果他們能改變心態，相信他們會做出許多大事。

想成大事卻不懂得思考的大腦，也就是一桶廉價的漿糊而已。

引導我們發揮聰明才智的思考方式，遠比我們才智的高低重要。即使是學歷再高也不會改變這項基本的成功法則。天生的才智和受教育程度不是業績好壞的決定因素，思想管理才是。那些最好的商人從不杞人憂天，他們富有熱忱。要改善天賦的素質絕非易事，但改善運用天賦的方法卻很容易。

很多人都迷信所謂的知識就是力量。在我看來這句話只說對了一半。拿才智不足當藉口的人，也是錯解了這句話的意義。知識只是一種潛在的力量；只有將知識付諸實踐，而且是建設性地實踐，才會顯出它的威力。

在標準石油公司永遠沒有活字典這種人的位置，因爲我不需要只會記憶、不會思考的「專家」。我要的人是眞正能夠解決問題，能想出各種點子的人，是有夢想而且勇於實現夢想的人。有創意的人能爲我賺錢，只能記憶資料的人則不能。

一個不以才智為藉口的人，絕不低估自己的才智，也不高估別人的才智。他專注運用自己的資產，發掘他擁有的優異才能。他知道眞正重要的不在他有多少才智，而在於他如何使用現有的才智，如何善用自己的腦力。他會常常提醒自己：我的心態比我的才智重要。他有要建立『我一定贏』的態度的強烈渴望。他知道要運用自己的才智積極創造，用他的才智尋找成功的方法，而不是用來證明自己會失敗。他還知道思考力比記憶力更有價値，他要用自己的頭腦來創造、發展新觀念，尋找更好的新的做事方法，隨時提醒自己：我是正在用我的心智創造歷史呢？還是在記錄別人創造的歷史？

每一件事的發生必有原因，人類的遭遇也不可能碰巧發生。所以，有很多人總會把自己的失敗歸罪於運氣太壞，看到別人成功時，就認爲那是因爲他們運氣太好。我從不相信什麼運氣好壞，我只承認精心籌備的計畫和行動叫「運氣」。

如果由運氣決定誰該做什麼，每一種生意都會失敗。假設標準石油公司要根據運氣來徹底進行改組，就要將公司所有職員的名字放入一個大桶裡，第一個被抽出的名字就是總裁，第二個是副總裁，就這樣順序下去。很可笑吧？但這就是運氣的功能。

我從不屈從運氣，我相信因果定律。看看那些似是好運當頭的人，你會發現並不是運氣使然，而是準備、計畫和積極的思想爲他們帶來好運。再看看那些「運氣不好」的人，你會發現背後都有明確的成因。成功者能面對挫折，從失敗中學習，再創契機；平庸者往往就此灰心喪志。

一個人不可能靠運氣而成功，而是要付出努力的代價。我不妄想靠運氣獲得勝利等等生命中的美好事物，所以我集中全力去發展自我，修煉出使自己變成『贏家』的各種特質。

藉口把絕大多數的人擋在了成功的大門之外，百分之九十九

的失敗都是因為人們慣於找尋藉口。所以在追求事業成功的過程中，最重要的一個步驟即爲：避免爲自己找藉口。

愛你的父親

Letter

22

人人都可以成爲大人物

你們是世上的鹽。

我們要做世上的鹽，去積極地服務社會，使世人得福。

我們現在的責任，
就是完全獻身於周圍世界和眾人，
專心致志於我們的給予藝術。

人沒有什麼了不起，
但沒有什麼比人更了不起的了，
這要看你爲你的同胞和國家做了什麼。

June 8，1906

親愛的約翰：

在《馬太福音》中記有一句聖言：「**你們是世上的鹽。**」

這個比喻平凡而又發人深省。鹽食之有味，又能潔物、防腐。基督想以此教誨祂的門徒們應該肩負怎樣的使命和發揮怎樣的影響，他們到世上來就是要淨化、美化他們所在的世界，他們要讓這個世界免於腐敗，並給予世人更新鮮、更健康的生活氣息。

鹽的首要責任是有鹽味，鹽的鹽味象徵著高尚、有力、真正虔誠的宗教生活。那麼，我們應該用我們的財富、原則和信仰做什麼呢？無疑，**我們要做世上的鹽，去積極地服務社會，使世人得福**。這是我們第一個也是最後一個社會責任。

我們現在的責任，就是完全獻身於周圍世界和眾人，專心致志於我們的給予藝術。我想沒有比這個更偉大的了。

談到偉大，我想起了一篇偉大的演講稿，那是我一生中不多見的偉大的演講稿。它告訴我，**人沒有什麼了不起，但沒有什麼比人更了不起的了，這要看你為你的同胞和國家做了什麼**。

現在，我就把這篇偉大的演講稿抄錄給你，希望它能對你大有裨益。

愛你的父親

女士們，先生們：

今天我很榮幸能在這裡會晤一些大人物。儘管你們會說這個城市沒有什麼大人物，大人物都出身在倫敦、三藩市、羅馬或其他大城市，就是不會出自本地，他們都來自這個城市以外的地方。如果是這樣，你們就大錯特錯了。事實是我們這裡的大人物和其他城市一樣多。在座的聽眾裡面就有許多大人物，男女皆有。

現在，請允許我大放厥詞，在判斷一個人是不是大人物時，我們常常犯的最大錯誤就是，我們總是認為大人物都有一間寬敞的辦公室。但是，我要告訴你們，這個世界根本不知道什麼樣的人是世間最偉大的人物。

那麼，誰才是世界上的偉大人物呢？年輕人或許會急於提出這樣的問題。我告訴你們，大人物不一定就是在高樓大廈裏設有辦公室的人；人之所以偉大是在於他本身的價值，與他獲得的職位無關。誰能說一個靠吃糧食才能生存的君王比一個辛勤耕作的農夫更偉大呢？不過，請不要責備那些位居某種公職便以為自己將成為大人物的年輕人。

現在，我想請問在座的各位，你們有誰打算做個偉大的人物？

那個戴西部牛仔帽的小夥子，你說你總有一天要成為這個城市的大人物。真的嗎？

你打算在什麼時候實現這個心願呢？

你說在發生另一場戰爭的時候，你會在槍林彈雨中衝鋒陷陣，從旗桿上扯下敵人的旗幟。你將在胸前掛滿勳章，凱旋歸國，擔任政府褒獎給你的公職。你將成為大人物！

不，不會的！不會，年輕人，你這樣做並不是真正的偉大，但我們不應該責備你的想法，你在上學時就受到這樣的教導，那些擔任官職的人都曾經英勇地參戰。

我記得，美國的西班牙戰爭剛結束時，我們這個城市有過一次和平大遊行。人們告訴我，遊行隊伍走上布洛大街時，有輛四輪馬車在我家大門口停下來，坐在馬車上的是霍普森先生，所有人都把帽子拋向天空，揮舞著手帕，大聲地叫：「霍普森萬歲！」如果我當時在場，也會這樣叫喊，因為他應該獲得這份偉大的榮譽。

但是，假設明天我到大學講壇上問大家：「年輕人，是誰擊沉了梅裏查理斯號？」如果他們回答：「是霍普森。」那麼他們的回答是八分之七的謊言，因為擊沉梅裏查理斯號的總共有八個人，另外七個人因為職位的關係，一直暴露在西班牙人的炮火攻擊之下，而霍普森先生身為指揮官，很可能置身於炮火之外。

我的朋友們，今晚在座的聽眾都是知識份子，但我敢說，你們當中沒有一個人能說得出與霍普森先生在一起戰鬥的那七個人是誰。

我們為什麼要用這種方式來教授歷史呢？我們必須教導學生，不管一個人的職位多麼低微，只要善盡職責，美國人民頒給他的榮耀，應該和頒給一個總統一樣多。

一般人教導孩子的方式都是這樣的，她的小兒子問：「媽媽，那棟高高的建築物是什麼？」

「那是格蘭特將軍的墳墓。」

「格蘭特將軍是什麼人？」

「他是平定叛亂的人。」

歷史怎麼可以這麼教授呢？各位想一想，如果我們只有一名格蘭特將軍，戰爭打得贏嗎？哦，不會的。那麼為什麼要在哈德遜河上造一座墳墓哪？那不是因為格蘭特將軍本人是個偉大人物，墳墓之所以建在那裏是因為他是代表人物，代表了二十萬名為國捐軀的英勇將士，而其中許多人和格蘭特將軍一樣偉大。這就是那座美麗的墳墓聳立在哈德遜河岸邊的真正原因。

我記得一件事，可以用來說明這種情況，這也是我今晚所能想到的唯一一個例子。這件事令我很慚愧，無法將其忘掉。我現在把眼睛閉上，回溯到1863年，我可以看到位於伯克郡山的老家，看到牛市上擠滿了人，還有當地的教堂和市政廳也都擠滿了人。

我聽到樂隊的演奏聲，看到國旗在飛揚，手帕在迎風招展。我對當天的情景記憶猶新。人群是來迎接一連士兵的，而那連士兵也正在列隊前來。他們在內戰中服完一期兵役，又要再延長一期，現在正受到家鄉父老的歡迎。我當時只是個年輕小夥子，但我是那個連的連長。在那一天，我洋洋得意，像個吹足了氣的氣球——只要一根細細的針，就可以將我刺破。我走在隊伍前列，我比世上任何一個人都驕傲。

我們列隊走入市政廳，他們安排我的士兵坐在大廳中央，我則在前排就坐，接著鎮上的官員列隊從擁擠的人群中走出來，他們走到臺上，圍成半圓形坐下，市長隨後在那個半圓形的位子中央坐下來。他是個老人，頭髮灰白，以前從未擔任過公職。他認為，既然他擔任公職，他就是一個偉大的人物。當他站起來的時候，他首先調整了一下他那副很有份量的眼鏡，然後以無比威嚴的架勢環視台下的民眾。突然，他的目光落在我的身上，接著這個好心的老人走向我，邀請我上臺和那些鎮上的官員坐在一起。

邀請我上臺！在我從軍之前，沒有一個市府官員注意到我。我坐在台前，讓我的佩劍垂在地板上。我雙手抱胸，等待接受歡迎，覺得自己就像是拿破崙五世！驕傲總在毀滅與失敗之前出現。

這時市長代表民眾發表演說，歡迎我們這批凱旋歸來的軍人，他從口袋裏拿出演講稿，小心翼翼地在講桌上攤開，然後又調整了一下眼鏡。他先從講壇後面退了幾步，然後再走向前。他一定很用心地研究過演講稿，因為他採取了演說家的姿態，將身體重心放在左腳，右腳輕輕向前移，兩肩往後縮，然後張開嘴，以四十五度的角度伸出手。

「各位親愛的市民，」他開口說：「我們很高興歡迎這些英勇參戰的……不畏流血的……戰士回到他們的故鄉。我們尤其高興，在今天看到跟我們在一起的，還有一位年輕的英雄（指的就是我）……這位年輕的英雄，在想像中，我們曾經看到他率領部隊與敵人進行殊死搏擊。我們看到他那把閃亮的佩劍……在陽光下發出耀眼的光芒，他對著他的部隊大叫，『衝鋒』。」

上帝啊！這位好心的老頭子對戰爭一無所知。只要他懂一點戰爭，就會知道一個事實：步兵軍官在危險關頭跑到部屬前面是極大的錯誤。我竟然拿著在陽光下閃閃發光的指揮刀，對部下大喊：衝鋒！我從來沒有這樣做過。

你們想一想，我會跑到最前面，被前面的敵人和後面己方部隊夾擊嗎？軍官是不應該跑到那地方去的。在實際的戰鬥中，軍官的位置就在士兵身後。因為是參謀，所以當叛軍從樹林中衝出，從四面八方向我方攻來時，我總是要騎著馬對我方軍隊一路叫喊：「軍官退後！軍官退後！」然後，每個軍官都會退到戰鬥區後面，而且軍階愈高的人退得愈遠。這不是因為他沒有勇氣，而是因為作戰的規則就是這樣。如果將軍跑到前線，而且被打死了，這仗也就必敗無疑，因為整個作戰計畫都在他的腦子裏，他必須處在絕對安全的地方。

我居然會拿著『那把在陽光下閃閃發光的佩劍』。啊！那天坐在市政大廳的士兵當中，有人曾以死來保護我這名半大不小的軍官，有人背著我橫渡極深的河流。還有些人並不在場，因為他們為國捐軀了。講演的人也曾提到他們，但他們並未受到注意。是的，真正為國捐軀的人卻沒有受到注意，我這個小男孩卻被說成當時的英雄。

我為什麼被當作英雄？很簡單，因為那位演講者也掉進同樣愚蠢的陷阱。這個小男孩是軍官，其他的人只是士兵。我從這裏得到了一個終生難忘的教訓。一個人之所以偉大，並不是因為他擁有某種官銜。他之所以偉大，是因為他以些微的工具創下大業，以默默無聞的平民身份完成了人生目標。這才是真正的偉大。

一個人只要能向大眾提供寬敞的街道、舒適的住宅、優雅的學校、莊嚴的教堂、真誠的訓誡、真心的幸福，只要他能得到當地居民的感謝，無論他到哪裡，都是偉大的。但如果他不被當地居民所感謝，那麼不管他到地球的哪個角落，都不會是個偉大的人物。

我希望在座的各位，都知道，我們是在有意義的行動中活著，而不是歲月；我們是在感覺中活著，而不是電話按鍵上的數字；我們是在思想中活著，而不是空氣；我們應該在正確的目標下，以心臟的跳動來計算時間。

如果你忘記我今晚所說的話，請不要忘記我下面的話：思考最多、感覺最高貴、行為也最正當的人，其生活也過得最充實！

Letter

23

追逐財富，做金錢的主人

喜愛金錢只是手段，並不是目的。

手裡每多一分錢，就增加了一分決定未來命運的力量。

你雖是塵世間的匆匆過客，卻也要留下亮麗的人生軌跡。

有常識的人都知道，那些東西沒有一樣不是能用金錢來大幅提升的。

如果某個原本應該很富有的人，卻因爲貧窮而懦弱無能，
那他必然犯下了極端嚴重的錯誤。

我應該是富翁，我沒有義務當窮人。

我不能淪爲窮人，我要賺錢，我要用財富改變家人的命運！

要讓金錢當我的奴隸，而不能讓我當金錢的奴隸。

July 26，1906

親愛的約翰：

有很多悲劇都因偏執和驕傲而引發，製造貧窮的人也是一樣。

許多年前，我在第五大道浸禮會教堂，曾偶遇一個叫漢森的年輕人，一個在節衣縮食中悲慘度日的園丁。也許漢森先生自以爲堅守貧窮是種美德，他擺出一副品格高尚的樣子對我說：「洛克菲勒先生，我覺得我有責任和你討論一個問題——金錢是萬惡之源，這是《聖經》上說的。」

就在那一瞬間，我知道漢森先生爲什麼與財富無緣了，他是在從對《聖經》的誤解中獲取人生教誨，而他卻渾然不覺。

我不希望讓這個可憐的年輕人在他心胸狹窄的沼澤中越陷越深，我告訴他：「年輕人，我從小就不斷接受各種基督教格言的薰陶，且以此作爲自己的行爲準則，我想你也是一樣。但我的記憶力似乎要比你好一些，你忘了，在那句話的前面還有一個字——喜愛，『喜愛金錢是萬惡之源』。」

「你說什麼？」漢森的嘴巴大張著，好像要吞下一條鯨魚。眞希望他賺錢的胃口能有那麼大。

「是的，年輕人，」我拍拍他的肩頭，說，「《聖經》根源於人類的尊嚴與愛，是對宇宙最高心靈的敬重，你可以毫不畏懼地引用裡面的話，並將生命託付給它。所以，當你直接引用《聖經》的智慧時，你所引用的就是眞理。『喜愛金錢是萬惡之源』。哦，正是如此。**喜愛金錢只是手段，並不是目的**。如果你沒有手段，就無法達成目標，也就是說，如果只知道當個守財奴，那麼金錢就是萬惡之源。」

「想想看，年輕人，」我提醒漢森，「如果你有了錢，你就可以讓你的家人、朋友受惠，給他們快樂、幸福的生活，更可回饋及社會，拯救那些孤苦無助的窮人，那麼金錢就成了幸福之源。」

「年輕人，**手裡每多一分錢，就增加了一分決定未來命運的力量**。去賺錢吧，」我勸導他，「你不該讓那些偏執的觀念鎖住你有力的雙手，你應該花時間讓自己富裕起來，因爲有了錢就有了力量。而紐約充滿了致富的機會，你應該致富，而且能夠致富。記住，小夥子，**你雖是塵世間的匆匆過客，卻也要留下亮麗的人生軌跡**。」

我不知道漢森能否接受我的規勸，如果不能，我會爲他感到遺憾的，他看上去很強壯，腦袋也不笨。

我一直以爲，每個人都應該花時間讓自己富裕起來。當然，有些東西確實比金錢更有價值。當我們看到一座落滿秋葉的墳墓時，就不免感受到一種難以言喻的悲傷，因爲我知道有些東西的確比金錢崇高。尤其是那些受過苦難的人更能深深地體會到，有些東西比黃金更美好、更珍貴、更神聖。然而，**有常識的人都知道，那些東西沒有一樣不是能用金錢來大幅提升的**。金錢不一定萬能，但在我們這個世界，很多事情是離不開金錢的！

愛情是上帝給予我們的最偉大之物，但是，擁有很多金錢的情人能使愛情更加幸福，金錢就具有這樣的力量！

一個人如果說『我不要金錢』，那就等於是在說：「我不想爲家人、友人和國人服務。」這種說法固然荒謬，但要斷絕這兩者的關係同樣荒謬！

我相信金錢的力量，我主張人人都當然應該去賺錢。然而，宗教對這種想法有強烈的偏見，因爲有些人認爲，作爲上帝貧窮的子民是無上的榮耀。我曾聽過一個人在祈禱會上禱告說，他十分感謝自己是上帝的貧窮子民，我聞聽不禁心裡暗想：這個人的太太要是聽到她先生這麼胡言亂講，不知會有何感想？她肯定會認爲自己嫁錯了人。

我不想再見到這種上帝的貧窮子民，我想上帝也不願意！我可以說，**如果某個原本應該很富有的人，卻因為貧窮而懦弱無能，那他必然犯下了極端嚴重的錯誤**：他不僅對自己不忠實、忠誠，也虧待了他的家人！

我不能說，金錢的多寡可以用來當作人生成功與否的標準，但幾乎毫無例外的是，你可以利用金錢的多寡來衡量一個人對社會所做的貢獻。你的收入愈多，你的貢獻也愈多。一想到我已經使無數國民永遠走上了富裕之路，我便自感擁有了偉大人生。

我相信上帝是爲他的子民——而不是撒旦之流——才鑄出鑽石的。上帝所給我們的唯一告誡是：我們不能在有違上帝的情況下賺錢，或賺取別的東西。那樣做只會讓我們憑添罪惡感。要獲得金錢，大量的金錢，無可厚非，只要我們以正當的方法得來，而不是讓金錢牽著我們的鼻子走。

某些人之所以沒有錢，是因爲他們不瞭解錢。他們認爲錢既冷又硬，其實錢既不冷又不硬——它柔軟而溫暖，它會使我們感覺良好，而且在色澤上也能跟我們所穿的衣服相配。

我之所以是我，都是我過去的信念創造出來的。坦率地說，當我感覺到人世間因貧窮而疾苦的時候，我就萌發了一個信念：**我應該是富翁，我沒有義務當窮人**。隨著時間的推移，這個信念變得有如鋼鐵般堅硬。

在我小的時候，正是拜金思想最高峰的時期，當時數以萬計的淘金者懷抱著發財夢從各個方向拼命湧進了加州（儘管事後發現那場淘金熱只是個圈套而已），它大大激起了數百萬人的發財慾望，這其中就包括我——一個只有十多歲的孩子。

那時我的家境窘迫，時常要接受好心人伸出的援手。我的母親是一個自尊心很強的人，她希望我能承擔起做長子的責任，照顧好這個家庭。母親的渴望與教誨，養成了我一種終身不變的責任感，我立下誓言：**「我不能淪為窮人，我要賺錢，我要用財富改變家人的命運！」**

在我少年時代的發財夢中，金錢對我而言，不只是讓家人過上富足無憂生活的工具，而是透過「給予」明智地花出去。金錢能換來道德上的尊嚴的社會地位，這些東西遠比豪華、氣派的住宅和美麗、漂亮的服飾更令我激動不已！

我對金錢的理解，堅定了我要賺錢、我要成爲富人的信念，而這個信念又給予了我無比的鬥志去追逐財富。

我的兒子，沒有比為了賺錢而賺錢的人更可憐、更可鄙的，我懂得賺錢之道：**要讓金錢當我的奴隸，而不能讓我當金錢的奴隸**。我就是這樣實踐的。

愛你的父親

Letter 24 財富是勤奮的附贈品

財富是意外之物，
是勤奮工作的附贈品。

一切尊貴和榮譽都必須靠自己的創造去獲取，
這樣的尊貴和榮譽才能長久。

勤奮能修煉人的品格，
更能培養人的能力。

結束生命最快捷的方式就是什麼也不做。

January 25，1907

親愛的約翰：

很高興收到你的來信，在你的信中有兩句話很是讓我欣賞，一句是『你要不是贏家你就是在自暴自棄』，一句是『勤奮出貴族』。這兩句話是我不折不扣的人生座右銘，如果不自謙的話，我願意說，它正是我人生的縮影。

那些不懷好意的報紙，在談到我創造的巨額財富時，常比喻我是一架很有天賦的賺錢機器，其實他們對我幾乎一無所知，更對歷史缺乏洞見。

作爲移民，滿懷希望和勤奮努力是我們的天性。而我尙在孩童時期，母親就將節儉、自立、勤奮、守信和不懈的創業精神等美德植入了我的骨髓。我眞誠地篤信這些美德，將其視爲偉大的成功信條，直到今天，在我的血液中依然流淌著這些偉大的信念。而所有的這一切搭建了我向上攀爬的階梯，將我送上了財富之山的頂端。

當然，那場改變美國人民命運與生活的戰爭，讓我獲益匪淺，眞誠地說，是它將我造就成了令商界嘖嘖稱奇，而又望而生畏的商業巨人。是的，南北戰爭給予了民衆前所未有的巨大商機，它把我提前變成了富人，爲我在戰後掀起的搶奪機會的競技場上獲勝，提供了資本支援，才能讓我後來財源滾滾。

但是，機會如同時間一樣是平等的，爲什麼我能抓住機會成爲鉅富，而很多人卻與機會擦肩而過，不得不與貧困爲伍呢？難道眞的像詆毀我的人所說，是因爲我貪得無厭嗎？

不！是勤奮！機會只留給勤奮的人！自我年少時，我就篤信一條成功法則：**財富是意外之物，是勤奮工作的附贈品**。每個目標的達成都來自於勤奮的思考與勤奮的行動，實現財富夢想也依然如此。

我極爲推崇『勤奮出貴族』這句話，它是讓我永生敬意的箴言。無論是過去還是現在，無論是在我們立足的北美還是在遙遠的東方，那些享有地位、尊嚴、榮耀和財富的貴族，都有一顆永不停息的心，都有一雙堅強有力的臂膀，在他們身上都閃現著毅力與頑強意志的光芒。而正是這樣的品德和精神財富，讓他們成就了事業，贏得了尊崇，成爲了頂天立地的人物。

約翰，在這個無限變幻的世界中，沒有永遠的貴族，也沒有永遠的窮人。就像你所知道的那樣，在我小的時候，我穿的是破衣爛衫，家境貧寒到要靠好心人來救濟。但今天我已擁有一個龐大的財富帝國，並將巨額財富注入到慈善事業之中。萬種盛衰起伏變幻，如同滄海桑田變化萬千。出身卑賤和家境貧寒的人，藉由自己的勤奮工作、執著的追求和智慧，同樣能功成名就、出人頭地，成爲一代新貴族。

一切尊貴和榮譽都必須靠自己的創造去獲取，這樣的尊貴和榮譽才能長久。但在我們今天這個社會，富家子處在一種不思進取的情況之下。不幸的是，他們其中很多都缺乏進取精神，卻好逸惡勞、揮霍無度，以致有很多人雖在富裕的環境中長大，卻不免要在貧困中死去。

所以，你要教導你的孩子，要想在與人生風浪的搏擊中完善自己，成就自己，享受成功的喜悅，贏得社會的尊敬，高歌人生，只能憑自己的雙手去創造；要讓他們知道，榮譽的桂冠只會戴在那些勇於探索的人頭上；告訴他們，勤奮是爲了自己，不是爲了別人，他們是勤奮的最大受益者。

我自孩提時代就堅信，沒有辛勤的耕耘就不會有豐碩的收穫，作爲貧民之子，除卻靠勤奮獲得成功、贏得財富與尊嚴，別無他策。上學時，我不是一個一教就會的學生，但我不甘人後，所以我只能勤懇地準備功課，並能持之以恆。在我十歲時我就知道要盡我所能地多勞動，砍柴、擠奶、打水、耕種，我什麼都做，而且從不惜力。正是農村艱苦而辛勞的歲月，磨練了我的意志，使我能夠承受日後創業的艱辛，也讓我變得更加堅韌不拔，並塑造了我堅強的自信心。

我知道，我之所以在以後身陷逆境時總能泰然處之，包括我的成功，在很大程度上都得益於我自小建立的自信心。

勤奮能修煉人的品格，更能培養人的能力。我受雇於休伊特－塔特爾公司時，我就具備了非同一般的能力，獲得了出衆的年輕簿記員的名聲。在那段日子裡，我可謂是終日披星戴月、夜以繼日。當時我的雇主就對我說，以你這非凡的毅力，你一定會成功。儘管我不明白將來會如何，但有一點我相信，只要我用心去做一件事，我絕不會失敗。

今天，我儘管已年近七十，但依然搏殺於商海之中，因爲我知道，**結束生命最快捷的方式就是什麼也不做**。人人都有權力選擇把退休當作開始或結束。那種無所事事的生活態度會使人中毒。我始終將退休視爲再次出發，我一天也沒有停止過奮鬥，因爲我知道生命的眞諦。

約翰，我今天的顯赫地位、巨額財富不過是我付出比常人多得多的勞動和創造換來的。我原本是普普通通的人，原本沒有頭上的桂冠，但我以堅強的毅力、頑強的耕耘，不懈追求，終於功成名就。我的名譽不是虛名，而是血汗澆鑄的王冠。那些淺薄的嫉恨和無知的菲薄，都是對我的不公。

我們的財富是對我們勤奮的嘉獎。讓我們堅定信念，認定目標，憑著對上帝意志的信心，繼續努力吧，我的兒子。

愛你的父親

Letter

25

財富愈大責任愈大

我們不能感情用事，不能用憤怒壓制良知。
當危機來臨時我們永遠不能袖手旁觀，
那會讓我們感到羞恥和良心不安；我們應該挺身而出。

巨大的財富也是巨大的責任。

只有傻瓜才會因爲有錢而自命不凡。

名譽和美德是心靈的裝飾，如果沒有這些，
即使肉體再美，也不應該認爲美。

November 20，1907

親愛的約翰：

非常高興，一場險些釀成國難的金融危機終於過去了！

現在，我想我們那位美國總統希歐多爾．羅斯福先生，可以到路易士安納繼續心安理得地打獵了，儘管他在這場危機中表現得令人吃驚的無能。當然，總統先生並非什麼都沒有做，他用「擔憂」支持了華爾街。上帝呀！我們納稅人眞是瞎了眼，竟然把這麼一位紐約混混兒送進了白宮。

坦率地說，一提到希歐多爾．羅斯福的名字，和他對標準石油公司所做的一切，就令我憤慨。是的，這個小人得逞了，用他手中的大權，成爲了由他自己策動的一場不公平競賽的勝者，讓聯邦法院開出了那張美國歷史上前所未有的巨額罰單，並下令解散我們的公司。

然而，我相信，他所謂的懲戒終究不會得逞，反倒會使他感到大爲懊喪，因爲我相信我們所有的公司不是垃圾，我們有傑出的管理隊伍、有充足的資金，我們可以抵禦任何風險與打擊，我們的財富將因它們健康的肌體滾滾而來。等著瞧吧！我們會有暗自竊喜的時候。

但是，我們的確受到了傷害，受到了極不公正的對待。希歐多爾指責我們是擁有巨富的惡人，那位法官大人侮辱我們是臭名昭著的竊賊，好像我們的財富是密謀掠奪來的。錯！我們每一分錢都滲透著我們的智慧，我們每前進一步都付出了沉重的汗水，我們事業大廈的基石由我們的生命奠基。但他們不想聽，卻要像偏執狂一樣，只相信他們自己低能的判斷，帶有侮辱性地貶低我們的經商才能，更無視是我們用最廉價、最優質的煤油照亮了美國的事實。

我知道，希歐多爾手中的長劍一定將揮舞到大有斬獲為止，因為他拒絕了我們和解的建議。但我無所畏懼，因為我問心無愧，而最壞的結果只不過是他用他手中的強權拆散我們輝煌而快樂的大家庭而已，但快樂不會停止，輝煌也不會落地。建立在現實基礎上的未來將證明這一切。

毫無疑問，我們正在承受著前所未有的迫害，來自羅斯福政府的迫害。但是，**我們不能感情用事，不能用憤怒壓制良知。當危機來臨時我們永遠不能袖手旁觀，那會讓我們感到羞恥和良心不安；我們應該挺身而出**。因為我們是美國的公民，我們有使國家和同胞免於災難的職責。而身為富人，我知道，**巨大的財富也**

是巨大的責任，我肩負著造福人類的使命。

這次金融危機席捲華爾街，處於恐慌之中的存款人排起長隊要從銀行取走存款，出現擠兌，一場將導致美國經濟再次進入大蕭條的危機來臨的時候，我預感到國家已陷入雙重危機：政府缺乏資金，民眾缺乏信心。此時此刻，「錢袋先生」必須要爲此做些什麼。我打電話給史東先生，請美聯社引用我的話，告訴美國民眾：我們的國家從不缺少信用，金融界的有識之士更以信用爲生命；如果有必要，我情願拿出一半的證券來幫助國家維持信用；請相信我，金融地震不會發生。

感謝上帝，危機已經過去，華爾街已經走出困境。而我爲這一刻的到來，做了我該做的事情，就像《華爾街日報》評論的那樣，「洛克菲勒先生用他的聲音和巨額資金幫助了華爾街」。只是，他們永遠不會知道，在克服這次恐慌中，我是從自己口袋裡拿錢最多的人，這令我非常自豪。

當然，華爾街能成功度過此次信用危機，摩根先生可謂功勳卓著，他是這場戰爭不折不扣的指揮官，他將一群商界名士聚集起來共同應對了危機，用他不可替代的金融才能和果決的個性拯救了華爾街。所以我說，美國人民應該感謝他，華爾街的人應該感謝他，希歐多爾·羅斯福更應該感謝他，因為摩根替他做了本該他做卻因無能而沒有做的事。

如今，很多人，當然還有報紙，都對慷慨解囊的人們大加讚譽，但在我這裡它一文不值；良心的平靜才是惟一可靠的報酬。國難當頭，我們本該當仁不讓、勇於承擔。我想那些真誠伸出援手的人們和我一樣，我們只是想用自己的力量、信仰與忠誠照耀我們的祖國。

但我並非沒有可恥的記錄。在四十六年前，當許許多多的美國青年聽從祖國召喚，忠誠奔赴前線，為解放黑奴、維護聯邦統一而戰的時候，同樣作為青年，我卻以公司剛剛開業、我的家人要靠它活著為由，未去參戰。

這似乎是一個讓人心安理得的理由，但那時國家是需要我的，需要我們流血。這件事一直讓我的良心不安，直到十幾年前那場經濟危機到來，我才得有救贖的機會。當時，聯邦政府無力保證黃金儲備，華盛頓轉而向摩根先生求助，但摩根無能為力，是我拿出鉅資助政府一臂之力才平息了那場金融恐慌。這讓我非常高興，比賺多少錢都令我高興。

但我未將自己視為拯救者，更未自命不凡，**只有傻瓜才會因**

為有錢而自命不凡，因為我是公民。我知道，我擁有巨大財富，我也因它而承擔著巨大的公共責任。比擁有巨大財富更崇高的是，按照祖國的需要為祖國服務。

約翰，我們是有錢，但在任何時候，我們都不該肆意亂花錢，我們的錢只該用在為人類創造價值的地方。當然，我們也絕不再給共和黨人捐款助選。那個希歐多爾．羅斯福已經把我們害苦了。

名譽和美德是心靈的裝飾，如果沒有這些，即使肉體再美，也不應該認為美。

愛你的父親

Letter

26

結束只是開始

接近結束是一段路程的最後一站，又是新夢的開始。

每一個偉大的成功者，都是用一個個小的成功把自己堆砌上去的，
他們用結束歡慶夢想的實現，又用結束歡送新夢上路，
這是每一個創造了偉大成就的人的品格。

從一開始你就要千方百計地掌握優勢。

成功的第一步是瞭解達成目的所需要的資源在哪裡，數量有多少。

「最好」是「好」的敵人。

價格並沒有什麼神聖的，重要的是「價值」。

在別人不把你視爲對手的時候，
就是你爲未來競爭賺得最大資本的時候。

既然決心追求勝利，就必須全力以赴，
也只有全力以赴才有輝煌的成就。

August 31，1908

親愛的約翰：

安德魯·卡內基先生又接受了記者的專訪，我一直弄不明白，他爲什麼總喜歡在報紙上拋頭露面？我猜想他準是患了遺忘恐懼症，唯恐人們忽視了他的存在。

但我還是比較欣賞這個常與我爭風的傢伙，因爲他勤奮、雄心勃勃，像個不知疲倦的鐵漢，總將向前視爲他第一、第二、第三重要的事情；也許因此，當被問及他成功的秘訣時，他才會告訴記者說：結束只是開始。

眞難以置信，這個鐵匠怎麼會說出如此精闢的話。我相信這個僅由三個單詞組成的短句，很快就會遠播出去，或許卡內基先生也會因此得個商界哲學家的頭銜。事實上他值得人們這樣稱道他，難道能將自己成功的一生濃縮成一個短句，不正是表現了這位商業巨人的超凡智慧嗎？

不過，卡內基先生只給出了一個成功者的成功公式，卻沒有給出其中的演算過程，看來這個傢伙就是不能改變自私的本性，總怕別人窺見他成功的秘密。我倒想試著替鐵匠解一解那個公式，但你不要外傳；否則，他會因我洩密，在耶誕節時就不光送我VISA卡了，他一定還會送來雪茄，他知道我滴酒不沾，更知道我是個禁煙主義者，這個有趣的傢伙。

「結束只是開始」，在我看來，鐵匠是在試圖表明成功是一個不斷繁衍的過程，這就像一個多產的母牛，當它生下一個牛崽之後，馬上又懷上了另一個牛崽，如此周而復始，生生不息。**接近結束是一段路程的最後一站，又是新夢的開始。每一個偉大的成功者，都是用一個個小的成功把自己堆砌上去的，他們用結束歡慶夢想的實現，又用結束歡送新夢上路，這是每一個創造了偉大成就的人的品格。**

但是，如何開始新夢呢？卡內基先生「忘」了說；而這恰恰是期望能否順利衝到最後一站的關鍵，更是開始下一個新夢的關鍵。其實，答案很簡單，那就是**從一開始你就要千方百計地掌握優勢**。我的經驗告訴我，有三種策略能讓我擁有優勢。

第一個策略：一開始就要下決心，關注競爭狀況和競爭者的資源。這點表示我要注意自己和別人都擁有什麼，也表示要瞭解降低機會的基本面。從事新事業時，在瞭解整個狀況之前，不應該採取初步行動，**成功的第一步是瞭解達成目的所需要的資源在哪裡，數量有多少。**

從一開始，我就設法預測會出現什麼機會，當它出現的時候，我會像獅子一樣撲向它。而且我還知道，**『最好』是『好』的敵人**。很多人總喜歡追求最好的東西，而放棄好的東西。這樣做不是聰明的策略，因爲好總是勝過不好。而現實是，理想的機會很少送上門，卻常常有很多不盡理想，但還算好的機會，雖有不足之處，卻絕對遠勝過完全沒有機會。

第二個策略：研究和檢討對手的情況，然後善用這種知識，來形成自己的優勢。瞭解對手的優點、弱點、做事的風格和性格特點，總能讓我在競爭中擁有優勢。當然，我也要知道自己是誰。我用這個策略就曾經讓那個「結束只是開始」的發明者卡內基先生甘拜下風。

卡內基先生是當之無愧的鋼鐵巨人，挑戰他就如同挑戰死亡。但是他的缺點卻能幫上對手的大忙：他固執己見，也許他錢包太鼓了，他總喜歡俯視、低估別人。他不把我放在眼裡，愚蠢地認爲石油行業才是我的舞臺，而且他固執地認爲只有愚蠢的人才會去做採礦那一行，因爲他認爲礦石的價格太過低廉，而且礦石取之不盡。

所以，當我投資採礦業時，他幾乎逢人就不忘譏諷我，說我對鋼鐵業一竅不通，是全美最失敗的投資者。事實上，卡內基是個只能看到山腰卻望不到山頂的人，他不知道**價格並沒有什麼神聖的，重要的是「價值」**。如果不能控制採礦業，他那些引以爲豪的煉鋼廠就只能夷爲一堆廢鐵。

在別人不把你視為對手的時候，就是你為未來競爭賺得最大資本的時候。所以，從一開始，我便放心大膽地全面投資。衝動勝過慎重，很快這個高傲的鐵匠就發現，那個『以最差投資者而聞名於世的人』控制了鐵礦業，成爲了全美最大的鐵礦石生產商，一舉取得了支配地位，要與他分庭抗禮，他坐不住了，只能低聲下氣地向我求和。

在競爭中，首先發現對方弱點並狠命一擊的人，常常是勝者。

第三個策略：你必須擁有正確的心態。從一開始，你必須下定決心，追求勝利，這表示你必須在道德的限制下，表現得積極無情，因爲這種態度直接來自殘忍無情的目標。

既然決心追求勝利，就必須全力以赴，也只有全力以赴才有輝煌的成就。在競爭開始時更應如此。說得好聽一點，這是努力取得早期的優勢，希望建立獨佔的地位；說得難聽一點，付出努力等於讓別人減少一個機會。而與此同時，我們還要積極而勇猛，要有吞下鯨魚的膽量。我相信，天才的競爭者總是由勇士來承擔，這是千古不易的規律。

在《新約》歌林多前書裡，使徒保羅說：「如今常在的，有信、有望、有愛，這三樣其中最大的是愛。」在每一個新夢的初期，最重要的是追求勝利的決心。沒有追求勝利的態度，關注競爭狀況和瞭解對手沒有什麼作用。獲得知識、保持控制力、評價競爭狀況，正是讓你建立信心，協助你達成追求勝利最高目標的東西。

看看那些失敗的人，你就會發現，**大多數人會失敗，不是因為犯錯，而是因為沒有全心投入，企業也是一樣。**

約翰，別忘了卡內基先生那句即將廣爲傳誦的名言，『結束只是開始』，當然，還有我那三個策略。

噢，我應該不是在營救一個不需要營救的謀略家吧？

愛你的父親

Letter

27
只有放棄才是眞的失敗

每個人都有歷盡滄桑和飽受無情打擊的時候，
卻很少有人能像林肯那樣百折不撓。

除非你放棄，否則你就不會被打垮。

有太多人高估他們所欠缺的，卻又低估他們所擁有的，
以至喪失了成爲勝利者的機會。

如果我們盡了最大努力仍然不達目的，
我們所應做的就是汲取教訓，
力求在接下來的努力中表現得更好。

每一個「不」的回答都使我們愈來愈接近「是」的回答。

February 12，1909

親愛的約翰：

今天是偉大的一日！

今天，合衆國上下懷著一種特有的思念之情，紀念那個偉大而又罕有的靈魂——無愧於上帝與人類的亞伯拉罕·林肯總統。我相信他受之無愧。

在我記憶中，沒有誰能比林肯更偉大。他創造了一段合衆國成功而又令人動容的歷史，他用不屈不撓的精神與勇氣以及寬厚仁愛之心，使四百萬最卑下的黑奴獲得解放，同時斬斷了二千七百萬另一膚色的合衆國公民靈魂上的枷鎖，結束了因種族仇恨而導致的靈魂墮落、扭曲和心胸狹隘的罪惡歷史。他使國家免於毀滅，將一切不同語言、宗教、膚色和種族組合成爲一個嶄新的國家。合衆國因他獲得了自由，因他而幸運地踏上了正直公平的康莊大道。

林肯是上世紀最偉太的英雄，今天，在他百年誕辰之際，舉國上下追思他爲合衆國所做的一切，就是一個最好的證明。

然而，當我們重溫並感激他的光輝偉業之時，我們更應汲取並發揚他的人生帶給我們的特殊教益——執著的決心與勇氣。我想我們紀念他的最好方式就是效法他，讓他不言放棄的精神光照美國。

在我心中，林肯是永遠不被困難嚇倒、不屈不撓的化身。他生來一貧如洗，曾被趕出家園。他第一次經商就失敗了，第二次經商敗得更慘，以致用了十幾年的時間才還清了債務。他的從政之路同樣坎坷，他第一次競選州議員就遭失敗，並丟掉了工作。幸運的是，他第二次競選成功了。但接下來是喪失親人的痛苦和競選州參議員發言人的失敗在等待著他。然而他依然沒有灰心，在以後競選中他曾六度失敗，但每次失敗過後他仍是力爭上游，直至當選美國總統。

每個人都有歷盡滄桑和飽受無情打擊的時候，卻很少有人能像林肯那樣百折不撓。每次競選失敗過後，林肯都會激勵自己：「這不過是滑了一跤而已，並不是死了爬不起來了。」這些辭彙是克服困難的力量，更是林肯終於享有盛名的利器。

林肯的一生書寫了一個偉大的眞理：**除非你放棄，否則你就不會被打垮。**

功成名就是一連串的奮鬥。那些偉大的人物，幾乎都受過一連串的無情打擊，他們每個人都險些宣佈投降，但是他們因爲堅持到底，終於獲得了輝煌的成果。例如偉大的希臘演說家德莫森。

他因爲口吃，而生性害羞。他父親死後給他留下一塊土地，希望他能過上富裕的生活，但當時希臘的法律規定，他必須在聲明擁有土地權之前，先在公開的辯論中贏得所有權。很不幸，因爲口吃加上害羞使他慘敗，結果喪失了那塊土地。但他沒有被擊倒，而是發憤努力戰勝自己，結果他創造了人類史上空前未有的演講高潮。歷史忽略了那位取得他財產的人，但幾個世紀以來，整個歐洲都記得一個偉大的名字——德莫森。

有太多人高估他們所欠缺的，卻又低估他們所擁有的，以致喪失了成為勝利者的機會。這是個悲劇。

林肯的一生就是化挫折爲勝利的偉大見證。沒有不經失敗的幸運兒，重要的是不要因失敗而變成一位懦夫。**如果我們盡了最大努力仍然不達目的，我們所應做的就是汲取教訓，力求在接下來的努力中表現得更好**。

坦率地說，我無心與林肯總統比較，雖然我有他些許的精神，我痛恨生意失敗、失去金錢，但是眞正使我關心的是，我害怕在以後的生意中，會太謹愼而變成懦夫。如果眞是那樣，那我的損失就更大了。

對一般人而言，失敗很難使他們堅持下去，而成功則容易繼續下去。但在林肯那裡這是個例外，他會利用種種挫折與失敗，來驅使他更上一層樓，因爲他有鋼鐵般的毅力。他有一句話說得好：「你無法在天鵝絨上磨利剃刀。」

世界上沒有一樣東西可取代毅力。才能不可以，懷才不遇者比比皆是，一事無成的天才很普遍；教育也不可以，世上充滿了學無所用的人。只有毅力和決心無往不利。

當我們繼續邁向高峰時，我們必須記住：每一級階梯都供我們踩足夠的時間，然後再踏上更高一層，它不是供我們休息的地方。我們在途中不免疲倦與灰心，但就像一個拳擊手所說的，你要再戰一回合才能得勝。碰到困難時，我們要再戰一回合。每一個人都有無限的潛能，除非我們知道它在哪裡，並堅持用它，否則毫無價值。

偉大的機會不假外求，然而，我們得努力工作才能把握它。俗語說：「打鐵趁熱。」。毅力與努力都重要。**每一個「不」的回答都使我們愈來愈接近「是」的回答。**「黎明之前總是最黑暗」，這句話並非口頭禪，假如我們努力工作發揮技巧與才能，成功的一天終會到來。

今天，我們在感激、讚美林肯總統的時候我們不能忘記的是要用他一生的事蹟來激勵自己。即使在這樣做了之後，我們成就偉業的一天仍未到來，我們依然是個大贏家，因爲我們已經有了知識，也懂得面對人生，那是更大的成功。

愛你的父親

Letter 28

認清職責，拒絕責難

金錢的力量當然不可低估，但責任的力量更是巨大。

行動並非源於想法，而是源自負起責任。

責難就如同一片沼澤，一旦失足跌落進去，你便失去了立足點和前進的方向，你會變得動彈不得，陷入憎恨和挫折的困境之中。

眞正的問題不是他們應該要做什麼，而是我應該要做什麼。

領導者的工作不是全知全能、全權負責。

沒有一件事像個人的責任感一樣，可以激發並強化做事的能力。

在抱怨聲中，優秀的員工也會變成烏合之眾。

在對話中，聆聽者才是擁有權力的人，而非陳述者。

July 24，1910

親愛的約翰：

如果我說一直不甘示弱、總以爲自己是世界第一富豪的安德魯・卡內基先生來拜訪我，並向我討教了一個非常嚴肅的問題，你會不會感到驚訝？事實上，那位偉大的鐵匠就是這麼做的。

兩天前，卡內基先生來到我們的基奎特。或許是我笑容可掬的態度，和我們輕鬆的談話氣氛，熔化了卡內基先生鋼鐵般的自尊，讓他放下架子問我：

「約翰，我知道，你領導著一群很能幹的人。不過，我不認爲他們的才華不可匹敵，但令我疑惑的是，他們似乎無堅不摧，總能輕鬆擊敗你們的競爭對手。我想知道，你施了什麼魔法讓他們有那種精神的，難道是金錢的力量？」

我告訴他，**金錢的力量當然不可低估，但責任的力量更是巨大**。有時，**行動並非源於想法，而是源自負起責任**。標準石油公司的人都有負責精神，都知道『我的責任是什麼，我做什麼可以把事情做得更好』。但我從不高談闊論責任或義務，我只是藉由我的領導方式來創造具有責任感的企業。

我以爲這個話題到此就應該結束了，但我的回答顯然挑動了卡內基先生的好奇心，他很認眞地追問我：「約翰，那你能告訴我你是怎麼辦到的嗎？」

看著卡內基先生謙遜的神態，我無法拒絕，我必須如實相告。我告訴他，如果我們想要永續生存，那麼我們的領導方式就意味著，斷然拒絕爲了任何理由去責難任何一個人或任何一件事。**責難就如同一片沼澤，一旦失足跌落進去，你便失去了立足點和前進的方向，你會變得動彈不得，陷入憎恨和挫折的困境之中**。結果只有一個：失去手下的尊重與支持。一旦落到這步田地，那你就好比是一個將王冠拱手讓給他人的國王，無法再主宰一切。

我知道責難是摧毀領導力的頭號敵人，我還知道在這個世界上沒有常勝將軍，不管是誰都將遭遇挫折和失敗。所以，當問題出現時，我不會感到憤恨不滿，我只是在想：怎麼能讓情勢好轉起來？採取什麼行動可以補救或是修復我們的失誤？積極地選擇朝向更高的生產力和滿意度前進。

當然，我不會放過我自己。當壞事降臨在我們身上時，我會先停下來問自己一個問題：「我的職責是什麼？」回歸原點，藉著對自身角色進行完全坦誠的評估，可以避免空虛地窺探他人做了什麼，或是要求其他人改變什麼這類無意義的行爲。事實上，只有將焦點專注在自己身上，我才能將無意中拱手讓出的王冠重新收回。

但是，分析『我的職責是什麼』並不意味著自責。自責是一種最陰險狡猾的責難陷阱，諸如「那眞是一個愚蠢的錯誤！」等自我責難，只會使我陷入與其他任何責難相同的忿恨與不滿的圈套之中。事實上，「我的職責是什麼」是一種具有強大分析力和自我肯定的步驟：當我知道，**真正的問題不是他們應該要做什麼，而是我應該要做什麼時**，我不會自怨自艾，而只會讓自己更強大。自己越強大，別人的影響力就會越小，看來這不是件壞事。

如果我能將每一個阻礙視爲瞭解自己的一個機會，而非斤斤計較他人對我做了什麼，那麼我就能在領導危機的高牆外找到出路。

當然，我從不把自己視爲救世主，也沒有救世主的心態。我自問：我在哪些方面應爲自己負責？也自問：在哪些方面，部屬們要爲我負責？**領導者的工作不是全知全能、全權負責**。如果我視自己爲英勇的正義使者，準備去拯救這個世界，那就只會讓自己陷入領導危機之中。我的責任中，很大一部分是讓其他人也為自己該負的責任負責。如果一個員工對於事關自己切身利益的事情都不在乎的話，我不相信這樣的員工能對出色完成工作有強烈的渴望，那他就應該離開，為別人去服務了。

感覺責任在肩的那種壓力能讓人不自覺地興奮起來。**沒有一件事像個人的責任感一樣，可以激發並強化做事的能力**，而將重大責任託付給部屬，並讓他瞭解我對他充分信任，無疑是對他最大的幫助。所以，我不會將部屬必須並且能夠負擔的責任往自己身上背。

我不只光靠示範作用來營造公司負責的氛圍與風氣，我的部屬都知道我的基本原則：在標準石油公司沒有責難，更沒有藉口！這是我堅持的理念，每一個人都知道。我不會因為他們犯錯而懲罰他們，但是我絕不能容忍不負責任的行為存在。我們的信念就是要徹底奉行。我們的箴言是支持、鼓勵和尊重將被全心接受與加倍頌揚。只會找藉口而不提供解決方式，在標準石油公司是無法容忍的。

我們很少犯任何錯誤，因為我的大門隨時為部屬敞開著，他們可以提出高見，或是純粹的發牢騷，但是要用一個負責任的方式。這樣的結果會讓我們彼此信任，因爲我們瞭解所有的事都需要攤在陽光下來討論。

卡內基先生是位優秀的老學生，他沒有讓我浪費時間，他在我結束這個話題時說：「**在抱怨聲中，優秀的員工也會變成烏合之眾！**」他眞聰明。

約翰，幾乎所有的人都有推諉眞正責任的防禦心理，以致推諉責任的現象處處可見。但它貽害無窮。避免防禦的方法就是開始傾聽。

領導者最大的挑戰在於，要如何創造出一個能讓人們覺得開誠佈公會比隱藏實情來得舒適的環境。主動邀請其他人陳述他們的想法，用一些諸如「再多說一點」，或是「我眞的想聽聽你的意見」的話語來鼓勵他們說出自己的想法。和一般人所相信的剛好相反，**在對話中，聆聽者才是擁有權力的人，而非陳述者**。

難以置信吧？想想看，陳述者的語調、焦點還有內容，事實上都取決於你傾聽的方式。試想，和一個面露敵意且肢體呈現侵略性姿態的人，以及一個對你表示全神貫注的人說話時，這兩者之間的差異。當你單純地聆聽其他人說話時，你卸下了你的防衛。你會得到這些好處：你對有攻擊性或憤怒的語言的背後隱含的議題，會有著更透徹的瞭解。你可以得到更多的資訊，而這些資訊可以改變你對整個事件來龍去脈的假設。你會有更多的時間來整理思緒，陳述者會感覺到你重視他們的觀點。最令人興奮的是，當你專注地傾聽之後，原來的陳述者也會更願意聆聽你的意見。

眞實的傾聽是不具任何防禦性的。即使你不喜歡這個資訊，你也應該傾聽瞭解，而非立即做出回應。專注地傾聽不太像是一種技巧，它比較像是一種態度。滑雪的人在遭遇障礙時的每一秒鐘，都投注百分之百的注意力，絕對不會分神去思考過一會兒他要對夥伴說什麼。同樣地，作爲一名積極的傾聽者，你貢獻百分之百的注意力給另外一個人，絕不會出現想到什麼就脫口而出的情況。如此一來，你去除了先入爲主的觀念，並敞開胸襟開創一段更有意義和更有效果的對話。

長久以來，是我們塑造了生活也塑造了自己。這個過程將會持續下去，我們最終都將爲自己的選擇負責。就如「目的」決定你的方向，拒絕責難將築出一條實現目標的大道。

愛你的父親

Letter 29

天下沒有白吃的午餐

如果在一定時間內你給一個人免費的午餐，
他就會養成不勞而獲的習慣。

如果你給一個人一條魚，你只能供養他一天，
但是你教他捕魚的本領，就等於供養他一生。

當你施捨與一個人時，你就否定了他的尊嚴；
你否定了他的尊嚴，你就奪走了他的命運。

任何一個人一旦養成習慣，不管是好或壞，習慣就一直佔有了他。

如果人們知道出人頭地要以努力工作爲代價，大部分人就會有所成就，
同時也將使這個世界變得更美好；而白吃午餐的人，
遲早會連本帶利付出代價。

一個人活著，
必須在自身與外界創造足以使生命和死亡有點尊嚴的東西。

March 17，1911

親愛的約翰：

我已經注意到那條指責我吝嗇、說我捐款不夠多的新聞了，這沒什麼。我被那些不明就裡的記者罵得夠多了，我已經習慣了他們的無知與苛刻。我回應他們的方式只有一個：保持沉默、不加辯解，而不管他們如何口誅筆伐，因爲我清楚自己的想法，我堅信自己站在正確的一方。

每個人都需要走自己的路，重要的是要問心無愧。有一個故事或許能夠解釋，爲什麼我很少理會那些乞求我出錢來解決他們個人問題的人，更能解釋讓我出錢比讓我賺錢更令我緊張的原因。這個故事是這樣說的：

有一家農戶，圈養了幾頭豬。一天，主人忘記關圈門，便給了那幾頭豬逃跑的機會。經過幾代以後，這些豬變得越來越兇悍以致開始威脅經過那裡的行人。幾位經驗豐富的獵人聞聽此事，很想爲民除害捕獲它們。但是，這些豬卻很狡猾，從不上當。

約翰，當豬開始獨立的時候，都會變得強悍和聰明了。

有一天，一個老人趕著一頭拖著兩輪車的驢子，車上拉著許多木材和糧食，走進了「野豬」出沒的村莊。當地居民很好奇，就走向前問那個老人：「你從那裡來，要幹什麼去呀？」老人告訴他們：「我來幫助你們抓野豬啊！」衆鄉民一聽就嘲笑他：「別鬧了，連好獵人都做不到的事你怎麼可能做到？」但是，兩個月以後，老人回來告訴那個村子的村民，野豬已被他關在山頂上的圍欄裡了。

村民們再次驚訝，追問那個老人：「是嗎？眞不可思議，你是怎麼抓住它們的？」

老人解釋說：「首先，就是去找野豬經常出來吃東西的地方。然後我就在空地中間放一些糧食作陷阱的誘餌。那些豬起初嚇了一跳，最後還是好奇地跑過來，聞糧食的味道。很快一頭老野豬吃下了第一口，其他野豬也跟著吃起來。這時我知道，我肯定能抓到它們了。

「第二天，我又多加了一點糧食，並在幾尺遠的地方豎起一塊木板。那塊木板像幽靈般暫時嚇退了它們，但是那免費的午餐很有誘惑力，所以不久他們又跑回來繼續大吃起來。當時野豬並不知道它們已經是我的了。此後我要做的只是每天在糧食周圍多豎起幾塊木板，直到我的陷阱完成爲止。

「然後，我挖了一個坑立起了第一根角樁。每次我加進一些東西，它們就會遠離一些時間，但最後都會再來吃免費的午餐。圍欄造好了，陷阱的門也準備好了，而不勞而獲的習慣使它們毫無顧慮的走進圍欄。這時我就出其不意地收起陷阱，那些白吃午餐的豬就被我輕而易舉地抓到了。」

這個故事的寓意很簡單，一隻動物要靠人類供給食物時，它的機智就會被取走，接著它就麻煩了。同樣的情形也適用於人類。如果你想使一個人殘廢，只要給他一對拐杖再等上幾個月就能達到目的；換句話說，**如果在一定時間內你給一個人免費的午餐，他就會養成不勞而獲的習慣**。別忘了，每個人在娘胎裡就開始有被「照顧」的需求了。

是的，我一直鼓勵你要幫助別人，但是就像我經常告訴你的那樣，**如果你給一個人一條魚，你只能養活他一天，但是你教他捕魚的本領，就等於供養他一生**。這個關於捕魚的老話很有意義。

在我看來，資助金錢是一種錯誤的幫助，它會使一個人失去節儉、勤奮的動力，而變得懶惰、不思進取、沒有責任感。更爲重要的是，**當你施捨與一個人時，你就否定了他的尊嚴；你否定了他的尊嚴，你就奪走了他的命運**。這在我看來是極不道德的。

身爲富人，我有責任成爲造福於人類的使者，卻不能成爲製造懶漢的始作俑者。

任何一個人一旦養成習慣，不管是好或壞，習慣就一直佔有了他。白吃午餐的習慣不會使一個人步向坦途，只能使他失去贏的機會。而勤奮工作卻是唯一可靠的出路，工作是我們享受成功所付的代價，財富與幸福要靠努力工作才能得到。

在很久很久以前，一位聰明的老國王，想編寫一本智慧錄，以饗後世子孫。一天，老國王將他聰明的臣子召集來，說：「沒有智慧的頭腦，就像沒有蠟燭的燈籠。我要你們編寫一本各個時代的智慧錄，去照亮子孫的前程。」

這些聰明人領命離去後，工作很長一段時間，最後完成了一本洋洋十二卷的鉅作，並驕傲的宣稱：「陛下，這是各個時代的智慧錄。」

老國王看了看，說：「各位先生，我確信這是各個時代的智慧結晶。但是，它太厚了，我擔心人們讀它會不得要領。把它濃縮一下吧！」這些聰明人費去很多時間，幾經刪減，完成了一卷書。但是，老國王還是認爲太長了，又命令他們再次濃縮。

這些聰明人把一本書濃縮爲一章，然後減爲一頁，再變爲一段，最後則變成一句話。聰明的老國王看到這句話時，顯得很得意。「各位先生，」他說，「這眞是各個時代的智慧結晶，而且各地的人一旦知道這個眞理，我們大部分的問題就可以解決了。」這句話就是：「天下沒有白吃的午餐。」

智慧之書的第一章，也是最後一章，是天下沒有白吃的午餐。**如果人們知道出人頭地要以努力工作為代價，大部分人就會有所成就，同時也將使這個世界變得更美好；而白吃午餐的人，遲早會連本帶利付出代價。**

一個人活著，必須在自身與外界創造足以使生命和死亡有點尊嚴的東西。

愛你的父親

Letter 30

善於發現並利用部屬的優點

做你喜歡做的事，而其他的事，
就交由喜歡做這件事的人去做。

想辦法利用每個人的長處
並誘發他們將熱情傾注在工作之中，
來成就出絕佳的生產力。這就是我的致勝之道。

最能創造價值的人，
就是那徹底投身於自己最喜歡的活動的人。

我不否認領導者的巨大影響，
但就整體而言取勝靠的是團體。

November 17，1912

親愛的約翰：

你的來信令我非常興奮，因爲你讀懂了我那些總能助我成就事業的做事哲學：**做你喜歡做的事，而其他的事，就交由喜歡做這件事的人去做**。

對我來說，做喜愛的事是一項不容質疑的定論。它時刻都會提醒我，要領導手下出色完成任務，絕不可依賴某些管理技巧，而是要採用一種更爲宏觀、更有效能的領導方式。

具體而言，就是不讓手下拘泥在刻板、制式的工作職務上，而是**想辦法利用每個人的長處並誘發他們將熱情傾注在工作之中，來成就出絕佳的生產力**。**這就是我的致勝之道**。

我在讀書時就記得這樣一句話：「最完美的人就是那徹底投身於自己最擅長的活動的人。」後來，經我改造，將其變爲我管理上的一個理念：**最能創造價值的人就是那徹底投身於自己最喜歡的活動的人**。

我說過，每個人都忠於自己的天性，都渴望成爲自己想要成爲的人，而他們實現忠誠於自己的方式就是做自己喜歡做的事，遺憾的是，很多管理者並不善待員工忠於自己的訴求，結果事倍功半。

其實這很好理解：如果你不將時間投入到你喜愛的事情上，你就絕不可能感到自我滿足；如果你得不到自我滿足，你就將失去生活的熱情；如果你失去生活的熱情，你就將失去生活的動力。指望一個失去工作動力的人去出色完成工作任務，就像指望一個停擺的鬧鐘去準確報時一樣，可笑之極。

所以，我時刻不忘給予手下忠於自己的機會——燃燒他們的熱情，讓他們的特殊才能發揮到極致，而我自己從中收獲的恰恰是財富與成就。忠於自己就將使自己贏得人生中最偉大的一場戰役，誰會放過這樣的機會呢？

你要想成功利用手下的熱情，你必須知道領導者的職責：不是要挖掘手下的弱點，而是要關注手下的優點與才能，並讓這些優勢充分發揮出來。我沒有挑部屬最脆弱的特質的習慣，卻總要找尋他們最堅強的部分，讓他們的才能充分展現在工作的挑戰與需求上。例如，我重用阿奇博爾德先生。

與有些人不同，我不以自己的好惡爲選拔人才的標準。我用人並不會看他身上貼著什麼標籤；我看中的是他在工作中展示出來的能力。我喜歡自己的喜好，但更喜歡效率。

阿奇博爾德絕非完美的人，他嗜酒如命，而我卻是個禁酒主義者。但是，阿奇博爾德卻有著非凡的領導才華和天賦，他頭腦機敏、樂觀幽默，而他出衆的口才和大膽好鬥的性格無疑更是在激烈競爭中獲勝的保證。所以在由對手變爲合夥人之後，我一直對他興趣濃厚，我不斷委他以重任，直至提拔他接替我的職務。

他已經證明了自己是一名天才的領導者，他的職業生涯是那樣特殊。如果他沒有不好習慣的影響，他的成績將更加耀人。

我的目的是要在每位手下身上找出我所重視的價値，而不是那些我所不樂見的缺點。我找出每個員工値得重視的部分，並致力於將員工的優點轉化成出色的才能，而不會試圖修正他們的缺點。所以，我總是擁有健全能幹、樂意奉獻的部屬。

約翰，沒有人是無所不能的。現在你是一位管理者，你的成就依賴於你領導能力的發揮，依賴於你手下做事才能的發揮。你需要知道，你的手下可挑剔的地方不勝枚舉，但是你要專注於發掘每個人潛在的優點，注意他們在每個細節上的傑出表現，以及他們爲了將事情做得出色，而對完美主義近乎苛求的堅持。這是你領導力的優勢所在。

一個人不能主宰一個團體。我不否認領導者的巨大影響，但

就整體而言取勝靠的是團體。我所取得的任何榮譽所依靠的都是團體的力量，而絕非我個人。也只有衆人都付出努力，才能相信並期待奇蹟的出現。

祝你好運！我的兒子。

愛你的父親

Letter

31 珍惜時間和金錢

失去對高尚人的尊重，就是在剝奪自己做人的尊嚴。

請不要說我應該做什麼，要說我們應該做什麼。

我所以能取得巨大成就，就在於我首先經營人，所有的人。

無論一個人積儲了多麼豐富的妙語箴言，也無論他的見解有多高，
假使不能利用每一個確實的機會去行動，
其性格終不能受到良好的影響。

計畫是我們順應每天情況而生活的依據，它能顯示什麼是可行的。

創造力、自發精神和信念可以化不可能爲可能，並突破計畫的限制。

財富可以拿來孳生更多的錢財，
我們會把錢拿來投資，創造更多的財富。

我沒有理由浪費生命，浪費生命就等於糟蹋自己，
世界上沒有比糟蹋自己更大的悲劇了。

June 21，1914

親愛的約翰：

查爾斯先生永遠地離開了我們，這讓我很難過。身爲上帝忠實的子民，查爾斯先生一直是位非常善良的富人，他樂善好施，不斷用自己辛勤賺到的錢去救助那些處於貧困噩夢中的同胞。我相信上帝會在天堂笑迎他，因爲他的仁愛和無私。

與眞摯的靈魂相伴，是天賜的福氣。我能有像查爾斯先生這樣的合夥人，是我一生的榮幸。當然，查爾斯先生謹小愼微的性格常常導致他與我齟齬不斷，但這絲毫不會奪走我對他的尊重。**失去對高尚人的尊重，就是在剝奪自己做人的尊嚴**。

當年，公司高階主管有共進午餐的習慣，每到吃飯的時候，儘管我是公司第一人，我都會把象徵公司核心的座位留給他，以示我對他正直人品的敬意。是的，這不足爲道，高尙的道德本該受到褒獎。而就一個整體而言，雖然這只是很小很小的細節，但這樣一個細節可能影響到整個公司，影響到公司的成績。

事實上，標準石油公司的合夥人都是正直的人，我們個個知曉彼此尊重、信任、團結一心對合作有多麼可貴和重要，我們努力使之變成現實。所以，即使出現分歧，我們只會直言不諱、就事論事，從不勾心鬥角、搬弄是非。我相信，在這種純潔的氛圍中，即使有人心術不正，他也會把心術不正的惡習留在家裡。

但這只是標準石油公司強大到令對手敬畏的原因之一，而視精誠協作爲我們的生命才是最重要的因素。在這方面，查理斯先生身體力行，堪爲表率。

作爲公司的引領者，我在一次董事會上曾眞誠倡議：「我們是一家人，我們榮辱與共，我們堅強的手掌托起的是我們共同的事業。所以，我建議大家，**請不要說『我』應該做什麼，要說『我們』應該做什麼**。千萬別忘了，我們是合作夥伴，無論做什麼事都是爲了我們大家的利益。」

我的發言感染了查爾斯先生，他第一個回應我：「各位，我聽懂了，約翰的意思是說，比起『我』來說，『我們』更重要，我們是一家人！沒錯！是應該說我們！」

在那一刻，我看到了我們偉大的未來，因爲我們已經開始忠於「我們」。別忘了，人人自私，每個人的天性都是忠於自己，「我」是每個人心中的宗教。當「我們」取代「我」的時候，它所煥發出的力量將難以估量。**我所以能取得巨大成就，就在於我首先經營人，所有的人。**

我與查爾斯先生有著共同的信仰，我們都是虔誠的基督徒。我喜歡查理斯先生最喜歡的一句格言：『珍惜時間和金錢。』我一直以爲這是一則凝聚著偉大智慧的箴言。我相信絕大多數的人都會喜歡它，卻難以將其變成自己思想信念和價值信條，並永遠溶入自己的血液中。

是的，**無論一個人積儲了多麼豐富的妙語箴言，也無論他的見解有多高，假使不能利用每一個確實的機會去行動，其性格終不能受到良好的影響**，失去美好的意圖，終是一無所獲。

幾乎人人都知道，能否構築幸福生活，能否實現成功，都與如何利用時間有關。然而，在很多人那裡，時間是他們的敵人，他們消磨它，抹煞它；但如果誰偷走他們的時間，他們又會大發雷霆，因爲時間畢竟是金錢，重要的時間還是生命。遺憾的是，他們就是不知道如何利用時間。

事實上，這沒有哥倫布先生發現美洲那麼難，重要的是我們要計畫每一天，乃至每一刻，並知道該思考什麼，該如何採取行動。**計畫是我們順應每天情況而生活的依據，它能顯示什麼是可行的**。而要制訂完美的計畫，首先要確認自己想要什麼；還有，每項計畫都要有措施，並要監督成果。能討諸行動、有成果的計畫才是有價值的計畫。當然，**創造力、自發精神和信念可以化不可能為可能，並突破計畫的限制**，所以，不要自囿於計畫之中。

每一刻都是關鍵，每一個決定都影響生命的過程，所以，我們要有下決心的策略。決心不宜下得太快，遇到重要問題時，如果沒有想好最後一步，就永遠不要邁出第一步，要相信總有時間思考問題，也總有時間付諸行動，要有促進計畫成熟的耐心。但一旦做出決定，就要像鬥士那樣，忠實地去執行。

賺錢不會讓你破產，是查理斯先生的致富聖經。在一次午餐會上，查理斯先生公開了他的賺錢哲學，那天他用一種演講家般的激情，激勵了我們每個人，他告訴我們大家：世界上有兩種人永遠不會富有。

第一種是及時行樂者。他們喜歡過光鮮亮麗的日子，像蒼蠅盯臭肉那樣，對奢侈品興趣昂然；他們揮霍無度，竭盡所能要擁有精美的華服、昂貴的汽車、豪華的住宅，以及價格不菲的藝術品。這種生活的確迷人，但它缺乏理性。及時行樂者缺乏這樣的警惕：他們是在尋找增加負債的方法，他們會成爲可憐的車奴、房奴，而一旦破產，他們就完了！

第二種人是喜歡存錢的人。把錢存在銀行　當然保險，但它跟把錢冷凍起來沒什麼兩樣，要知道靠利息不能發財。

但是，有一種人會成爲富人，比如在座的諸位，我們不尋找花錢的方法，我們尋找、培養和管理各種投資的方法，因爲我們知道**財富可以拿來孳生更多的錢財，我們會把錢拿來投資，創造更多的財富**。但我們還要知道，讓每一分錢都能帶來效益！這正如約翰一貫的經商原則——每一分錢都要讓它物超所值！

查理斯先生的演講博得了熱烈掌聲，我被他燃燒起來，鼓掌時太過用力，以致飯後還覺得兩個手掌在隱隱作痛。

如今，再也聽不到那種掌聲了，也沒有鼓那種掌的機會了。但「珍惜時間和金錢」一直與我相伴。**我沒有理由浪費生命，浪費生命就等於糟蹋自己，世界上沒有比糟蹋自己更大的悲劇了**。我也不把安逸和享樂看作是生活的目的本身，因爲我稱其爲豬的理想。

愛你的父親

Letter 32
充實自己的心靈

在我們這個世界上，精神饑渴的人隨處可見。

心靈是我們每個人眞正的家園，我們是好是壞都取決於它的撫育。

只要改變一個人的辭彙，就能建立他的收入、他的享受，
並改善他的生活，乃至改變他的人生。

經由偉大的心靈撞擊而寫成的書籍，
沒有一本不是洗滌並充實我們心靈的食糧，
它們早已一勞永逸地爲後人指明了方向，
而我們可以從中任意挑選我們想要的。

偉大的書籍就是偉大的智慧樹，偉大的心靈之樹，
我們將在其中得以重塑。

引領人們爬向高峰的動力，
是一種定期滋潤與強調而日趨旺盛的驅動力。

August 1，1914

親愛的約翰：

就像我們身體上的食慾一樣，我們也有精神上的食慾。但許多人卻常以沒有時間爲藉口，總在讓他們的心靈忍饑挨餓，也只在意外或偶然的情況下才充實它一下，卻總忘不了滿足他們脖子以下的消費。

也許我的看法有些悲觀，我們正處於無限制滿足脖頸以下卻在忽視脖頸以上需求的時代。事實上，你經常聽到有人說：漏吃一頓午餐是件大事，卻聽不到：你最後一次滿足心靈饑渴是在什麼時候的聲音。難道我們每個人都是精神富足者嗎？顯然不是。

在我們這個世界上，精神饑渴的人隨處可見；那些生活在沮喪、消極、失敗、憂鬱中的人，他們都迫切需要精神的滋養和靈感的召喚，但他們幾乎全都排斥再充實他們的心靈，任由心靈黯淡無光。

如果空虛的頭腦能像空虛的肚子一樣，只要塡滿一些東西就能讓主人滿足的話，那該有多好。可惜，沒有這麼便宜的事情，反而要接受心靈空虛的懲罰。

心靈是我們每個人真正的家園，我們是好是壞都取決於它的

撫育：因爲進入這個家園的每一件東西都有一種效用，都會有所創造，爲你的未來做準備，或者會有所毀滅，降低你未來可能的生命成就。例如積極。

每一個達到高峰或快達高峰的一流人物都是積極的，他們所以積極，是因爲他們定期地以良好、清潔、有力、積極的精神思想充實心靈。就像食物成爲身體的營養一般，他們不忘每天的精神糧食。他們知道如果能充實頸部以上的部分，就永遠不愁塡飽頸部以下的部分，甚至不必憂愁老年的財務問題。

一個人必須找到自己的家，才不至於去流浪或淪爲乞丐。首要的，即使你要出賣心靈，也要賣給自己。我們要接納自己。我們必須清楚，人是以上帝自己的心意創造的，其地位僅次於天使。上帝不會設下有關年齡、教育、性別、胖瘦、膚色、高矮或其他任何表面上的限制，上帝也沒有時間創造沒用的人，更不會忽略任何人。

要做積極的人，首先要有積極的態度。兩年前，卡爾．榮格先生與我不期而遇時，這位心理學家給我講過一個故事：

有一個人被洪水困住了，他只得爬到屋頂上避難。鄰居中有人漂浮過來說道：「約翰，這次大水眞是可怕，難道不是嗎？」

約翰回答道：「不，它並不怎麼壞。」

鄰居有點吃驚，就反駁說：「你怎麼能說不怎麼壞？你的雞舍已經被沖走了。」

約翰說：「是的，我知道，但是六個月以前我已經開始養鴨了，現在它們都在附近游泳。每一件事情都還好。」

「但是，約翰，這次的水毀了你的莊稼，」鄰居堅持說。

約翰回答說：「不，並非如此。我種的莊稼因爲缺水而受損，就在上周，還有人告訴我，我的土地需要更多的水，所以這下就解決了。」

那位悲觀的鄰居再次對滿臉微笑的約翰說：「但是你看，約翰，大水還在上漲。就要漲到你的窗戶上了。」

樂觀的約翰笑得更開心了，說道：「我希望如此，這些窗戶實在太髒，需要清洗一下。」

這聽起來像個玩笑，但顯然這是一種境界——決定以積極的態度來應對這個紛繁複雜、順逆起伏的世界。一旦達到這種境界，即使遇到消極的情況，我們也能使心靈自動地做出積極的反應。爲達到這種境界，我們只有充實、潔淨我們的心靈。

每個人都能改變或被改變。榮格先生說，**只要改變一個人的**

辭彙，就能建立他的收入、他的享受，並改善他的生活，乃至改變他的人生。例如「恨」字，要把它從你的辭彙中除去，不要想它，而是以寫、感覺與夢想「愛」字來替代它。再比如「偏見」，不要看它、想它，而是以「瞭解」來取代它。顯然，需要移去與取代的文字，幾乎是永無止境的，但心靈卻會在移取的過程中變得更加純淨、積極。

我們的心靈是以供應它的事物而行動。我相信，放進心靈中的事物對我的未來非常重要。所以問題顯然是：我們要怎樣餵養我們的心靈——找什麼時間去補充精神食糧？

你是否聽到過伐木者的產量會下降，只因爲他沒有抽出時間來磨利他的斧頭？我們花錢，又花很多時間，去修飾頭腦的外表：刮鬍子、理髮，我們有沒有必要花同樣的時間和金錢，來化妝頭腦的內部呢？當然有，而且可以做到。

事實上，精神食糧隨處可得，例如書籍。經由偉大的心靈撞擊而寫成的書籍，沒有一本不是洗滌並充實我們心靈的食糧，它們早已一勞永逸地為後人指明了方向，而我們可以從中任意挑選我們想要的。偉大的書籍就是偉大的智慧樹，偉大的心靈之樹，我們將在其中得以重塑。讓我們學會既聰明又謙遜，既謙遜又聰明吧。

當然，我們不能讀那些文字商人的書。他們的書有如瘟疫，散佈無恥的邪念、訛誤的消息和自負的愚蠢，他們的書只配捧在那些淺薄、庸俗的人的手裡。我們需要的是能給我們帶來行動的信心與力量，能夠將我們的人生推到另一個新高峰，和引導我們行善的書。

例如「奮力向前」（Pushing to the Front）。它是一部激盪我們靈魂、激發我們生命熱情的偉大著作，我相信美國人民都將因它的問世而受惠，並因此以最積極的方式運用自身的力量，抵達夢想的生命之境。我甚至相信，誰錯過讀它的機會，誰就很可能錯過偉大的人生。我希望我的子孫都能去讀這本書，它能爲所有的人開啓幸福快樂之門。

引領人們爬向高峰的動力，是一種定期滋潤與強調而日趨旺盛的驅動力。那些擁有成功人生的人，無疑的都能體認到，高峰有很多空間，但是沒有足夠的空間供人坐下停留。他們瞭解，心靈像身體一樣，必須定期給予營養才行，身體、心理與精神方面的營養，都要分別照顧到。

約翰，沒有誰可以阻擋我們回家的路，除非我們不想回來。

讓心靈之光照耀我們前進的路。

愛你的父親

Letter

33
給「貪心」保留一個位置

在人的本性中早就潛藏著一種力量，
一種叢生於缺少能力與意志之地的力量，那就是嫉妒。

我所能做的就是讓嫉妒我的人繼續嫉妒！

沒有一個社會不是建立在貪心之上。

在未來，不貪心的人仍將是地球上的稀有者。

從貪心開始，才會有希望！

我們都處在一個貪心的世界之中，
我認爲使用「貪心」較使用「抱負」更純樸。

成功與失敗的距離並不像人們想像的那麼大，
僅僅是一念而已，
而是要看誰有強烈的貪心。

May 6，1918

親愛的約翰：

不要理會說我貪心的那些人。

多少年來我都在享受著這個在別人看來似乎並不太美妙的「頌揚」——貪心。這份對我特別的頌揚，最早出現在我的事業如日中天之時，那時洛克菲勒的名字已不再僅僅是代表一個人的符號，而是財富的象徵，一個龐大商業帝國的象徵。

我記得當時有很多人、很多報紙都加入了如此「頌揚」我的行列。但這樣的頌揚並沒有讓我的心跳加快，儘管我知道這樣的頌揚無非是要詆毀我，無非是要爲我創建的商業帝國刷上一層令人生厭的銅臭。

但我知道，**在人的本性中早就潛藏著一種力量，一種叢生於缺少能力與意志之地的力量，那就是嫉妒**。當你超越了他們的時候，他們就會嫉恨你，就會用帶有貶義的字眼指責你，甚至用編造謊言的手法來詆毀你，同時在你面前還要表現得非常高傲——在我看來，那並非是高傲，它恰恰是虛弱。有意思的是，當你遠不如他們，生活得潦倒不堪時，他們又會譏笑你，譏笑你無能、愚蠢，甚至會把你貶低得沒有任何做人的尊嚴。我的兒子，這就是人性！

上帝沒有賦予我改變人類本性的使命，我也沒有閒心去阻止某些人要「恭維」我貪心的行爲，**我所能做的就是讓嫉妒我的人繼續嫉妒！**儘管我知道，如果我能將我所創造的財富讓那些如此恭維我的人帶走，他們也將帶走那份恭維，但我不能！我相信，除非我中了什麼魔法，否則任何人都不能！

紳士永遠不會與無知者爭辯，我當然不會同那些「恭維」我貪心的人論戰，但我抑制不住蔑視他們無知的情緒。冷靜地回溯歷史，檢視人類的腳印，我們就能得出這樣的結論：**沒有一個社會不是建立在貪心之上**。那些要詆毀我的人，看似道德的守望者，他們有誰不想獨佔自己擁有的東西？有誰不想掌控所有好的東西？有誰不想控制每個人都需要的一切？虛僞的人總是那麼多。

沒有不貪心的人。如果你有一顆橄欖，你就會想擁有一整顆的橄欖樹。我行走於人世已近八十年，我見過不會吃牛排的人，卻沒有見過一個不貪心的人，尤其是在商界。功利、拜金的背後只印著一個單詞，那就是貪心。我相信，**在未來，不貪心的人仍將是地球上的稀有者**。誰會停止對美好事物的追求和佔有呢？

阿奇柏爾德先生說我是能夠聞到終點線味道的賽馬，一旦那樣我便會開始衝刺。我知道這多少有點奉承我的味道，但在我心裡，我的確早就給貪心留好了位置。

在我讀商業學校時，我的一位老師說過一句讓我終生難忘的話，這句話可以說改變了我的命運，他說：「貪心沒有什麼不好，我認爲貪心是件好事，人人都可以貪心。**從貪心開始，才會有希望！**」

當我的老師在講壇上喊出這番極富煽動和刺激性的話語時，台下的同學們爲之譁然。因爲只要想一想「貪心」的意義，就知道這個字眼完全違背大多數人從小習得的道德觀念，這種道德觀融於宗教、社會、倫理、政治和法律等各個層面，它所具有的尺規般的作用，無疑要給這個字眼打上骯髒的烙印。

但當我走向社會、踏上創造財富之旅後，我才深深地體認到，那份學費花得眞是值得，我老師的主張相當具有見地。就像那些進化論者所告訴我們的那樣，自然界不是仁慈、無私的地方，而是強者爲王、適者生存的天地，我們這個所謂的文明社會也同樣如此。如果你不貪心，或許你就會被別人貪掉，畢竟可口的甜點不是很多。

Letter 33
給「貪心」保留一個位置

如果你要想創造財富成就，創造非凡的人生，你不僅要認同「貪心是件好事」這個觀念，你更要認識到貪心大有必要！

貪心的潛在涵義，就是我要，我要得更多，獨佔才好！有誰不曾在心底做此吶喊？爲政者會說，我要掌權，我要由州長再做總統；經商者會說，我要賺錢，我要賺更多的錢；爲人父母者會說，我希望我的兒子能有所成就，永遠過著富足、幸福的生活。諸如此類，不一而足。只是礙於道德、尊嚴，顧及顏面，人們才將貪心緊緊地遮掩起來，才使得貪心成爲禁忌的觀念。

事實上，只要追逐名利的世界一天不被毀滅，只要幸福一天不變得像空氣那樣唾手可得，人類就一天不能停止貪心。

那些愛扒糞的人，總視貪心爲惡魔。但在我看來，打開貪心之鎖，並不等於打開潘朵拉盒子；釋放出無時無刻不在跳動的貪心，就等於釋放出了我們生命的潛能。我由一個週薪只有五美元的簿記員到今天美國最富有的人，正是貪心讓我實現了這個奇蹟。貪心是推動我創造財富的力量，正如它是推動社會演進的強大動力一樣。

在我使用貪心一詞時，你或許希望我把它換成抱負。不，我們都處在一個貪心的世界之中，我認為使用「貪心」較使用「抱

負」更純樸。純樸是靈魂中一種正直無私的素質，它與眞誠不同，比眞誠更高尚。

在與山姆・安德魯斯先生合辦石油公司之初，我的貪心就在膨脹。每天晚上在睡覺前，我都在忠告自己：我要成爲克里夫蘭最大的煉油商，讓流淌的油溪化成一捆捆的鈔票，我要讓每一個念頭都服從於利益動機，幫我成爲石油之王。在最初的那段日子裡，我事必躬親，終日勞碌。我指揮煉油，組織鐵路運輸，苦思冥想如何節省成本，如何擴大石油副產品市場。我永遠忘不了那段讓我忍饑挨餓、夜以繼日奔波在外的日子。

我的兒子，命運要由自己去開創，眞心希望的東西一定要想方設法去得到。**成功與失敗的距離並不像人們想像的那麼大，僅僅是一念而已，而且是看誰有強烈的貪心**。誰具有這種力量，誰就能煥發並施展出自己的全部力量，盡力而爲，超越自己。我每一個前進的步伐都能讓我感受到貪心的力量！貪心不僅能讓一個人的能力發揮到極致，也逼得他獻出一切，排除所有障礙，全速前進。

很多人都曾問我同一個問題：「洛克菲勒先生，是什麼支持你走上了財富之巓？」我不能表露眞實心聲，因爲貪心爲人們所不齒。然而，事實是：支撐我成為一代鉅富的支架，就是我喚起了我的貪心，更膨脹了我的貪心。

每個人的內心都深藏著一顆活潑、靈敏、有力量的貪心。但你必須熱愛它，告訴自己我要貪心，叮囑自己我要，我要的更多，它才會出來玩耍，助你成功。

沒有任何力量可以阻止我解禁貪心，因為我追求成功。貪心之下實現的成功並非罪惡，成功是一種高尚的追求，如果能以高尚的行為去獲得成功，對人類的貢獻會遠比貧困時所能做的更多，我做到了！

看一看今天我們所做的善舉吧，將巨額財富投向教育、醫學、教會和那些窮困的人，絕不是我一時心血來潮的個人施捨，那是一項偉大的慈善事業，世界正因為我的成功而變得美好。看來貪心很不錯，更不是罪惡。

就此而言，如果那些說我貪心的人不是出於詆毀我的目的，我會欣然接受他們對我做出如此的評判。

約翰，我是我生命的重心，我決定什麼適合我，所以我不在乎那些人說什麼，我的心依然安寧。在有些人那裡我似乎永遠都是一個動機卑鄙的商人，即使我投資於惠澤民眾的慈善事業，也會被他們視爲一種詭計，懷疑我有追逐私利的動機，而絲毫看不到我無私的公益精神，更有甚者說我如此樂善好施是爲了贖罪，這眞是滑稽。

我想非常眞誠地告訴你，你的父親永遠不會讓你感到羞愧，裝在我口袋裡的每一分錢都是心安理得的。我之所以成爲富人，是我超群的心智和強烈的事業心得到的回報。我堅信上帝賞罰分明，我的錢是上帝賜予的。而我所以能一直財源滾滾，如有天助，這是因爲上帝知道我會把錢回饋給社會，造福我的同胞。

到我該去讀《聖經》的時間了。今晚的夜色眞美，每顆明亮的星星都似乎在說：「做得好！約翰。」

愛你的父親

Letter

34

地獄裡住滿了好人

事實上我不喜歡錢，我喜歡的是賺錢，
我喜歡的是勝利時刻的美好感覺。

如果你追求勝利，希望贏得勝利，
就必須抗拒同情別人之類的念頭。

在這個世界上能出人頭地的人，
都是那些懂得去尋找自己理想環境的人，如果他們不能如願，
就會自己創造出來。

傲慢通常會讓人垮臺。

August 11，1918

親愛的約翰：

今天，在去打高爾夫球的路上，我遇到了久違的挑戰：一個年輕人開著一部時髦的雪佛蘭高傲地超過了我的車子。他刺激了我這個老頭子好勝的本性，結果他只能看我的車屁股了。這讓我很高興，就像我在商場上戰勝我的對手一樣地高興。

約翰，好勝是我永不磨損的天性，所以我說那些譴責我貪慾永無止境的人都錯了，**事實上我不喜歡錢，我喜歡的是賺錢，我喜歡的是勝利時刻的美好感覺**。

當然，讓別人輸掉的感覺有時會觸動我的惻隱之心，但是，經商是一場嚴酷的競爭，沒有什麼東西比決心迫使別人出局更無情的了。可是你只能想方設法戰勝對手，才能避免失敗的悲慘命運。有競爭出現的地方，都是這樣。

不可否認，想要成功，幾乎多多少少都得犧牲別人。然而，**如果你追求勝利，希望贏得勝利，就必須抗拒同情別人之類的念頭**。不能只想當好人，而不保留實力，也不能逃避或延後讓對手出局。要知道，地獄裡住滿了好人，失敗的痛苦是商戰的一部分，我們彼此都在扼殺對手，沒有競爭奮鬥到底的決心，就只有做失敗者的資格。

坦率地說，我不喜歡競爭，但我努力競爭。每當遇到強勁的對手時，我心中爭強好勝的本能就會燃燒，而當它熄滅時，我收獲的是勝利和快樂。波茨先生就曾爲我帶來這種快感，而且巨大。

與波茨先生開戰，緣於我的一個錯誤，一個因好心而釀成的錯誤。在七十年代，石油都集中在賓州西北部一個不大的地方，如果在那裡建設一個輸油管道網路，將各個油井連接起來，我只需要借助一個閥門，便可以控制整個油區的開採量，從而徹底獨霸這一行業。可是我擔心，用管道長途運輸會引起與我合作的鐵路公司的不安與恐懼，所以爲維護他們的利益，我一直沒有啓動鋪設輸油管道的計畫，更何況他們都曾幫助過我。

但是，那個曾經要過我、又與我妥協了的賓夕法尼亞州鐵路公司卻野心勃勃，他們努力想取代我，要將煉油業徹底置於他們的掌控之中。他們把油區兩條最大的輸油管道併入了自己的鐵路網路，要以此卡住我們的脖子。而肩負完成這一使命的人，就是賓州鐵路的子公司帝國運輸公司的總裁波茨先生。

坐視對手，哪怕是潛在對手的實力增強，都是在削弱自己的力量，甚至會顛覆自己的地位，我可沒那麼愚蠢。我的信念是搶在別人之前達到目的。我迅速起用精明幹練的奧戴先生組建了美國運輸公司，與帝國公司展開了一場自衛反擊戰。感謝上帝，我們的努力獲得了應有的回報，不出一年，我們控制了油區四成的石油運輸業務，壓制住了波茨先生的進攻。但這只是我與波茨先生較量的開始。

在這個世界上能出人頭地的人，都是那些懂得去尋找自己理想環境的人，如果他們不能如願，就會自己創造出來。

兩年後，在賓州布拉德福德又發現了一個新油田，奧戴先生迅速帶領他的人撲向那個激起千萬人發財夢想的地方，不分晝夜把輸油管道鋪向新油井。但油田的那幫傢伙個個都很瘋狂，毫無節制，恨不得一夜之間就把油全部採光，然後，面帶喜悅揣著鈔票走人。所以，不管奧戴他們怎麼努力，都無法滿足運輸和儲存石油的需要。

我不想看到辛辛苦苦的採油商們自掘墳墓，毀滅自己，我請奧戴警告採油商，他們的開採能力已經遠遠超過了我們的運輸能力，他們必須縮減生產量，否則，他們開採出來的黑金就將變成一文不值的黑土。但沒有人接受我們的好意和忠告，更沒有人欣賞我們的努力，反來聲討我們，說竟敢不運走他們的石油。

就在布拉德福德的採油商們情緒激動到頂點的時候，波茨先生動手了。他先在我們的煉油基地紐約、費城、匹茲堡向我示威，收購我們競爭對手的煉油廠；接著，又開始在布拉德福德搶佔地盤，鋪設輸油管道，要將布拉德福德的原油運到自己的煉油廠。

我很欣賞波茨先生的膽量，更願意接受他欲想動搖我在煉油業統治地位而發起的挑戰，但我必須將他趕出煉油行業。

我首先拜會了賓州鐵路公司的大老闆斯科特先生，我直言不諱地告訴他，波茨先生是個偷獵者，他正在闖入我們的領地，我們必須讓他停下來。但斯科特非常固執，決心讓波茨的強盜行爲繼續下去。我沒有選擇，我只能向這個強大的敵人應戰。

首先我們終止了與賓鐵的全部業務往來，我指示部屬將運輸業務轉給一直堅定地支援我們的兩大鐵路公司，並要求他們降低運費，與賓鐵競爭，削弱它的力量；同時命令關閉依賴於帝國公司運輸的在匹茲堡的所有煉油廠；隨後指示所有處於與帝國公司競爭的己方煉油廠，以遠遠低於對方的價格出售成品油。賓鐵是全美最大的運輸公司，斯科特先生是握有運輸大權的巨頭，他們以從未被征服爲榮。但在我立體、壓迫式的打法下，他們只有臣服。

爲與我對抗，他們忍痛給予我們競爭對手巨額折扣，換句話說，他們爲別人服務還要付給別人錢。接著他們使出了不得人心的一招——裁員、減薪。斯科特和波茨沒有想到，這很快招致了懲罰，憤怒的工人們爲發洩不滿，一把大火燒了他們幾百輛油罐車和一百多輛機車，逼得他們只得向華爾街銀行家們緊急貸款。結果，當年賓鐵的股東們非但沒有分得紅利，而且股票價格一落千丈。他們與我決鬥的結果，就是他們的口袋越來越乾淨。

波茨先生不愧是個軍人，在你死我活的硝煙中拼出了上校的軍階，有著令人欽佩的不屈不撓的意志力。所以，在已經分勝負的情況下，他還想繼續與我戰鬥下去。但同樣有著軍旅生涯的斯科特先生，儘管此前曾是最有統治慾、最獨裁的實力派人物，但他更懂得什麼叫識時務，他果斷地低下了他不可一世的腦袋，派人告訴我，非常希望講和，停止煉油業務。

我知道，波茨上校想要證明自己是偉大的摩西，可惜他失敗了，他徹底失敗了。幾年後，波茨放棄了與我對抗的慾望，成爲了我屬下一個公司裡積極勤奮的董事。這個精明又滑得像油一樣的油商！

傲慢通常會讓人垮臺。斯科特和波茨之流自以爲出身高貴，一直目空一切，所以，能成功馴服這些傲慢的強驢，我的心都在跳舞。

約翰，我喜歡勝利，但我不喜歡爲追求勝利而不擇手段。不計代價獲得的勝利不是勝利，醜惡的競爭手段讓人厭惡，那等於是畫地爲牢，可能以後永遠無法超越。即使贏得一場勝利，也可能失去以後再獲勝的機會。而循規蹈矩不表示必須降低追求勝利的決心，卻表示用合乎道德的方式去贏得明確的勝利，也表示在這種限制下，全力、公平、無情地追求勝利。我希望你能做到這一點。

愛你的父親

Letter

35

把部屬放在第一位

尊重別人是滿足我們道德感的需要，
但我發現它還是激發員工努力工作的有效工具。

給予人們應得的尊重，他們就能將潛能徹底發揮。

我希望每一個爲我做事的人都因我而富有。
薪水和獎金相當誘人，然而對一些人來說，
金錢並不能引發他們效命的動機，但給予重視卻能達到這個目的。

一個善於激勵員工做出最大貢獻的雇主，時刻不應忘記的是，
讓員工看到追隨或效忠你是有希望和前途的，
而給予重視、委以重任其實也是能讓員工有動力在工作上打拼的關鍵。

沒有一件事的影響力，比及時而直接的感謝來得更爲深遠。

September 19，1925

親愛的約翰：

想像一下這樣的場面：一位交響樂團的指揮，準備讓買票進場的觀衆欣賞一場高水準的演出，但是他卻轉身去面向觀衆，留下音樂家們獨自奮戰、辛苦演奏，結果會怎麼樣？

是的！這註定是一場最糟糕的音樂會。因爲指揮沒把音樂家放在眼裡，後者就會用消極怠惰來「感謝」他，並搞砸一切。

每個雇主就像是一位樂團的指揮，他做夢都想激勵、調動起所有員工的力量，使之盡可能多地做出貢獻，幫助他演奏出賺錢的華麗樂章，讓他賺到更多、更多的錢。然而，對許多雇主而言，這註定是一場難以實現的夢，因爲他們就像那位愚蠢的指揮，忘了善待員工，以致於輕易就關閉了員工們情願付出的大門。

和他們一樣，我期望所有的員工都能像忠實的僕人那樣，全心全意爲我做出更多的貢獻，但是，我比愚蠢的指揮聰明許多，我非但不會無視員工的存在，反而會認眞看待他們，準確地說，在我的腦子裡始終把爲我賣命的員工擺在第一位。

憑心而言，我沒有理由不善待那些用雙手讓我錢袋兒鼓起來的員工，我沒有理由不去感激他們為我做出的努力與犧牲，更何況我們這個世界本該就應充滿溫情。

我愛我的員工，我從不高聲斥責、侮辱謾罵他們，也不會像某些富人那樣在他們面前盛氣淩人、不可一世，我給予員工的是溫情、平等與寬容。所有這些合成一個詞就叫尊重。**尊重別人是滿足我們道德感的需要，但我發現它還是激發員工努力工作的有效工具**。標準石油公司的每個員工都為公司竭盡全力工作的事實讓我堅信：**給予人們應得的尊重，他們就能將潛能徹底發揮**。

人性最基本的一面，就是渴望獲得慷慨。我本人勤儉自持，卻從沒忘了要慷慨幫助他人。記得那次經濟大蕭條時，我曾數次借債來幫助那些走投無路的朋友，讓他們的工廠和家人平安度過了危機。而在我的記憶中我從無催債和逼債的記錄，因為我知道心地寬容的價值。

至於對員工，我同樣慷慨、體恤，我不但發給他們比任何一家石油公司都要高的薪金，還讓他們享受保證他們老有所終的退休金制度，還給予他們每年約見老闆要求為自己加薪的機會。我不否認付出慷慨的功利作用，但我更知道我的慷慨將換來員工生活水準的提升，而這恰恰是我的職責之一：**我希望每一個為我做**

事的人都因我而富有。

雇主就是員工的守護神，員工的問題就是我的問題。我握有選擇權，我可以選擇忽略他們的需求，也可以選擇滿足他們的需求，但我喜歡選擇後者。我總試圖瞭解員工需要什麼，接著就想辦法滿足他們的需求。我不斷詢問他們兩個問題：「你需要什麼」和「我可以幫上什麼忙」，我隨時都在旁邊關心他們。對我來說，這個職務最大的樂趣之一，就是我能對員工提供一臂之力。

薪水和獎金相當誘人，然而對一些人來說，金錢並不能引發他們效命的動機，但給予重視卻能達到這個目的。在我看來，每個人都渴望被認爲有價值、受到重視、贏得他人的尊重，每個人的脖子上都掛著一幅無形的標誌，上頭寫著：重視我！

我無法想像一個人在工作或在家庭中不被重視的痛苦，我的目的是要讓每個人在工作時都能如沐春風。所以，我就像個要偵查出破案線索的偵探，不停地搜索每個員工對他自己感到自豪的才能。當我瞭解到他們認爲自己最值得重視的才能後，我就會給予他們重任。**一個善於激勵員工做出最大貢獻的雇主，時刻不應忘記的是，讓員工看到追隨或效忠你是有希望和前途的，而給予**

重視、委以重任其實也是能讓員工有動力在工作上打拼的關鍵。

做和善、溫暖、體貼的雇主，可以使員工精力充沛，士氣高昂。但對員工時常表示謝意，似乎也很有作用。沒有一位員工會記得五年前得到的獎金，但是有許多人對雇主的溢美之詞會永遠銘記在心。我會不吝表達心中的感激之情。**沒有一件事的影響力，比及時而直接的感謝來得更為深遠。**

我喜歡在部屬桌上留一張便條紙，上頭寫著我的感謝詞。對於我花一兩分鐘信手寫來的感激之語，我本人可能早已不復記得。但是我的感激之意卻會產生鼓舞人心的影響，經過多少年後，他們還都能記得我這個慈愛的領導者留給他們的溫暖鼓勵，並視其爲一個珍貴的箴言。這就是一則簡單的感謝聲明，能夠展現強大力量的另一個明證。

我絕對會認眞看待我的部屬，以及他們在工作或個人方面的問題。我瞭解每個人能付出的畢竟有限，因此當我盡力爲部屬解決問題的同時，相對地，他們就可以做出更多的貢獻。

約翰，現在你已經是位領導者，你的成就來自於你的能力，也來自於員工們能力的發揮，我相信你該知道怎麼做。

愛你的父親

Letter 36
成功的種子就在自己手中

從貧窮通往富裕的道路永遠是暢通的，
重要的是你要堅信——自己就是最大的資本。

每一個渴望成功的人都應該認識到，
成功的種子就撒在自己身邊。

你的鑽石不在遙遠的高山與大海之間，
如果你決心去挖掘，鑽石就在你家後院。

每個人都有一定的理想，
這種理想決定著他的努力和判斷的方向。

May 29，1926

親愛的約翰：

昨天，就在昨天，我收到一個立志要成爲富翁的年輕人的來信。他在信中懇請我回答一個問題：他缺少資本，他該如何去創業致富？

上帝呀，他是想讓我指明他生命的方向。可是教誨他人似乎不是我的專長，而我又無法拒絕他的誠懇，這眞令人痛苦。但我還是回信告訴他，你需要資本，但你更需要常識，常識比金錢更重要。

對於一個要去創業的貧寒之子而言，他們常常苦惱於缺少資本。如果他們再恐懼失敗，他們就將猶疑不決，像蝸牛般緩慢行進，甚至止步於邁向成功的道路，而永遠無法出人頭地。所以我在給那個年輕人的回信中特別提醒他：

「**從貧窮通往富裕的道路永遠是暢通的，重要的是你要堅信——自己就是最大的資本**。你要鍛煉信念，不停地探究遲疑的原因，直到信念取代了懷疑。你要知道，你自己不相信的事，就會無法達成——信念是帶你前進的力量。」

每一個渴望成功的人都應該認識到，成功的種子就撒在自己

身邊。只要認識到這一點，他就能獲得想要得到的東西。在信中我給那個年輕人講了一個阿拉伯人的故事，我相信這個故事定將惠澤他人，乃至所有的人。

那個給我講述這個故事的人是這樣告訴我的：

從前有個波斯人，名叫阿爾·哈菲德，住在離印度河不遠的地方，他擁有一大片蘭花園、數百畝良田和繁盛的園林。他是個知足的人，而且十分富有——因爲他很富有，所以他十分知足。有一天，一位老僧人來拜訪他，坐在他的火爐邊跟他說：「你富有，生活得也安逸，但是，你如果有滿滿一手鑽石，你就可以買下整個國家的土地。要是你能擁有一座鑽石礦，你就可以利用這筆巨大財富的影響力，把孩子送上王位。」

哈菲德聽了老僧人這番極具蠱惑力的話之後，當天晚上上床時，他就變成了一個窮人——不是因爲他失去了一切，而是他開始變得不滿足，所以他覺得自己很窮；也因爲他認爲自己很窮，所以得不到滿足。他想：「我要一座鑽石礦。」所以，他徹夜都難以入睡。第二天一大早他就跑去找那位僧人。

老僧人一大早就被叫醒，非常不高興。但哈菲德完全不顧及這些，他滿不在乎地把老僧人從睡夢中搖醒，對他說：「你能告訴我什麼地方可以找到鑽石嗎？」

「鑽石？你要鑽石做什麼？」

「我想要擁有龐大的財富，」哈菲德說，「但我不知道哪裡可以找到鑽石。」

「哦，」老僧人明白了，他說，「你只要在山裡面找到一條在白沙上穿流的河，就可以在沙子裡找到鑽石。」

「你眞的認爲有這樣一條河嗎？」

「多得很，多得很吶！你只要出去尋找，一定會找到。」

「我會的，」哈菲德說。

於是，他賣掉農場，收回借款，把房子交給鄰居看管，就出發尋找鑽石去了。

哈菲德先是去了月光山區尋找，而後到了巴勒斯坦，接著又跑到歐洲，最後他花光了身上所有的錢，變得一文不値。他如同乞丐般站在西班牙巴塞羅納海邊，看到一道巨浪越過赫丘力士石柱洶湧而來，這個歷經滄桑、痛苦萬分的可憐蟲，無法抵抗縱身一跳的誘惑，就隨著浪峰跌入大海，終結了一生。

在哈菲德死後不久，他的財產繼承人拉著駱駝去花園喝水。當駱駝把鼻子伸到花園那清澈見底的溪水中時，那個繼承人發現，在淺淺的溪底白沙中閃爍著奇異的光芒，他伸手下去，摸到一塊黑石頭，石頭上面有一處閃亮的地方，發出了彩虹般的色彩。他將這塊怪異的石頭拿進屋子，放在壁爐的架子上，又繼續去忙他的工作，完全忘記了這件事。

幾天後，那個告訴哈菲德在哪裡能找到鑽石的老僧人來拜訪哈菲德的繼承人。他看到架子上的石頭發出的光芒，立即奔過去，驚訝地叫道：「這是鑽石！這是鑽石！哈菲德回來了嗎？」

「沒有，他還沒有回來，而且那也不是鑽石，那不過是一塊石頭，是我在我家的後花園裡發現的。」

「年輕人，你發財了！我認識鑽石，這眞的是鑽石！」

於是，他們一起奔向花園，用手捧起溪底的白沙，發現許多比第一顆更漂亮、更有價值的鑽石。

這就是人們發現印度戈爾康達鑽石礦的經過。那是人類歷史上最大的鑽石礦，其價值遠遠超過南非的金百利。英王皇冠上鑲嵌的庫伊努爾大鑽石，以及那顆鑲在俄皇王冠上的世界第一大鑽石，都是採自那座鑽石礦。

約翰，每當我記憶起這個故事，我就不免爲阿爾·哈菲德歎息。假如哈菲德能留在家鄉，挖掘自己的田地和花園，而不是去異鄉尋找，他也就不會淪爲乞丐，貧困挨餓，以致躍入大海而亡。他本來就擁有遍地的鑽石。

並非每一個故事都具有意義，但這個阿拉伯人的故事卻給我帶來了寶貴的人生教誨：**你的鑽石不在遙遠的高山與大海之間，如果你決心去挖掘，鑽石就在你家後院**。重要的是要眞誠地相信自己。

每個人都有一定的理想，這種理想決定著他的努力和判斷的方向。就此意義而言，我以爲，不相信自己的人就跟竊賊一樣，因爲任何一個不相信自己，而且未充分發揮本身能力的人，可以說是向自己偷竊的人；而且在這過程中，由於創造力低落，他也等於是從社會偷竊。由於沒有人會從他自己那裡故意偷竊，那些偷竊自己的人，顯然都不是故意的。然而這種罪狀仍很嚴重，因爲其所造成的損失，跟故意偷竊一樣大。

只有戒除這種向自己偷竊的行爲，我們才能爬向高峰。我希望那個渴望發財的年輕人，能思索出其中所蘊含的教誨。

愛你的父親

Letter

37

別丟掉雄心和目標

人活著就得有目標和雄心，否則，他就像一艘沒有舵的船，
永遠漂流不定，只會到達失望、失敗與喪氣的海灘。

財富與目標成正比。

一個人不是在計畫成功，就是在計畫失敗。

偉大的目標能使你發揮全部的力量，也才會有動力。

我相信爲自己勤奮會致富，但不相信努力爲別人工作就一定成功。

在大公司做事，能讓我以大公司的方式思考問題。

如果你不想讓別人偷走你的夢想，那你就在被挫折擊倒後立即站起來。

如果將替老闆努力工作視爲鑄就有朝一日爲自己效勞的階梯，
那無疑就是創造財富的開始。

第二名跟最後一名沒有什麼兩樣。
偉大的人生就是征服卓越的過程，我們必須向這個目標前進。

March 15，1931

親愛的約翰：

「沒有雄心壯志的人不會成就大事。」這是我那位汽車大王朋友亨利．福特先生，昨天來看我時向我吐露的成功秘密。

我非常敬佩這個來自密西根的富豪，他是一個執著而又堅毅的傢伙。他幾乎與我有著同樣的經歷，做過苦工，當過學徒，與人合夥開過工廠，藉由奮鬥最終成爲了這個時代全美最富有的人之一。

在我看來，福特先生是一個新時代的締造者，沒有任何一個美國人能像他那樣，完全改變了美國人的生活方式。看看大街上往來穿梭的汽車，你就知道我絕非在恭維他，他使汽車由奢侈品變爲了幾乎人人都能買得起的必需品。而他創造的奇蹟也把他變成了億萬富翁。當然，他也讓我的錢袋鼓起了很多。

人活著就得有目標和雄心，否則，他就像一艘沒有舵的船，永遠漂流不定，只會到達失望、失敗與喪氣的海灘。福特先生的雄心超過了他的身高，他要締造一個人人都能享用汽車的世界。這似乎難以想像，但他成功了，他成了全球小汽車市場的主人，並爲福特公司賺得了驚人的利潤，用這個傢伙的話說，「那不是在製造汽車，那簡直是在印刷鈔票」。我不難想像，既腰纏萬貫，又享有『汽車大王』的盛譽，福特是怎樣一個好心情。

福特創造的成就，證明了我的一個人生信條：**財富與目標成正比**。如果你胸懷大志、目標高遠，你的財富之山就將疊向雲霄；如果你只想得過且過，那你就只有做末流鼠輩的份了，甚至一事無成，即使財富離你近在咫尺，你只會獲得很少的一點點而已。在福特成功之前，有很多汽車製造商都比他有實力得多，但他們當中破產的人也很多。

人被創造出來是有目的的，**一個人不是在計畫成功，就是在計畫失敗**。這是我一生的心得。

我似乎從不缺少雄心，從我很小的時候開始，要成爲最富有的人，就一直是我心中的抱負與夢想。這對一個窮小子來說，好像有些過大。但我認爲目標必須偉大才行，因爲想要有成就，必須有動力，**偉大的目標能使你發揮全部的力量，也才會有動力**。失去動力，也就等於沒有了一股強大的力量推動你向前。不要做小計畫，因爲它不能激勵心靈，我經常這樣提醒自己。

當然，成就偉大的機會並不像湍急的尼亞加拉大瀑布那樣傾瀉而下，而是慢慢地一次一滴。偉大與接近偉大之間的差異，就是領悟到如果你期望偉大，你必須每天朝著目標努力。

但對於一個窮小子而言，如何才能將這個偉大的夢想變成可觸摸的現實呢？難道去靠努力爲別人工作來實現它嗎？這是個愚蠢的主意。

我相信為自己勤奮會致富，但不相信努力為別人工作就一定成功。在我住進百萬富翁大街前，我就發現，在我身邊，很多窮人都是工作最努力的人。現實就是如此殘酷，不管員工努力與否，替老闆工作而變得富有的人少之又少。替老闆工作所得的薪金，只能在合理預期的情況下讓員工活下去，儘管員工可能會賺到不少錢，但變得富有卻很難。

我一直視『努力工作定會致富』爲謊言，從不把爲別人工作當作積累可觀財富的上策；相反，我非常篤信爲自己工作才能富有。我採取的一切行動都忠於我的偉大夢想和爲實現這一夢想而不斷達成的各個目標。

在我離開學校、尋找工作的時候，我就爲自己設定了一個目標：要到一流的公司去，要成爲一流的職員。因爲一流的公司會給我一流的歷練，塑造我一流的能力，讓我長到一流的見識，還會讓我賺到一筆豐厚的薪金——那是開創我未來事業的資本，而這一切無疑是我邁向成功之路最堅實的基石。

當然，**在大公司做事，能讓我以大公司的方式思考問題**，這點很重要。所以，我仰慕大公司，我要去的是高知名度企業。這註定要讓我吃些苦頭。我先到了一家銀行，運氣不好，被拒絕了；我又去了一家鐵路公司，結果仍是悻悻而歸。當時的天氣似乎也要跟我作對，酷熱難耐。但我不顧一切，繼續不停地尋找。那段日子，尋找工作成了我惟一的職業，每天早上八點，盡我所能地把自己打扮一番，就離開住地開始新一輪的預約面試。一連幾個星期，我把列入名單的公司跑了一遍，結果仍一無所獲。

這看起來很糟，不是嗎？但沒人能阻止你前進的道路，阻礙你前進最大的人就是你自己，你是惟一永久能做下去的人。我告誡自己：**如果你不想讓別人偷走你的夢想，那你就在被挫折擊倒後立即站起來**。我沒有沮喪、氣餒，連續的挫折反而更堅定了我的決心。我又徑直從頭開始，一家一家地跑，有幾家公司甚至讓我跑了兩三次。

上帝終未將我拋棄，這場不屈不撓的求職之旅終於在6個星期後的一個下午結束了。1855年9月26日，我被休伊特—塔特爾公司雇用了。

這一天似乎決定了我未來的一切。直到今天，每當我問起自己，要是沒有得到那份工作會怎麼樣時，我常常會渾身顫抖不停，因爲我知道那份工作都給我帶來了什麼，失去它我又將如何。所以，我一生都把9月26日當作「重生日」來慶祝，對這一天抱有的情感遠勝過我的生日。

寫到這兒，我自己都被自己感動了。

人在功能上就像是一部腳踏車，除非你向上、向前朝著目標移動，否則你就會搖晃跌倒。三年後我帶著超越常人的能力與自信，離開了休伊特—塔特爾公司，與克拉克先生合夥創辦克拉克—洛克菲勒公司，開始了爲自己工作的歷史。

愚蠢的努力工作很可能在百般辛苦之後仍一無所獲，但是，**如果將替老闆努力工作視為鑄就有朝一日為自己效勞的階梯，那無疑就是創造財富的開始**。給自己當老闆的感覺眞是棒極了，簡直無以言表。當然，我不能總沉浸在年方18歲就躋身貿易代理商行列的得意之中，我告誡自己：「你的前程就繫於一天天過去的日子，你的人生終點是全美首富，你距離那裡還很遠很遠，你要繼續爲自己努力。」

做最富有的人，是我努力的依據和鞭策自己的力量。在過去的幾十年中，我一直是追求卓越的信徒。我最常激勵自己的一句話就是：對我來說，**第二名跟最後一名沒有什麼兩樣**。如果你理解了這句話，你就會明白，我能以無可爭辯的王者身份統治了石油工業是不足爲奇的。

我們每一個人都生活在希望之中，但我更多的是生活在目標的達成之中。我的人生目標就是要成爲第一，這也是我設法訂出並努力遵守的人生規劃。我所付出的所有努力和行動，都忠於我的人生目標、人生規則。

上帝賦予我們聰明的頭腦和堅強的肌肉，不是讓我們成爲失敗者，而是讓我們成爲偉大的贏家的。二十年前的今天，聯邦法院解散了我們那個歡樂的大家庭，但每當想起我創造的成就，我就興奮不已。

偉大的人生就是征服卓越的過程，我們必須向這個目標前進，不怕痛苦，態度堅決，準備在漫長的道路上跌跤。

愛你的父親

Letter

38

敢於冒險才能利用機會

好奇才能發現機會，冒險才能利用機會。

風險越高，收益越大。

金錢像糞便一樣，如果你把它散出去，就可以做很多的事，
但如果你把它藏起來，它就會臭不可聞。

要想獲勝就必須瞭解冒險的價值，而且必須有自己創造幸運的遠見。

幾乎可以確定，安全第一不能讓我們致富；要想獲得報酬，
總是要接受隨之而來的必要風險。

大膽籌劃，小心實踐。

November 2，1936

親愛的約翰：

明天，也許等不到明天，就有一個人要過上富人生活了。報上說他叫大衛．莫里斯，與美國獨立戰爭時期的財政總監、費城商業王子羅伯特．莫里斯先生同姓，他剛剛在賭場上交了好運，贏了一大筆錢，還說他是一位賭場上的高手，同時登出了這位賭徒的一句人生格言：「**好奇才能發現機會，冒險才能利用機會。**」

你知道，我對嗜賭的人一向不以爲然，但對這位先生卻不能不刮目相看，我甚至相信，以他這等近於哲學家般的智慧和頭腦，如能投身商界，他或許會成爲一個職業上的成功者——一個優秀的賭徒了。

我做如此帶有欣賞性的假設，並不是說優秀的賭徒就會成爲優秀的商人，事實上，我厭惡那些把商場視爲賭場的人，但我不拒絕冒險精神，因爲我懂得一個法則：**風險越高，收益越大**。而馳騁商海，對每一個人來說，都是生活提供給他的最偉大的歷險活動。

我的人生軌跡就是一趟豐富的冒險旅程，如果讓我找出哪一次冒險對我最具決定性、最關乎我的未來，那莫過於打入石油工業那次冒險了。

在投資石油工業前，我們的本行──農產品代銷正做得有聲有色，繼續下去我完全有望成爲大中間商。但這一切讓那位安德魯斯先生改變了，他是照明方面的專家，他告訴我：「約翰，煤油燃燒時發出的光亮比任何照明油都亮，它必將取代其他的照明油。想想吧，約翰，那將是多麼大的市場，如果我們的雙腳能踩進去，那將是怎樣的一個情景啊！」

我擁有的東西越多，力量就越大。機會來了，放走它不僅僅是金錢，而是在削弱你在致富競技場上的力量。我告訴安德魯斯：我做！我們投資四千塊錢，對我們來說那可是一筆大錢，好大一筆錢哪，做起了煉油生意。錢投下去，我就不去考慮失敗，儘管那個時候石油在造就許多百萬富翁的同時，它也在使更多人淪爲窮光蛋。

我一頭栽進煉油業，苦心經營。不到一年，煉油爲我們贏得了超過農產品的利潤，成爲了公司第一大生意。在那一刻我意識到，是膽量，是冒險精神，爲我開通了一條新的生財管道。

當時沒有哪一個行業能像石油業那樣能一夜暴富，這樣的前景大大刺激了我賺大錢的慾望，更讓我看到了盼望已久的大展鴻圖的機會。我告誡自己：「你一定要緊緊抓住它，它可以把你帶到夢想之境。」

但我隨後大舉擴張石油業的經營戰略，令我的合夥人克拉克先生大爲惱怒。克拉克是一個無知、自負、軟弱、缺乏膽略的人。他害怕失敗，主張採取審慎的經營策略，這與我的經營觀念完全背離。在我眼裡，**金錢像糞便一樣，如果你把它散出去，就可以做很多的事，但如果你把它藏起來，它就會臭不可聞**。克拉克不是一個好商人，他不知道金錢的眞正價值。

當我們對重要的事情漠然以對時，我們交疊的人生也就走到了窮途末路。克拉克已經成了我成功之路上的絆腳石，我必須踢開他——和他分手。這是一個重要時刻。

想獲勝必須瞭解冒險的價值，而且必須有自己創造幸運的遠見。對我來說，與克拉克先生分手無疑是一場冒險，在我決定豁出一切、大舉進入石油業之前，我必須確信石油不會消失。在那個時候，很多人都認爲石油是一朵盛開的曇花，難以持久。我當然希望油源不會枯竭，而一旦沒有了油源，那些投資將一文不值，我的下場可能連賭場上的賭徒都不如。但我收到的資訊讓我樂觀，油源不會消失。是說分手的時候了。

在向克拉克先生攤牌前，我先在私下把安德魯斯先生拉了過來，我跟他說：「我們要發了，有一筆大錢在等著我們，那可是一筆大錢啊。我要終止與克拉克兄弟的合作，如果我買下他們的股份，你願意和我一起努力嗎？」安德魯斯沒有讓我失望。幾天後，我又拉到幾家支持我的銀行。

那年二月，在經過一連串準備之後，我向克拉克先生提出分道揚鑣，儘管他很不情願，但我去意已決。最後，我們大家商定把公司拍賣給出價最高的買主。

直到今天，一想起那次拍賣現場的情景，仍讓我激動不已，那種感覺就像在賭場上賭博一樣，讓人驚心動魄，全神貫注。那是一場豪賭，我押上去的是金錢，賭出來的卻是人生。

公司從五百元開拍，但很快就攀升到幾千元，而後又慢慢爬到五萬元，這個價格已經超出了我對煉油廠的預估價值。但競拍價格一直在上漲，開始突破六萬，又一步一步飆到七萬。這時我開始恐懼，我擔心自己是否能買下這個公司——一個由我親手締造的企業，是否出得起那麼多錢。但我很快鎮靜下來，我閃電般地告誡自己：「不要畏懼，既然下了決心，就要勇往直前！」競爭對手報價七萬兩千元，我毫不遲疑，報價七萬兩千五百元。這時，克拉克先生站起來，大喊：「我不再加了，約翰，它歸你了！」

親愛的約翰，那是決定我一生的時刻，我感受到它超乎尋常的意義。

當然，我爲與克拉克先生分手付出了高昂的代價，我把代理公司的一半股份和七萬兩千五百元都給了克拉克，但我贏得的卻是自由和光輝的未來。我成了自己的主人，自己的雇主，從此不再擔心那些目光短淺的平庸之輩擋我的路。

在我21歲時，我就擁有了克里夫蘭最大的煉油廠，已經躋身於世界最大煉油商之列，今天想來，這個每天能吃掉五百桶原油的傢伙，無異於是我走向石油霸主之路、征服石油王國的利器。感謝那場競拍，它是我獲得人生成功的開始。

幾乎可以確定，**安全第一不能讓我們致富，要想獲得報酬，總是要接受隨之而來的必要風險**。人生又何嘗不是這樣呢？

沒有維持現狀這回事，不進則退，事情就是這麼簡單。我相信，謹慎並非完美的成功之道。不管我們做什麼，乃至我們人生的重要抉擇，我們都必須在冒險與謹慎之間做出選擇。而有些時候，靠冒險獲勝的機會要比謹慎大得多。

商人都是利潤與財富的追逐者，要靠創造資源和取得他人的資源，甚至逼迫他人讓出資源而使自己富有。所以，冒險是商人征戰商場不可或缺的手段。

如果你想知道既冒險而又不招致失敗的技巧，你需記住一句話：**大膽籌劃，小心實踐**。

愛你的父親

下篇　洛克菲勒的29條教子法則

Rule

OI

夢想起飛於正確的人生規劃

年輕人總是生活在虛幻的雨季中，
其實一切都會雨過天晴。

藉由參觀了解職業現場，
許多學生對自己以前所關心的職業改變了想法，
另一些學生對自己所選擇的職業越發熱情高漲。

對於現在的你來說，10年以後還是遙遠的未來，
但可以預測一下10年以後的你做什麼工作才感到幸福、滿足。

妳現在雖然正面臨著一個沉悶、嚴肅、
需要果斷下決定的時期，
但它同時又是一生中最快樂、最富有理想的時期。
妳今後要按照自己的理想安排自己的人生，做妳熱切想做的事情。

洛克菲勒與妻子蘿拉坐在台下，激動地聽著女兒伊莉莎白的畢業演講。聖路易中學是一所歷史悠久的私立中學，能代表這所中學幾千名優秀畢業生發言是十分榮耀的事情。即使如此，伊莉莎白仍對自己未來的職業選擇充滿困惑。這讓洛克菲勒再次想起那句古老的諺語：**「年輕人總是生活在虛幻的雨季中，其實一切都會雨過天晴。」**於是，他和妻子蘿拉商量過後，請女兒在演講完畢後到學校旁邊的小咖啡廳，就這個問題展開了談話。

「哦，貝茜，講得眞不錯。你眞棒！」洛克菲勒熱情地吻了一下女兒的額頭。

伊莉莎白的臉上帶著純眞的笑：「說眞的，爸爸，我還眞有點緊張呢！」談話很快切入正題，她問父親：「爸爸，你說我10年後會做什麼？」

洛克菲勒略一沉思，微笑著說：「親愛的女兒，其實有這種苦惱的人不僅僅是你，面臨著這一重大抉擇的年輕人多半都和你一樣感到不安。這一困惑時期，歷來都使年輕人感到苦惱。在年長者當中，也有人把這種優柔寡斷的態度當做是「年輕人反覆無常」而不予理睬。但我卻認為，站在人生十字路口上的你，處於迷離恍惚的境界，不知所措，這是我們長輩的過錯。

「作爲集體社會，很遺憾我們沒有盡到責任，沒能使你們這個年齡層的人很有把握地決定自己未來的職業，沒有爲你們提供十分可靠的、確實能產生作用的訊息。對總稱「理工」領域裡幾十個不同的方面模糊不清，怎麼能當工程師呢？對醫師、法學家在工作上有什麼要求，你能懂多少？當然不可能知道。」

伊莉莎白想了一會，似有所悟地問：「那爸爸，怎麼能瞭解我最感興趣的職業呢？」

洛克菲勒熱情地向女兒建議道：「貝茜，其實關於職業選擇有一個捷徑，就是能有一個人在相當長的一段時間裡，不惜時間和精力，對你感興趣的職業的日常工作給予指點，實際上要獲得有用的知識只有這種辦法。

「値得高興的是，我能在妳弟弟就讀的學校爲實施這一方面的教學計畫幫上點忙。這個教學計畫是在一周的時間裡從專業領域聘請演講者。學生首先聽一聽12個專業人士解說介紹有關專業領域的大概工作情況，在這個基礎上至少可選擇自己特別關心的兩種職業。然後我們安排學生參觀自己所選擇的職業現場：志願當醫生的人去參觀醫院；對提煉金屬感興趣的人，就讓他們參觀化工廠。

「藉由參觀了解職業現場，許多學生對自己以前所關心的職業改變了想法，另一些學生對自己所選擇的職業越發熱情高漲，當然，最大的收獲是參加這個活動的全體學生對各種各樣的謀生方式進行了若干嘗試。

「的確，希望如此大規模的研究課題產生出具體的成果，僅僅一周的時間是不夠的。但是，這所學校爲使學生能選上在20年後的未來仍感到滿意的職業，至少比起口頭上的忠告，更需要讓他們從實踐經驗中學習。

「有一個很現實也很尖銳的問題，也是我特別想對你說的，過去的社會幾乎只爲男性開闢職業道路，妳祖母『人生』的軌跡是出生在這個世界上的瞬間時就被決定了的，那就是生兒育女、操持家務。以前，只有教師、護士等少數職業才被認爲是適宜女性的職業。工作是『男人的世界』，『女人該待的地方是家庭』。我常常想，實際上家庭才是『眞正』的工作崗位，『從日出到日落，女人的工作卻沒完沒了』，提出這樣名言的恐怕不是男人吧。

「在這個急速變遷的社會裡，一般的男性會說：『値得慶幸的是，生兒育女的任務只限於女性。』但現在龐大的女性隊伍卻在家庭外面工作。30年前我爲取得正式的律師資格參加學習時，很少看到同一專業的女性。30年後的今天，佔畢業生35%的學生都是女性。法律、公共管理、經營管理、理工、建築、醫學等，還有其他領域都有這種傾向。現在，事實上所有的職業領域都是你考慮的對象。可是，在如此繁多的職業中必須讓你選擇時，怎樣才能縮小範圍，這並不是沒有辦法的。」

「那麼，我該怎麼辦呢？爸爸。」伊莉莎白更加困惑地問。

「貝茜，**對於現在的你來說，10年以後還是遙遠的未來，但可以預測一下10年以後的你做什麼工作才感到幸福、滿足**。在作這樣長期打算的時候，可先製作一個有吸引力的職業表，然後綜合考慮其他方面的因素。爲了走進自己感興趣的領域，對必要的科目是否有把握？這些職業的生活方式有什麼特點呢？比如女警官必須輪流上班，妳能做得到嗎？像海洋生物學家、考古學家那樣的就業機會恐怕是有限的吧？由於有地理上的限制，地質學家爲了勘探新的礦床，必須長期離開家庭。在這種條件下，妳能協調理想的家庭生活嗎？如果沒有特別吸引妳的工作職位，我勸妳還是選擇一個工作機會不受地理約束的職業。那樣，即使遷居到別的地方，也可以把妳的一技之長帶走。

「在關於以後想做的事情方面，如果我能幫助妳的話，就和妳一起把妳的白日夢濃縮成兩三個，經過討論後，再對每個職業訂出參觀現場的計畫。在我朋友當中，有幾個是與妳所選擇的職業領域有關係的，並樂意跟我們一起商量的人。我們長輩，如果能在這個重大問題上，對年輕人有所幫助，那就已經感到很欣慰了。我們以前犯過很多錯誤，因此總想看到妳以及妳的青年朋友避免同樣的錯誤。我樂觀地想，這個計畫完成時，妳會對未來充滿信心，並滿懷新希望。一定能引導出某種正確的結論來。

「貝茜，妳有信心了嗎？況且妳是那麼優秀。」洛克菲勒對伊莉莎白說道。

「我想我已經有了一個初步的計畫，真謝謝爸爸、媽媽！」伊莉莎白撥了一下長髮，燦爛地一笑。

「最後，請讓我再說一句，別忘了，**妳現在雖然正面臨著一個沉悶、嚴肅、需要果斷下決定的時期，但它同時又是一生中最快樂、最富有理想的時期。妳今後要按照自己的理想安排自己的人生，做妳熱切想做的事情**。希望妳能靜下來考慮一下，願妳做一個遨遊天際的夢。」洛克菲勒望著女兒充滿朝氣的面龐，輕柔而嚴肅地說。

Rule

02

不僅要有目標，更要採取行動

20歲到30歲是人生最爲重要的學習階段，
如果在這一期間無法掌握好將來工作所必需的知識，
就會無功而返，毫無成就。

我認識到了發展和變化對健康成功的生活固然重要，
但是回顧自己走過的腳印會幫你確認是否選擇了正確的道路。

一旦確定了目標，就應盡一切可能，
努力培養達成目標的充分自信。

你切不可小看離開書本的時間，要預先做好規劃，
在自己所選擇的職業範圍內增加實際工作經驗。
在你們這一年齡層中，幾乎所有的體會都是嶄新的經驗，
因此，學習還是趁早爲好。

蠟燭在銀燭臺上慢慢燃燒，飯廳裡氣氛溫馨。可是孩子們的情緒看起來卻似乎沒有那麼好。

洛克菲勒吃過一塊牛排後，慢慢地開導他們：「**20歲到30歲是人生最為重要的學習階段，如果在這一期間無法掌握好將來工作所必需的知識，就會無功而返，毫無成就**。到了30歲時，你的生活就只剩下家庭生活的小圈圈。你會爲了分期付款的住宅，或爲了日常的生活而奔波。你在30歲時須抵達的人生目標，現在還僅僅是一個美夢，或者說是一個空想。但是你必須把它看成是鼓勵現在的你的動力。不將這一富於動機的目標銘記心中，沒有任何確切的目標，要進行長時間的學習，是無法忍耐的。目標必須日日更新，與前途緊密地聯繫在一起。只有以此爲出發點，你才能夠面對艱苦的環境。比如說：令人傷腦筋的課題，考試中的失敗，論文不公正的評價，無聊的教授和艱澀難學的必修課程等。」

「可是我很難確定我短期的人生目標是什麼，尤其是當選『美國小姐』後。」伊莉莎白抱怨道。

洛克菲勒陷入了沉思中，過了好一會兒，他說：「貝茜，我當年也有和你一樣的困惑。在我年輕時，學習條件差。尤其是目標很不明確。有時我會陷入一種幻覺，頭天晚上失眠一整夜，到天亮時睡兩個小時，第二天一早，我與太陽一起醒來，卻感到年輕力壯，精力充沛。正如惠特曼的詩所說，我『健康、自由，世界展現在眼前』……

「有一陣子，我實在閒得無聊，就到處瞎逛。我漫無目的地乘巴士來到猶他州，在一個農場附近下了車。天黑的時候，我敲響了農場主人家的門，主人熱情地招待了我。第二天，我感謝了主人的盛情款待，再次踏上了回紐約州的旅程。我沿路徒步走著，期待著一輛可搭乘的車出現。終於一個農民讓我上了他的車，我感到一輩子從未有過的自足和得意。我與這個世界如此之和諧！

「我們疾馳著，那個農民打斷了我的思索。『你想去哪裡？』」他問。

「我快速用我在那前一晚才聽到的惠特曼的詩來回答，直到現在，這首詩仍然在我腦海裡縈繞。『我將去我喜歡去的地方，這漫長的道路將帶領我去我嚮往的地方……』」我背著這句《通達大路之歌》裡的詩。

「那個農民看著我，面帶驚訝甚至惱怒。

「你想對我說，他譴責地說，你甚至沒有一個目的地？」

「當然我有目的地，我說，只是它在不斷地變——幾乎每天都在變。」突然，那個農民把車停在路邊，命令我下去。「遊手好閒之徒，」他說，「你應當找一份正當的職業。落腳，賺錢過日子。」

「說著他把車開走了，留下我獨自一人站在土路上。這條路的兩端都長得看不到頭。我試著想尋回兩分鐘前還感到的得意洋洋之感，卻只有席捲著我全身的失落感。

「生活充滿了兩極對比。前一晚，我剛聽到詩人惠特曼鼓勵我們繼續在這通達的大路上走下去，僅第二天，我卻遭到陌生的紅臉農民訓斥。儘管如此，我還是做好準備接受生活中的所有沉浮升降。我終於回到了哈德遜河畔的楊佳鎮。我待了兩周，走親訪友，重新熟悉了這老環境。我去看了哈得維，他又一次保證歸還他仍然欠我的工錢。有些事永遠不變。

「像一個迴圈，我回到了生我養我的地方。但是我心裡明白，楊佳鎮不再是適合我生活的地方。我回家也是爲了證實這一點。我更爲堅定地確信，我的美夢和希望遠遠超越了這個小鎮的界限。

「再一次，我離開了楊佳鎮。而那裡的人和塵土飛揚的平原卻永遠銘刻在我的記憶中。**我認識到了發展和變化對健康成功的生活固然重要，但是回顧自己走過的腳印會幫你確認是否選擇了正確的道路。**」

「可是，爸爸，我有目標，那就是進入一所好大學。」小約翰說道。

洛克菲勒馬上說：「那麼，我想問你進入大學到底是爲了什麼？還有最近你沉迷於聲色犬馬中，你確定你的目標又有什麼意義呢？

「**一旦確定了目標，就應盡一切可能，努力培養達成目標的充分自信。**大多數人根本不清楚律師的一天是怎麼過的，在根本不去考慮跟法律有決定因素的諸多層面時，就貿然揚言『我要當律師』。其實，首先應該跟這一職業有關聯的人進行交談，不過，必須選擇那些人生觀不偏不倚的人。對沉迷於自己所選擇的職業，將法律視爲今生今世唯一話題的人，與這種人交往是有害無益的。另一方面，跟討厭自己所選擇的職業的人交談也沒有什麼積極作用。優秀的忠告者會對你所必須學的課程提出建議，尤爲重要的是他會教導你，當你達到了目標，自己開了一家法律事務所時，什麼事情是最爲重要的。

「如果忽視了這種準備，就不僅只是浪費了寶貴的時間，而且也沒有珍惜最初的時間與工作。如果不認眞地進行選擇，本來可以獲得更好的職業卻自欺欺人地投入某一無聊乏味的職業，將給你的一生留下不可抹滅的陰影。

「我上高中時，就很注意社會實踐了。我每年暑假期間都在當地的碼頭運輸公司實習，那眞是非常有益的經驗。我希望你認眞聽一下我在當時工作中的一段小插曲。有一年夏天，我到工廠裡做最需要吃苦耐勞、流汗最多的髒活，這是一種一天工作8小時、一周工作6天的上（到）班制的工作。其結果使我透徹地理解了兩件事情：

「第一，就是有的人終其一生都必須從事這種工作；第二，就是這些人將一生中時間的可觀部分都耗費在條件艱苦的工作環境之下，我下決心誓不與這種人爲盟。總之，**你切不可小看離開書本的時間，要預先做好規劃，在自己所選擇的職業範圍內增加實際工作經驗。在你們這一年齡層中，幾乎所有的體會都是嶄新的經驗，因此，學習還是趁早為好。**」

Rule

03

人生大都是迂迴曲折前進的

你要堅強，必須要習慣於失望，因爲失望和喜悅都是人生的一部分。

在越過人生重要的轉捩點時，對任何事情都不能視爲理所當然，
要準備好第一、第二乃至第三階段的潰敗時，能夠取而代之的計畫。

不管怎樣都應該鼓起勇氣繼續前進。人生避免不了挫折。
你會隨著不斷的成長越來越多地經受這種考驗，這就是現實人生。

一定不要喪失自己人生的主動權。

拒絕失敗的人如果被一個地方拒於門外，他們會繼續敲下一扇門，
一次接著一次，直到有接納他們的地方。

如果有積極面對人生波折的心理準備，
其他希望幾乎都在你雙手能及的範圍內。
『我要勝利，我要勝利，我要勝利！』要這樣反覆地對自己說。不久，
你的思想會自動地指揮下一次應該採取的行動。拿出必要的決策。

「卡萊絲，約翰呢？」洛克菲勒問墨西哥女僕。

「先生，約翰把自己悶在房裡好幾天了，太太都急壞了。」

「哦，是嗎？」洛克菲勒來到小約翰的房間，輕輕敲了敲門，「約翰，開一下門好吧？有什麼事爸爸會幫你的。」

敲了好一會兒，小約翰才把門打開，垂頭喪氣地說：「您回來了，爸爸。我的事，您都知道了？」

洛克菲勒慈愛地笑著說：「還沒到世界末日呢，兒子，我們到裡面談好嗎？」小約翰點點頭。

「老實說，大家說這幾天你不太好接近。你把自己稱爲腦袋遲鈍的地地道道的失敗者。聽到你感歎，人生已像陶瓷一樣摔得粉碎，我很著急。陶瓷碎了就不能再使用了，因爲碎片不能復原。可是，你有意義的人生只不過剛剛開始。」洛克菲勒頓了頓，接著說道：「考不上一直想進的大學，的確是一種很大的打擊。也許你很難接受這個事實，畢竟這是你頭一次經歷的極大的失望。在這一方面，**你要堅強，必須要習慣於失望，因為失望和喜悅都是人生的一部分**。但更重要的是今後，如果每當你的期望落空時，你不把它看做是暫時的後退，或必須克服的一種考驗，而仍像現在一樣，把它看做是毫無理由的失敗的話，你就會承受不起這種失望。這一點希望你銘記在心上。

「莎士比亞在《皆大歡喜》中寫道：『期待是常常落空的，它一般是最確切的一面。』你長期過著順利的學校生活，因此，認爲自然而然地就可以進入你所夢想的大學，而且不知不覺地以爲那是必然的事情。在這裡應該吸取教訓：**在越過人生重要的轉捩點時，對任何事情都不能視為理所當然，要準備好第一、第二乃至第三階段的潰敗時，能夠取而代之的計畫**。這次你沒有被哈佛錄取，但幸虧你有報考其他同等水準的學校的準備。關於防止這種心態及以防萬一的心理準備的重要性，事先沒有跟你談，這是我的疏忽，深感歉意。」洛克菲勒在兒子的房間裡邊走邊說。

「爸爸，這不怪您！是我對不起您和媽媽，還有姊姊！」小約翰終於說話了。

「兒子，不要自責，現在你應該做的是，**不管怎樣都應該鼓起勇氣繼續前進。人生避免不了挫折。你會隨著不斷的成長越來越多地承受這種考驗，這就是現實人生**。但是，在這個拐彎處你實際上如何對待，如何應付，那就看你的本事了。聽我的忠告，正如以上所說的，也可以作爲一種『挑戰』來接受。或者和失敗者一樣，把此次失敗當作問題、不幸、危機或災難，不管是什麼，都不想去再次嘗試更正確的道路，而把它當作承認自己「敗北」的藉口。弗蘭克．沃德．奧馬雷說過：「人生是接連不斷的不幸。」這是敗北者的說辭。

「還是考慮一下你的現狀吧。你以優異的成績高中畢業，在校內外都顯示了勇氣和忍耐力。你身體健康，外表英俊，家庭安康，一直受到父母的寵愛，經濟方面沒有困難，多麼健全，多麼幸福。」

「可是，考不上哈佛，這是我感到最遺憾的。」小約翰說道。

「但是，美國還有好幾所設有你想學的專業的大學啊。擺脫『我是失敗者』這種綜合病症，以『我是樂觀者』的姿態，立刻與其他大學聯繫，你看怎麼樣？你在高中的時候成績是優秀的。因此，下決心向其他大學遞上志願書，這種努力一定能得到回報的。

「你想學經營管理，別的大學和你第一志願的大學用的是完全一樣的教科書，當然，教學陣容不同。但對你將來影響最大的不是學生時代偶然碰上的一個教授，而是你本人。**一定不要喪失自己人生的主動權**。這段時間你表現出來的狀態等於對大家說，你自己的人生已經徹底失敗了。實際上根本不是這樣，人生中總會遇到各種挫折，也許我們會屢遭挫敗，但可以因此將人生的道路轉換到更理想的新方向去。

「有許多年輕人現在碰到和你完全一樣的障礙，放棄了自己所希望的人生追求。他們洩氣地說，命運太殘酷了。從而漸漸變得膽小，這是很遺憾的。重要的不是去造就我們人生的客觀變故，而是知道該如何去應付這些變故，勾勒各自的人生，不能被命運阻擋道路。處於困境的時候，你要與命運挑戰，拒絕失敗。當然，死心是很容易的，許多人在日常生活中已證實了這一點。可是，這些人大概都不是像你所希望的如同參天大樹威風凜凜地昂首闊步的人。**拒絕失敗的人如果被一個地方拒於門外，他們會繼續敲下一扇門，一次接著一次，直到有接納他們的地方**。在年輕的時候就學會這一點的人，必定在不久的將來會獲得極大的成功。約翰，外面陽光很好，我們到花園裡去走走好嗎？」

看到小約翰點頭表示同意，洛克菲勒感到如釋重負，因爲小約翰終於肯走出房間，到花園裡去了。卡萊絲正在那兒摘玫瑰花，遠遠地對他們打招呼：「先生，約翰，你們好啊！」

小約翰終於笑了，洛克菲勒對小約翰說：「你看，卡萊絲從來都是那麼高興。兒子，我們不可能都成爲國王或女皇，我們眞的當不了的，僅此而已。但**如果有積極面對人生波折的心理準備，其他希望幾乎都在你雙手能及的範圍內。『我要勝利，我要勝利，我要勝利！』要這樣反覆地對自己說。不久，你的思想會自動地指揮下一次應該採取的行動。拿出必要的決策。**

「可以問一問成功的人，怎樣才能建立那種『地位』？他們會告訴你關於忍耐力、挑戰和常常爲了達到目標所必須採取的迂迴路線。你雖然未能進入你理想的大學，但是，也許正由於這種迂迴而招來意想不到的好結果，對於所有的挫折都能這樣說。爲此，只要從你心裡去掉「失敗」，今後不要在你心裡存在「失敗」就行了。

「去找一找迂迴的路吧。雖然沒有路標，但在絆倒你的石頭或樹樁附近一定可以找到。」

Rule

04

遠離毒品和酒精

人常常因爲一瞬間的愚蠢，招來意想不到的後果。

爲了避免可恥的行爲，
另一種好的預防辦法就是要充分考慮
你的行爲可能會給家庭內部帶來的痛苦、狼狽和不光彩，
以及造成司法事件的嚴重後果。

在行動之前，先多少考慮一下。
這是保持自尊心的秘訣。

幸福有時很簡單，
鳥將頭伏在翅膀下沉沉睡去；
濤濤海水東流而過；
站在風聲呼嘯的山頭聽到永恆的寂靜之聲——
這些感受就足夠了。
毒品和酒精並不能帶給你更多，
它們只是使你們更遠離生活，接近不眞實的幻想。

毒品和酒精根本無法擴展你的胸懷和氣概。
你們要知道，比我們更出色的人
也曾因不能擺脫這兩個夢魘而導致被毀滅。

伊莉莎白很懊悔地說：「我只不過想做舞會的焦點，卻沒料到反而傷害了自己，失去了以前那種完美的信譽。」

「人常常因為一瞬間的愚蠢，招來意想不到的後果，因此導致好幾天、好幾個星期，有時甚至好幾個月都因爲羞愧、自責而感到苦惱。」洛克菲勒語重心長地說。

「可是，爸爸，您不知道，昨晚姐姐眞的是魅力四射啊！」小約翰替姐姐辯解。

洛克菲勒搖了搖頭：「我向來尊重你們兩人的意願，我也不希望過多地干涉你們的私生活，可如今的事實是，你們在這個舞會上破壞了自己的形象，我感到很遺憾。我希望你們今後要好好地保持自尊，同時希望認識你們的人繼續對你們懷有敬意。大概這是人世間最寶貴的財富吧。

「受人尊敬，就意味著你的道德財富受到高度評價。不用說，像小偷、妓女、酒精中毒患者、吸毒者，不管怎麼樣，因爲想要錢或者好玩，就虐待自己和他人。對於墮落者，人們是很難給予尊敬的。然而，這種極端的例子暫且不說。爲了既能度過富有朝氣的青春又能保持正常的生活方式，從而繼續受到他人的尊敬，這就需要非常地謹慎。希望交朋友，被別人接受，受到別人喜歡，這是人之常情。但是，青年時期不如中年時期有個性，大概是還沒完全成熟的緣故吧，缺少魅力，或者由於缺少某種體育或藝術方面的才能，不被『夥伴』接受，這種可憐的人也有不少。總之，這樣的人似乎缺乏對人的吸引力或讓別人想和他交友的氣質。受排擠的人很容易犯這一方面的錯誤，這樣的人由於過分追求友誼，並刻意地想加入『夥伴』行列，常常爲了討好別人而做出某種離譜的事情，而不是按照自己良好的直覺去交朋友。

「他們酗酒、吸毒、偷竊（即使目的不是爲了錢，而是爲了『冒險』），或爲了顯示自己懂人情世故，或炫耀自己體魄強壯而進行性虐待或對他們施暴力。這樣，一定會在某一天清晨醒來的時候對自己發出疑問，難道自己就沒有自尊心嗎？什麼時候失去自尊心了呢？我並不覺得現代年輕人所處的環境充滿著從未有過的危險，但是，毫無疑問，青春期自古以來一向都是一生中最曲折多變的挑戰時期。值得慶幸的是，當他們長大了——負起大人的責任時，這個時期的危險就像魔術般地消失了。在發生這種自然變化之前，遵照著名的哲學家羅馬皇帝馬可・奧理略給我們的告誡是明智的。他說：『你不要以爲讓你違約或失去自尊心對你有好處。』

「為了避免可恥的行為，另一種好的預防辦法就是要充分考慮你的行為可能會給家庭內部帶來的痛苦、狼狽和不光彩，以及造成司法事件的嚴重後果。家裡蒙受金錢上的損失姑且不說，當家裡人不能尊敬你的時候，雙方──你、家人──都一定覺得非常痛苦。所有的結果都來自於行動。**在行動之前，先多少考慮一下。這是保持自尊心的秘訣**。

「說得嚴重一些，性慾也是孕育著危險的一個方面。性慾方面和別的生活方面一樣，最重要的是我們的行動帶來的結果和我們本身的心情，是行動以後會覺得很好，還是會感到後悔？要愛惜自己，必須愛惜身體。

「毒品甚至比酒精更狡猾，因爲開始時它好像給予你很多，誰能否認它們會帶給人許多刺激、奇妙感覺，或是其他超出一般生活的體驗呢──如充滿刺激的海洛因、興奮劑…等

「我年輕時有許多吸毒的朋友。那時他們總是說毒品使他們的生活從黑白變成彩色，它們讓自己重新認識了這個世界，能夠遠離自我，正視生活的眞諦，然後重新設定生活的道路。他們相信自己是在初次吃飯，初次做愛，感覺著微風的吹拂，一切都新鮮而且樂趣無窮。他們甚至慫恿我嘗試。

「幸福有時很簡單，鳥將頭伏在翅膀下沉沉睡去；濤濤海水東流而過；站在風聲呼嘯的山頭聽到永恆的寂靜之聲——這些感受就足夠了。毒品和酒精並不能帶給你更多，它們只是使你們更遠離生活，接近不真實的幻想。它們可能會帶給你片刻的喜悅，可這種感覺不會永久，它很快會從你的生活中消失。毒品和酒精根本無法擴展你的胸懷和氣概。你們要知道，比我們更出色的人也曾因不能擺脫這兩個夢魘而導致被毀滅。」

Rule

05

要想獲得成功應做好準備

越有求知的慾望，學習就越會成爲一件樂事。

知識面略廣的人在社會中是很珍貴的。

每年開始一門新的學問研究，這樣你的視野會更加廣闊，
你的人生觀會變得更新，至少會跟以前有所不同。

讀書使人富有；交談使人敏銳；寫作使人沉靜。
這些能力的組合對想成功的人來說，是絕對不可缺少的三件法寶。

人總是在學習中成長的。

週末的產業界人士晚餐酒會照例舉行。洛克菲勒帶著女兒伊莉莎白和兒子小約翰前往赴宴。在這種場合，洛克菲勒通常很低調，但是伊莉莎白卻在人群中竄來跑去，表現雀躍不已。兒子小約翰是第一次參加，表現得有點拘謹。

洛克菲勒悄悄地走到小約翰的身旁，俯身對他輕聲說：「約翰，我們到外面的陽臺透透風，好嗎？」小約翰欣然同意。

父子倆來到陽臺上，洛克菲勒問道：「兒子，初次參加這種酒會，感覺如何啊？」

「嗯，真有點不適應呢。」小約翰坦承。

洛克菲勒望著曼哈頓的夜色，靜靜地對小約翰說：「你有進入產業界的宏願，我拍手歡迎。這是一個對年輕人來說色彩斑斕的大千世界。坐高級轎車、進行環球旅遊、在豪華的餐廳裡用餐……你對金錢的熱情之高漲，已漸漸浮出水面。誠然，假如你因此而發現了適合自己的活動領域，是會生活得很幸福的。問題就出在這個『假如』身上！產業界是極其複雜、範圍寬廣的。這是一個隨時有人破產倒閉、隨時有人因過度的壓力而一蹶不振的世界。有鑑於此，最好從現在開始，馬上制訂今後10年間周密的訓練計畫，以避開每天都在等待著你的許多陷阱，儘量多加小心。

「事業就像一隻容易破碎的花瓶，在完整無缺時美麗無瑕，而一旦損壞便覆水難收，一去不再。為此山姆．巴德拉留下了這樣的名言：『在起跳之前瞧瞧前面，播下的種子該收割了。』」

「爸爸，您這些話讓我心有戚戚焉，我想凡事應未雨綢繆。如果我要為將來進入商業界考慮的話，那該怎麼準備呢？」小約翰若有所思地問。

「你在現階段進入我們公司，至少還需要5年至10年的學習。要成為熟練的經營人員，就必須勤學不倦。不過，為考試而一味埋頭苦學是不可取的，並不值得表揚。每月的得失統計表只會反映在現實生活中你是及格還是落伍。你想熟練掌握我們的經營方法，至少要花去5年時間，熟悉顧客、工作場地、從業人員、經營陣容、外部力量的調整、內部力量的整合。到了這一階段，你就可以享受高級轎車、輕鬆的旅行和豪華的餐廳了。」洛克菲勒回答道。

「可是，我現在學習已經非常努力了。您知道史丹佛大學的經營和企業管理課程是一流的。」小約翰應和著。

洛克菲勒搖搖頭，晃了晃杯中的香檳，說：「錯了，兒子，你把學習理解得太片面了，在正規學校教育的範圍內，抱著一顆求知的好奇心去對待學業是必要的。**越有求知的慾望，學習就越會成為一件樂事**。在你的同學中，恐怕有不少人只顧著對教師或教育制度等表示不滿，而把關鍵的學習置之腦後。要知道，教育制度自從我學生時代起已經30餘年也沒有太大改變，大部分的施教者不會變更！因此，與其對教育制度發牢騷，倒不如充實自我，拓寬視野吧！

「學習的課程不應只限於商業經營的專門課程，**知識面略廣的人在社會中是很珍貴的**。能拓寬你的視野、培養明察世間一切的智慧之門，並使你很快成爲優秀經營人員的課程，不勝枚舉。政治學、歷史、地理、天文學等都是其中很小的一部分。

「英國著名作家約翰·德雷登說過，世上所有的一切都有它的價値。我完全贊同他的觀點，爲此我奉勸你，**每年開始一門新的學問研究，這樣你的視野會更加廣闊，你的人生觀會變得更新，至少會跟以前有所不同**。當你最終進入某一領域的產業，或者當你在商界礦區內曲折崎嶇的小道上前進時，以前所學的皮毛知識將會顯出的重要性是你難以想像的。」

「您講話總是令我茅塞頓開，那麼我怎樣在大學裡學習呢？」小約翰也學著父親的樣子，晃了晃手中的香檳杯，邊晃邊說，「史丹佛大學的師資還是相當不錯的，我想這對我掌握必要的理論和知識將大有裨益。」小約翰充滿自信地說道。

「確實是這樣。」洛克菲勒附和著，「在大學裡，還可以掌握與領會法蘭西斯·培根的成功秘訣。他的理念是：**讀書使人富有；交談使人敏銳；寫作使人沉靜。這些能力的組合對想成功的人來說，是絕對不可缺少的三件法寶**。經常讀書以培養寫作能力，跟很多人推心置腹地交談，這樣當你滿足地離開大學時，你就完全做好了進入社會的準備，我自己也是按照這一方式打好基礎的。順便再說一句，我從不認爲以前所學的一切不再有任何作用；**人總是在學習中成長的**。」

Rule

06

勤奮沒有替代品

在建立人生的初期階段沒有付出充分努力的人，
向來都沒有成功的。

對工作不感興趣的話，是不會情願去努力的。

不能在必要時拼死拼活地工作的人，
是不會獲得成功的。

勤奮的回報中包括有精神方面的喜悅。
如達到目的時的喜悅，受人尊敬的——
更重要的是——嚐到增強自尊心的愉快感時的喜悅，
因爲在這個世界上開闢了自己的道路而感到自豪的喜悅。

在職場上混水摸魚的人，得到的只是一種空虛，
其結果沒有任何好處。

如果不努力，人就不可能從人生中獲得任何東西。

關於這個問題，洛克菲勒也曾想提兩三點意見，但幾乎沒有機會。

晚飯後，他把孩子們都叫到了書房裡。書房裡很安靜，洛克菲勒冷靜而仔細地斟酌了每個孩子的觀點後說道：「當然，成功與很多因素有關，如教育是否完善，態度是否積極，人品是很有魅力還是『一般』，是否有信心，是勇敢者還是膽小鬼等等，這些你們幾乎都提到了。但在我的印象中，你們爭得那麼激烈，實際上兩個人都或多或少忽略了『勤奮』這一因素。雖然你們都承認它是成功的一種因素，但我總懷疑你們是否認眞考慮過這個要素，如果我站在你們的立場上，我會爲這個要素舉出幾個更大的理由。

「大概像你們剛才所說的那樣，在企業界，有很多人由於缺乏理想的品格修養，即使一輩子拼命地做，也沒有獲得多大成就。但是，缺少幾種或多種這樣的成功『裝備』，卻能活躍在企業界最前線的人也是有的。然而，我可以很有把握地說，**在建立人生的初期階段沒有付出充分努力的人，向來都沒有成功的。**」

女傭卡萊絲端來了咖啡，洛克菲勒喝了一口，轉向大女兒伊莉莎白說：「妳大概還記得吧？妳大學一年級的成績是很慘的。

爲什麼？那是因爲妳只顧著過自由自在的新生活，舞會、與異性交往等學習以外的新鮮事太多了。那時妳一定過得很開心，本來嘛，這也是人之常情。但是妳還是幸運的，後來妳沒有白白浪費一年的時間，從第二年開始，當妳想到要珍惜未來的時候，學習趕上了，取得了能夠證明妳已經努力了的成績。

「在企業界裡，自己對各種工作到底有多少興趣，很有必要慎重地去測一測其程度，像大學時代一樣，**對工作不感興趣的話，是不會情願去努力的**。那樣，你的成長就會處於停滯狀態。對工作很感興趣的人，每週規定工作40小時，至少也要比規定的時間多工作50%吧，即使這樣，他們還遠不如那些心懷不滿或對工作感到厭倦，而去消磨所規定的40小時的人感到疲倦。實際上，有很多人每週孜孜不倦工作70個小時，或更久時間。做自己喜歡的工作的人甚至開玩笑說，太輕鬆了，領薪水也感到內疚啊。這是因爲他們覺得工作起來很有意思，所以埋頭苦幹。

「也有很多人覺得做什麼事情都比工作有意思──看電視、買東西、聚在酒吧、或者呆著也好。不難想像這類人能做多少工作。然而，許多人擁有比在工作崗位上的成功更重要的人生目標──我不打算以此提出異議。既然你強烈地希望成功，那你必須記住，在今後好幾年的時間裡，比起玩來，對工作更要感興趣。**不能在必要時拼死拼活地工作的人，是不會獲得成功的。**

「人有時間，況且時間是誰都有的，但必須還要有興趣、意志、不屈的精神。一位偉人說過一句話：『勤奮是沒有什麼東西可以代替的。』實在是言簡意賅，意味深長啊。

「正如你們所知道的，國家最大的資源是國民。一個繁榮的國家，職業道德的標準是很高的，人人都有盡力做的堅定信念和實際行動。這對於保持國力不可或缺，對於保持企業氣勢不可或缺。你為了成功，這一點也是絕不可缺少的。需要盡最大的能力去努力實現這樣的意志、慾望和決心。

「勤奮的回報中包括有精神方面的喜悅。如達到目的時的喜悅，受人尊敬的——更重要的是——嚐到增強自尊心的愉快感時的喜悅，因為在這個世界上開闢了自己的道路而感到自豪的喜悅。

「當然，勤奮會給我們帶來金錢、榮譽、健康。雖然具備提高自己的能力，但不想去努力的懶漢，絕對不值得人尊敬。或者對於天生就有一種為社會做貢獻的能力，但只向社會索取的人，我也不能尊敬。那樣的人，可以說是社會中的違禁獵手——最令人痛心的是他們並不知道，這對自己本身是一種最過分的欺瞞。依我看，**在職場上混水摸魚的人，得到的只是一種空虛，其結果沒有任何好處**。從個人的成長來說，從職業上的好處來說，完全是無益的。爲增加空虛而降生的人本來就不該有。

「你們的祖母當年每週工作80小時，她想的完全和古羅馬詩人賀拉斯所說的一樣：『**如果不努力，人就不可能從人生中獲得任何東西**。』我希望你們倆今後都要承認你祖母和賀拉斯的話，那是從經驗中得到的事實。希望你們在各自所提出的條件中，把勤奮置於首位或僅次於首位。」

Rule

07 讀書是磨練經營手腕的捷徑

要從別人的錯誤中去學習。
自己可沒有時間去經歷所有的失誤。

對外面的世界缺少實際考察的機會，
或者缺少藉由閱讀進行知識性瞭解機會的人，
我爲他們感到可憐，人生到底能瞭解多少呢？
而在無知中就死去的人何其多啊！

知識是外在的，是我們對所見事物的認識；
智慧則是內涵的，是我們對無形事物的瞭解；
只有二者兼備，你才能成爲一個全面發展的人。

如果你花一定的時間與耐力進行閱讀的話，
跟從不讀書的同儕比起來就會站在相當有利的起點上。

小約翰最近讀了不少書，想藉此拓寬自己的視野，爲將來磨練經營手腕做準備。洛克菲勒覺得這是一個好現象，他想以自己的親身體驗對兒子做正確的指導。

一天，當小約翰又在書房裡埋頭苦讀的時候，他走了進去。「打擾你一下好嗎，約翰？」小約翰抬起頭，「當然可以啦，爸爸。」

洛克菲勒在對面坐了下來，「約翰，你在學習操縱飛艇時，不知是在什麼時候，曾有如下的感想，對此你恐怕還記憶猶新吧！『**要從別人的錯誤中去學習。自己可沒有時間去經歷所有的失誤**。』在某種意義上，就書本而言也是如此。如果你能依此學習他人的經驗，發揮其有利的一面，在處理各種各樣的事態上，最好閱讀一下先行者們留下來的經典奇文。這樣每月讀一本書，就朝正確的人生方向邁進了一步。」

「是啊，爸爸，您不是常叮囑我讀書對於成功的意義嗎？」

洛克菲勒翻開一本書，陷入了回憶中：「記得我商學院剛畢業時，我認爲是自己再走一條新路的時候了，我希望去生活、學習、成長。我整理好行李，帶著惠特曼的詩、湯瑪斯．沃爾夫的小說《你再不能返家》以及愛默生的書《論自立》，踏上了西行的未知之路。

「我在人生的這一階段不僅僅依靠閱讀，類似這樣的經歷在我一生中出現過10餘回，但我並不因此而有優越感。正因爲如此才覺得應該有效地使用上蒼所給予的時間。於是在某種意義上，生活在一個小小的封閉社會中，無論自己有所期望還是沒有希望，**對外面的世界缺少實際考察的機會，或者缺少藉由閱讀進行知識性瞭解機會的人，我為他們感到可憐，人生到底能瞭解多少呢？而在無知中就死去的人何其多啊！**

「讀書的量即使很多，但是大部分的人只會閱讀小說，他們認爲這樣可以紓解壓力；也有不少人覺得閱讀隨筆、小品是他們的興趣，很奇怪我在閱讀這類作品時，從未感覺到它除了輕鬆還有什麼效果。而且，在這個世上必須學習的東西實在太豐富了，比小說更加讓人感興趣的事實在是不勝枚舉。想起這一點，你就會自然覺得閱讀他人的白日夢何等浪費時間。」

洛克菲勒很深刻地回憶著：「不過，我進入商場以後，切實感受到了讀書的重要性。」

「我最不喜歡看那些舊得發霉的書。」小約翰抱怨。

洛克菲勒搖搖頭，很不同意小約翰的觀點：**「知識是外在**

的，是我們對所見事物的認識；智慧則是內涵的，是我們對無形事物的瞭解；只有二者兼備，你才能成為一個全面發展的人。

「接受教育是我們生活中最大的快樂和慰藉。它是我們瞭解這個世界的基礎，也是我們跨越時空、瞭解並探索人類思想感情的一條通道。

「但是教育並不只是指學校教育。它是一種心態，一種帶著無限的好奇心和求知慾觀察這個世界的意願。

「要成爲一個眞正受過教育的人，你必須採取這種態度。你必須敞開心扉，去體會豐富多彩的日常生活——面對天地的運轉、鳥兒的歌聲，抒發自己的感情；跨越時空俯視他人的成敗；欣賞能工巧匠、天眞孩童的藝術創造。我們要學習的東西太多了，每天我們都有上千次的機會充實自己的心靈。」

聽到這裡，小約翰感慨地說：「看來我以前的觀點太片面了！」

洛克菲勒盯著兒子的臉說：「有關事業經營，其想法及決定的大部分，總是重複不斷，大多已記述在各類書籍之中。**如果你花一定的時間與耐力進行閱讀的話，跟從不讀書的同儕比起來就會站在相當有利的起點上。**」

「既然這樣，爸爸，您能爲我介紹一些書嗎？」小約翰問。

「我會叫卡萊絲在你的房間裡做一個書架，在書架上擺上你進入商場時乃至能使你的個人生活方面均受益無窮的書，這裡有10本書值得一看。

1．《巴特雷特常用警句集》約翰．巴特雷特（Bartlett,John）

2．《昂首闊步廣告業》克勞德．霍普金斯（Hopkins,Claude C.）

3．《成功的資本》諾曼．文森特．皮爾（Norman Vincent Peale）

4．《生存的理由》維克．E．法蘭克醫學博士（Vitor E. Frankl）

5．《創造人生奇蹟》諾曼．文森特．皮爾（Norman Vincent Peale）

6．《思考的力量》拿破崙．希爾（Napoleon Hill）

7．《信心成就未來》克勞德．布里斯托爾（Bristol,Claude M.）

8．《大英百科全書》（哪一卷都行）

9．《成爲人生的贏家》大衛．史華茲（Schwartz,David J.）

10．《箴言書》（巴爾塔沙．葛拉西安）（Bultasar Gracian）

「最後我還要向你贈送一句聖托馬斯．阿奎那1250年時的贈言：『小心那些只讀過一本書的人。』」

Rule

08

讓所有參與者都受益

所謂靈活性，無非就是理解交涉對方的慾望強度，
爲了得到滿意的效果，盡力順從對方意向的一種能力。

意識到你對眞相的無知是邁向知識的一大步。

當你做一項交易、談一筆買賣或建立生意夥伴關係時，
切記要讓所有參與者都能受益。
我希望你牢記在心的另一點，就是根據需要，
不管你願意不願意，都必須接受不公平的條件，
有時被逼得走投無路，僅僅爲了終結某個問題，
接受對方無理要求的情況也是必要的。

潔白的海鷗與浪花歡樂地嬉戲，小約翰內心澎湃。洛克菲勒伴著兒子漫步在沙灘上。

「約翰，我們必須面對現實，沒能與日本的公司達成新的協定沒什麼大不了的。有時雖然感到有志難伸，但這畢竟是你的一次社會實踐，因此你無須對此負任何責任。況且你已經盡了力，這就足以使我感到自豪了。」洛克菲勒說道。

「但是，」小約翰還是有點不甘心，「我還是覺得不甘心，畢竟這是我初次參加商業談判。」

「沒有關係，約翰，在漫長的商旅生涯中，我一直在想，有效地利用仲裁理論，對於我們的事業來說是多麼重要。實際上我們已經常在實踐它了，但很少好好地靜下來，對它做出眞正的評價。」

小約翰望著遠處海天一色的地平線，問父親：「那麼，談判方面到底有什麼重要的技巧呢？」

洛克菲勒彎下腰，拾起一隻貝殼，放在手裡擺弄著說：「在業務的這個重要層面，有的人很熟練，有的人卻並不那麼熟練，這是爲什麼？按照我的看法，可以歸納成一個簡單的公式，即：F－E＝S（靈活度－感情＝成功）。

「在商場交涉中缺乏靈活性的人，只是一味地想把商品專賣權弄到手。在社會中，人們厭惡與這種人往來，如果有別的方法，是不會理他的。**所謂靈活性，無非就是理解交涉對方的慾望強度，為了得到滿意的效果，盡力順從對方意向的一種能力**。這好比是暴風雨中的樹木，即使彎了，也很少會斷。在暴風雨的翌日會比以前更高大、挺拔。

「這個公式的第二項是感情。不管是自己本身的感情，還是對方的感情，往往比靈活性還要難以控制得多。如果每逢因感情用事而失去契約時都能得到10分錢硬幣的話，你可能會成爲百萬富翁吧。人在無聊的問題上固執己見的情況也不少——這多半是爲了證明自己不會任人擺佈。如果需要證明這一點，去看看負責辦理民事訴訟的法院和律師們忙碌的情形就行了。法庭積壓了好幾個月要審理的案件，有大批大批靠協商不能解決糾紛的人等著法庭辦案。這是由於某一方控制不住激動的感情，或者不能客觀地評價對方的立場而缺乏靈活性。這樣，他們爲了確保『公正的法官站在冷靜的中立立場判決』，常常不得不負擔巨額的費用。

「爲了實踐巧妙的交涉技術，必須遵守三個基本原則。首先是要進行實際調查。要收集有關對方立場的所有能夠到手的情報，與自己的資料進行比較。許多交涉由於缺乏事實根據，一開始就告失敗。借用英國首相班傑明・狄斯雷利的話來說：『**意識到你對真相的無知是邁向知識的一大步**。』要完成這項作業，它將最後決定你的勝負。其次是要認眞調查你所收集的情報，評價它們的重要性，以1—10評分。用兩種方法記分，先以你自己的評價記分，然後站在對方的立場上對各種眞實情況做出評價。要充分理解對方的論據，進行充分的研究，將眞實情況按照它們各自的重要性，依次排列起來，然後就可以顯示在圖表上，比如繳納期占2分或8分，價格也可以按照競爭、產品品質程度以及其他因素在表上大範圍地變動。最後是要把白紙折成兩半，一半填上這個圖表中可能更改分數的專案，另一半填上絕對不能變動分數的專案，製成一覽表。儘量確保變動分數的專案要盡可能地少一些。這個項目太多，會把自己逼到窘境。」

「這些我都懂啊！最令我苦惱的是我找不到失敗的原因。」小約翰困惑地說。

「全部滿足要求的條件，這種情況即使有，也是很少的。因此，交戰的那一天，需要穿上隨機應變的『戰鬥服』。特別是陷入嚴峻的拉鋸戰時，就要想想17世紀法國作家弗朗索瓦・德・

拉・羅舒夫戈說過的話——『只有一方有過錯時，爭論不會持續很久』。

「約翰，你要謹記：**當你做一項交易、談一筆買賣或建立生意夥伴關係時，切記要讓所有參與者都能受益。我希望你牢記在心的另一點，就是根據需要，不管你願意不願意，都必須接受不公平的條件，有時被逼得走投無路，僅僅為了終結某個問題，接受對方無理要求的情況也是必要的。**這個時候你當然認爲是被佔便宜了，實際上也是不公平了。但是，根據我的經驗，對方在下次交易中知道自己沒有道理，不會不努力賠償上次的無理要求。奇怪的是，不管多麼蠻橫的對手，如果是一個優秀的企業家，一般都是有良心的。」

Rule

09

成功者必備的條件是勇於表現

從事任何產品的宣傳、推銷，
企業家都必得不懼怕出風頭、出人頭地。

在一個企業家的生涯中，不管他的資歷多深，
他都將會被要求去做說服別人的工作，
勸說他們接受某個產品或是某項計畫。
因此你必須能寫出言簡意賅、能打動人、
富有說服力的備忘錄和報告。

現在你要做的一切事情只是潛心琢磨一下，
看看如何才能使你的建議栩栩如生地
活在你銷售對象的記憶之中。

小約翰利用暑期時間去利弗兄弟公司做推銷員，利弗兄弟公司很看重他，委以重任，要他代表公司去參加一個麥克森和羅賓斯公司的銷售經理會議。麥克森和羅賓斯公司可以很輕易地成全某個產品或毀掉某個產品。約翰的使命是說服那些40來歲、精明而務實的商人們，利用他們的客戶關係推銷派普蘇丹特這種牙膏，它的銷售在當時正處於關鍵時刻。洛克菲勒也很重視兒子的這次會議，他爲兒子提了許多有益的建議。假日時，父子倆一身休閒裝，相約來到湖邊釣魚。

手拿釣魚竿的小約翰有些心不在焉。

「我們公司近來牙膏的銷售量不盡理想，因此公司希望我能草擬一份產品介紹書，讓它能抓住批發商的注意力，使他們對派普蘇丹特產生興趣和熱情，事情刻不容緩。我們開會的那天，批發商們將同時會晤35個同業公司的銷售代表。」

看著兒子一籌莫展的樣子，洛克菲勒說道：「約翰，不要擔心。我想我接下來要講的故事你一定會感興趣。我替雪佛公司進行藥品促銷時，也曾非常苦惱要如何引起大家注意，成功推銷產品。我冥思苦想幾天，毫無結果。直到我路過一家奧蘭多動物商店時，我才明白我要尋找什麼，我決定給我的推銷物件來個出其不意。我走進這家商店，買了一隻猴子。

「在那個星期六上午9點，我遞上我的產品介紹書，接待員熱情地歡迎我，把我引到一個辦公室。在那裡，我與其他公司的促銷員一起等待著召見，他們誰也想不到怎麼會有一隻猴子與我同行。爲了不引人注目，我用一個紅絨布把它的籠子給遮了起來。它很快就睡著了，沒有任何跡象可以表明它的存在。

「有14個推銷員在我前面被叫進去，對他們各自的產品進行了宣傳和遊說。等輪到我時，我打開籠子，取出睡眼惺忪的猴子，把它放在我的肩上。我沒有理會我的同行們驚異的目光，直接大步地走進了辦公室。我若無其事，裝作和往常一樣，把樣品盒放在桌上。然後我打開盒子，鄭重其事地宣佈：『先生們，我來這兒是爲了雪佛。在我肩上還有個猴子，現在我得讓它下來了。』緊接著，我把猴子扔到了會議桌上。這下它活力十足，它亂蹦亂跳，竄來竄去，把整個桌子搞得一塌糊塗。杯子撞翻了，文件紙也撕壞了。辦公室裡的人不再儀表堂堂了，他們全都坐不住了。

「猴子毫不在意由牠所引起的這場騷亂，牠把整個屋子變成了牠自己的遊樂場。大約5分鐘後，我不得不登上一張椅子，把牠從軟百葉窗的頂上給揪下來。好了，猴子被捉住了，這表示秩序重新恢復了。我把猴子拴好後，才把頭轉向這些驚魂未定的經理們。我說：『謝謝你們給我的時間。先生們，下面推出雪佛。』我對剛才發生的一切隻字未提。在他們有機會叫個員警或是心理醫生之前，我早已溜之大吉了。」

正在這時，小約翰感覺有魚上鉤了，不過，他被父親的故事深深地吸引住了，直到魚脫鉤了才回過神來，他大叫一聲：「魚跑了！爸爸，都怪你！」

洛克菲勒大笑起來，他說：「儘管那次推銷成功了，但我並不準備向你推薦這個方法。在你呈交你的產品介紹書之前，你無須去逛街買猴子。正像我不願讓我的目的被這個小花招混淆一樣，我也不想使我一貫信奉和提倡的觀點被這個小小的例子淹沒。我所希望引起大家注意的是，我在那天發現了一個眞理：**從事任何產品的宣傳、推銷，企業家都必得不懼怕出風頭、出人頭地。**

「在一個企業家的生涯中，不管他的資歷多深，他都將會被要求去做說服別人的工作，勸說他們接受某個產品或是某項計畫。因此你必須能寫出言簡意賅、能打動人、富有說服力的備忘

錄和報告。你多多少少還得成爲一個公關發言人，得把一切有利的資訊留給廣大的聽衆。

「現在你要做的一切事情只是潛心琢磨一下，看看如何才能使你的建議栩栩如生地活在你銷售對象的記憶之中。每種情況都有其獨特的戰略戰術，一切以時間、地點爲轉移。如果你能遵循正確的步驟，那麼無論你處在哪種情況下，你都會遊刃有餘而不至於出糗。」

聽了父親的一番教誨，小約翰覺得獲益良多，這時魚竿又動了一下，這次魚眞的上鉤了！他迅雷不及掩耳地收了竿，一條大鱒魚隨著魚竿浮出水面。

Rule

10
成功人士都是從做小人物開始的

我在任何可能的環節中協助我的老闆。
我總是來得很早，下班後也留下幫助清理整頓。

看來苦難確實會煉出眞金，
今日成功的父親在昔日不也是個小人物嗎？

沒有內部關係和推薦，我仍可以從最底層做起，
一點一點地獲得成功。
我認爲這是搞清楚一門生意基礎的最好途徑，
並能使我獲得在這一領域裡發展所需的必要自信。

小約翰在商業實踐中一直做推銷員，這是一個吃力不討好的角色，從中他體驗到了做「Small potato」（小人物）的苦惱，漸漸地他產生了放棄的念頭。

一連幾天，小約翰都躲在房間裡聽音樂或者外出泡酒吧，而沒有出去工作。洛克菲勒很著急，見到兒子這樣，他決定把自己的日記拿給兒子看。這是一本外皮很舊，經過裱糊的日記，其中有一部記載了洛克菲勒當年做不知名小人物時的歷程。吃過晚飯，小約翰躲在床上，翻開了日記——

×年×月×日　　　　星期一　　　　　晴

一個人告訴我，10點鐘這家公司將進行一場求職面試。

儘管時間尚早，我還是決定去碰碰運氣。10點鐘一過，排隊的人群開始穩定地向前移動。不久，輪到我面試了。

「你想找個什麼樣工作？」一位人事部的人問道。

「我要你們所有工作中薪水最低的工作。我急需要一份工作。」我說。

「來吧，我們雇用你了。」

我十分高興，這是我生活中的低潮階段。我無業、無家，可以說在這個世界上孤孤零零。我需要一個起點，甚至是最底層的一個起點。

×年×月×日　　　　　　星期二　　　　　　陰

今天一早，我去上班，被安排在生產線上。我的工作是將帶著銅鉚釘的帶子纏繞在鐵環上。那時公司正在為陸軍製造機車手提燈。我的薪水是每小時20美分。

我發現手工勞動有趣而令人滿意。人們一生幾乎都要有用手勞動的過程，這一工作對我並不難。然而，頭一天在生產線上，釘鉚釘時錘子就把我的手重重地砸傷了。我很擔心這一事故對工作造成不便，我得到了老闆許可後，在下班後繼續留下來，研究出一個能用受傷手指工作的辦法。

我在車間裏尋找，終於找到了我需要的工具和材料。我做了一個木頭節子，它能把鉚釘固定住，而我可以毫不費力地做我的工作。

第二天我很早起來就去試用我的手作新工具。我在其他工人到來之前開始做工。空前成功！這個木節子能固定住鉚釘，不用我的手去扶，如同多了一隻手，這樣我能比原先用手扶的方法做更多的活。我的老闆也過來誇獎我的新改進。

有了這個木節子，我的工作速度比原先加快了一倍。有了剩餘時間，我便向老闆要求更多的工作，於是被委以一大堆雜務。我幫助生產線上的婦女調整工作臺的高度，結果她們做得順手，也提高了效率。**我在任何可能的環節中協助我的老闆。我總是來得很早，下班後也留下幫助清理整頓**，為第二天做準備。這是份不錯的工作，滿足了我當時的需求。

讀到這裡，小約翰嘆了口氣，**看來苦難確實會煉出真金，今日成功的父親在昔日不也是個小人物嗎？**他繼續讀了下去。

×年×月×日　　　　　　星期五　　　　　　晴

公司裏的人對我就像一家人一樣，我也參加了公司的一些娛樂活動。公司有個壘球隊，每週都與其他一些小公司的壘球隊比賽。我成了球隊的一名管理員。在公司後面的球場上我結識了奧林．哈威，他是球隊隊長，又是公司的採購員。一天練球時，我們談到了工作。

「你在公司工作感覺如何？」他問。

「不錯。」我說，「但我對釘鉚釘有點煩了。我想找點兒更具挑戰性的事情做，我可以學到更多的東西。」

哈威先生到我們的生產線上來。

「你願不願意到採購部做一個訂貨員，約翰？」他問。他解釋了訂貨員的職責，並說藉此我可以瞭解到整個公司的生產程式。他強調說，所有生產成品所需的材料都要經過訂貨員這一程式。

我當然願意。我個人的努力工作和解決問題的能力被認可並被獎勵。一年之內，從每小時薪金20美分的組裝線工人升到了採購部，繼而又被提升為燈光部門的助理經理。這以後不久，我被任命為公關部主任。

這讓我認識到，**沒有內部關係和推薦，我仍可以從最底層做起，一點一點地獲得成功。我認為這是搞清楚一門生意基礎的最好途徑，並能使我獲得在這一領域裡發展所需的必要自信。**

……

看過當年和自己現在一樣做著小人物的父親的心路歷程，小約翰感觸頗深。他闔上日記，仰躺在床上，盯著天花板，自言自語地說：「看來我明天要回公司工作了。」

Rule

II

不斷學習，不要虛度光陰

為了成功，必須不斷地學習，這是企業界的第一原則。
積累的知識越多，成功的希望就越大。

如果確實地規劃周密的、建設性的學習計畫，
很容易就可以把大部分與你競爭桂冠的人甩下來。

作為一個經營者，你個人的成長不要落後於公司的成長，
必須隨著公司的發展而加強你的管理能力。

作為掌握好自己人生航舵的絕妙手段，
我建議你閱讀歷史書。
學習我們的祖先在正常或異常的事態中如何苦幹，
達到挑戰的目標或征服目標的經驗。

在一次用人決策中，洛克菲勒撇開羅伯茨，任命芬頓爲業務部長。這最後決定的依據，從洛克菲勒來看，不是根據他們兩個人完全相同的經歷和素質，而是根據『不斷地學習、能與公司同時成長』的積極熱情上的差異來選拔的。

最近，伊莉莎白和小約翰新申請了一個經營學講座的聽課手續，打算利用業餘時間繼續深造。洛克菲勒很高興，因爲姐弟倆認識到了學習的必要性。

「貝茜，你對這次課程的感覺如何？」他們上了兩個多禮拜的課之後，洛克菲勒問他們。

「還不錯啊，時效性很強，也很有意義。由於這是針對經理人員的一次培訓，所以有許多在學校學不到的東西。」

「那就好了，對你們的繼續深造我高興的理由有幾個：首先，你們的好學精神是可貴的。你們的許多朋友從學校畢業後，認爲學到現在這種程度，對於確保將來的生活有飯吃就已經足夠了，以後可以安穩地度日了。其實這樣想就完全錯了。我認爲，不管在生活方面還是在事業方面，人生教育的價值是不可估量的。在人們發洩不滿，說很難成功啦，人生是地獄或者說太無聊啦，早上連床都不想起的時候，在許多情況下他們都忽視了這個事實。**為了成功，必須不斷地學習，這是企業界的第一原則。積累的知識越多，成功的希望就越大。**」洛克菲勒語調激昂地說。

「我們倒沒想那麼多，只是在工作中有力不從心之感，所以想學習。」伊莉莎白說。

洛克菲勒點點頭說：「一般來說，人都要隨著不斷積累經驗而登上成功的階梯。作爲晉升的條件，提到企業管理崗位都要看經驗。然而，在企業界出人頭地的，是一些有經驗，再加上積極地規劃提昇自己的計畫的人，是一些除了上午9點到下午5點的日常工作外，還要學習現代技術或提高銷售成績的革新技術的人。除了正常上班時間外，每週還有128個小時，如果能夠利用其中的一部分時間——哪怕是兩三個小時學習技術和專業知識的話，一定會和那些不去努力的競爭者拉開距離的。」

「爸爸，我看我的許多同事把大部分休息時間，都放在娛樂方面，有時候我都差點被他們說動了！」小約翰對父親說。

洛克菲勒略一沉思，說：「雖然沒有經調查證實，但是，依我看，除了正常的上班時間，利用一部分時間去學習一些與自己工作有關的知識的人是不太多的。因此，**如果確實地規劃周密的、建設性的學習計畫，很容易就可以把大部分與你競爭桂冠的**

人甩下來。

「我希望你們重視這句話：如果確實地規劃周密的建設性的學習計畫……中國古代有位哲人孔子說：『學而不思則罔，思而不學則殆。』而且你要努力實行這個計畫，即使說不上一輩子，但必須是長期的。現在我已度過了人生的大半時光，不僅僅是爲了和競爭者拉開距離，而且是因爲既然已經艱難地登上了成功的階梯，就要在這個階梯上站穩腳跟，從而必須繼續學習。」

「爸爸，我可不想那樣，我一直想做個讓您引以爲豪的女兒！」伊莉莎白信心十足地說。

洛克菲勒點點頭說：「最近我的心臟越來越脆弱，你們兩個很有可能成爲我的企業繼承人，順便提一下，關於企業管理也是同樣的事情。**作為一個經營者，你個人的成長不要落後於公司的成長，必須隨著公司的發展而加強你的管理能力**。否則，你也會像許多被解雇的，或者由於來不及覺醒行動起來的管理人員一樣，加入落伍者的行列。

「希望你們在聽經營者講座，閱讀許多關於一般經營理論書籍的同時，在你提高自身修養的計畫裡也要把個人的相關問題包括進去。比如，想必你也知道，研究人的心理動態，這對你有很大的好處。遺憾的是，這麼重要的事情，我並不是20歲就已知道，而是50歲時方才知道。

「另外，我還有一個建議。**作為掌握好自己人生航舵的絕妙手段，我建議你閱讀歷史書。學習我們的祖先在正常或異常的事態中如何苦幹，達到挑戰的目標或征服目標的經驗。**歷史往往有驚人的相似，許多事情都是重複的。我們想要知道的很多方法都已經被人們所嘗試和證實，並且已經歸納在書上等待著讀者。同樣也有關於人們曾犯下的歷史錯誤，我們應該從這些先例中學會避免犯同樣的錯誤。

「再過10年以後，你們就又長大了10歲。是隨著年齡的增長而變得聰明了呢，還是僅僅長了10歲的光陰？」

「希望你們不要選擇後者，要吸取羅伯茨的教訓，以免重蹈覆轍。」

Rule

12 讓對手與你握手言和

你可以在工作成績上把你的對手遠遠地拋在後面，
使你們不再處於同等級，這樣他們的種種「武器」，
無論是明槍，還是暗箭，
都將毫無作用。

造謠誹謗者一般都比較害怕他造謠的受害人，
或許是他沒有實力去打敗對手。

最幸福的方式是對手能與你握手言和。

伊莉莎白向弟弟訴苦，而小約翰也正是遇上了這種情況，他的頂頭上司邁克是個三頭六臂的難纏人物。

洛克菲勒以自己的親身經歷告誡姐弟倆如何避免這種職場裡的常見現象。

「孩子們，我想先給你們講個故事。記得當年在波雷克斯公司時，佩特森先生離開了西弗公司，到波雷克斯公司就任主管市場行銷的副總裁。派克．德雷克作爲國內部銷售經理，在他的手下工作。德雷克在公司工作已有12年了，佩特森是個外來戶，可他卻得到了德雷克夢寐以求的職位，這使德雷克耿耿於懷。在我看來，德雷克和他的一些地區銷售經理們似乎已形成了一個反佩特森的陣營。

「佩特森勸我離開西弗公司，到波雷克斯去。他把他和德雷克之間的芥蒂、不和以及種種摩擦都告訴了我。這樣做並不是出於禮貌，而是一個警告。我必須做好，而且不能有絲毫的懈怠。佩特森強迫德雷克接受我做第三個地區經理，想以此來削弱德雷克的勢力。我負責西部事務，包括密西西比的西部地區，範圍從加拿大邊境到里奧克蘭德。

「德雷克和他的同僚們對我的任命極爲不滿。對他們來說，我是佩特森陣線內的人物，對他們的關係是一個潛在的威脅。我感覺到，德雷克最大的欣慰莫過於我的失敗，那樣他就可以把我揪到斯托克斯（即總裁）的辦公室，然後趾高氣揚地宣佈說：『我一直對佩特森講，這小子不是做這事的材料。但沒用，他就是不聽我的。他強迫我雇用他，現在你看，這小子做得一塌糊塗。』我可讓他出了口怨氣，我懷疑沒有什麼事會比這件事更能使他感到揚眉吐氣的了。在這個處境下，德雷克和他的同夥們對我的態度也就是意料之中的事情了。」

「那麼，後來您怎麼辦了？」小約翰問道。伊莉莎白遞給洛克菲勒一杯柳橙汁，洛克菲勒喝了一口，又接著說：「我的名譽和威望受到嚴重損害。」

「在9月的第一個星期裡，我們開始發動總攻。人人都保持著高度的警覺。這一周不再是工作5天，而是6天。同樣，任何人也不是從早晨9點工作到下午5點。這些推銷員從早晨8點鐘就投入了工作，直到晚上9點才停止工作。我要求他們每個人一星期要用65個小時投入工作，以便取得讓全世界都爲之讚嘆的成績。

星期四早晨，我碰到了德雷克。我還沒來得及與他打招呼，他就朝我嚷道：『你這小子究竟在搞什麼鬼？你發的電報是什麼意思？你們一周的銷售額有90萬美元？這可是你們一年銷售額的20％！這數字太不可思議了。』看到他疑惑和略帶憤怒的樣子，我說：『拜託，難道你不想讓我們的生意興隆嗎？這就是我們上星期的工作報告，你不信？』他仍然滿腹狐疑，於是我對他說：『好吧，你可以不信我的話，但你得爲那些紛至沓來的訂單做些必要的準備。』這個好消息並沒能讓他平靜下來。他說：『你究竟做了什麼？你得給我說清楚。』

「第二天他叫我去他的辦公室。這時，所有人都知道發生了什麼事，訂單如潮水般湧入，我們的生產計畫已經排到了以後的8個月。當我走在公司辦公樓裡時，迎接我的只有微笑。斯托克斯、佩特森、德雷克和我專門開了一個會。斯托克斯首先說：『你那星期做得眞漂亮，你能否告訴我你是怎麼做的？』我的全部計畫早已寫好，準備呈上，一點破綻也沒有。3個月之後，我被提升爲市場部主任。」

「爸爸，您眞是太棒了！」伊莉莎白爲父親喝彩。

「爸爸，我現在的情形和您一樣，我的上司布拉克和我的同事席茲聯合起來對付我。」小約翰煩躁地說道。

洛克菲勒安慰小約翰說：「你們的事我都知道了，我只想告訴你們一些最實用的法則。如果你處在公司內部的明爭暗鬥之中，你可能會面臨幾種抉擇。你可能棄船而走，離開這個是非之地；你可能以其人之道還治其人之身，用同樣卑劣的手段來對付他們；或許還有第三條路徑，**你可以在工作成績上把你的對手遠遠地拋在後面，使你們不再處於同等級，這樣他們的種種『武器』，無論是明槍，還是暗箭，都將毫無作用**。我希望你們也能選擇第三條道路。

「這樣通常可以結束一場相互攻擊。因爲**造謠誹謗者一般都比較害怕他造謠的受害人，或許是他沒有實力去打敗對手**。他絕對不願意使自己成爲別人誹謗的犧牲品。他的地位也是不保險的，他知道別人也有潛在的武器可以用來對付他。記住，**最幸福的方式是對手能與你握手言和**。」

Rule 13
婚姻是人生最重要的投資

婚姻大事不可輕率對待。

對結婚不反覆思考，不認眞將其視爲人生十分重要的
一部分時所得到的懲罰，便是離婚、精神上的痛苦，
大多數結果是存款的驟減。

從一位從商者的角度來思考，
結婚這一嚴肅的事實，
本身便是將自己投入一項重大的投資。
幸福的婚姻是人生重要的支柱，
其積極作用是無法測量的；
另一方面，不幸的婚姻所招致的損失同樣深不可測。

伊莉莎白在聖蘇菲亞大教堂舉行了隆重的婚禮。政商名流雲集此處，洛克菲勒牽著女兒的手，並親自把女兒交給了哈佛的高材生查理斯。小約翰深受觸動，也開始考慮起自己的婚姻大事。

婚宴後，父子倆驅車回到了鄉間別墅。春天的晚風讓人心裡暖洋洋的。

「爸爸，我也想結婚！」小約翰突然說。

洛克菲勒靠在籐椅上，慈祥地對兒子笑了，說道：「是不是看你姐姐很幸福？」

「我很多朋友都結婚了，我想我也該考慮了。」小約翰說完，陷入了沉思中。

「我瞭解到你跟你的朋友談起你在考慮結婚，我邊想像這位幸福的新娘是誰，邊情不自禁地笑出聲來。因爲你的約會對象每次都不同。

「的確，誠如馬丁．路莎所言，沒有比幸福的婚姻更加美好，更加充滿友情，更有魅力的關係、交往，以致能夠無比和諧地共同生活的事了。我也深有同感，可是**婚姻大事卻不可輕率對待**。從某種意義上而言，本來婚姻是一種自然力量的結合，其最後的關鍵是她的親和力，這種力量是不可放肆地濫加使用的。

「對結婚不反覆思考，不認真將其視為人生十分重要的一部分時所得到的懲罰，便是離婚、精神上的痛苦，大多數結果是存款的驟減。其精神上的痛苦，大部分是跟隨婚姻的破裂接踵而來的、容易發作的、伴隨著失敗症候群的痛苦；若有子女的問題煩惱，這痛苦將更加倍增。你還沒有當過父親，未體驗過父親對子女的感情。夫妻之情殘酷地變得越來越冷，尚可忍耐；但父母對親生骨肉的感情卻是永遠也不會冷淡的。離婚必然會帶來巨大的骨肉分離之痛。

「從一位從商者的角度來思考，結婚這一嚴肅的事實，本身便是將自己投入一項重大的投資。**幸福的婚姻是人生重要的支柱，其積極作用是無法測量的；另一方面，不幸的婚姻所招致的損失同樣深不可測**。要結束不幸的婚姻，不僅要做出將財產分出一半的犧牲，在此基礎上還必須長期為未成年子女付數年的生活補貼費用。現在的年輕人對婚姻一般來說是過於隨便草率了。『兩個人過不下去乾脆分手算了』這類的話充斥於耳，屢聽不鮮。輕率地對待這一人生大事的確太悲哀了，而隨之而來的無窮苦惱則更令人痛心！

「婚姻是投資？這種說法很新鮮！」小約翰與父親半開玩笑

地說。

「對，婚姻就是一個商人最容易與最困難的投資。必須慎重考慮，從長計議。世上也有人僅僅抓住一次機會就完成了婚姻大事，這一類善始善終最爲幸福的婚姻是很少見的。爲什麼呢？因爲在這一類結合中，一般來說不僅只有相互的感情，在必須成功這一點上也須具有堅強的決心與信念。在這重要的投資裡，值得慶幸的是你處在可以從容地選擇『女方』的立場，因爲你性格溫和，儀表不凡，一表人才。如果對所有這些上天的恩賜加以靈活運用，的確可以對婚姻這一事業進行了不起的投資。

「這一投資對象應該具備怎樣的資質呢？如果你徵求我的意見作爲答案，你應該選擇溫柔善良、人品好的女性，你要仔細地觀察她是否有媚俗與嫉妒心太強的一面，這一類性格婚後將惹起無窮的後患。你千萬不要接近那些長舌婦，對性格貪婪的女人也要視之爲瘟疫，遠遠地避開。」

「那麼，爸爸，您當初是怎麼選擇了媽媽呢？」小約翰做了個鬼臉問父親。

「你這小子，什麼都敢問！」洛克菲勒說道，「不過，這也是我想對你說的另外幾點注意事項，你一定要考慮以下這些方面：這位女士是否活躍？是否愛整潔？是否有幽默感？話雖如此，只要具有魅力、人品好、人聰明也就夠了。因爲你不可能將所有美好的東西都得到手，所以應該十分重視她或多或少的缺點，如果具備了以上三種關鍵的品格，你將來的生活就會安寧幸福。不過，當你面對不可迴避的危機時，必須抱持相互尊敬愛戴的信念一起去解決問題，而且『分手』這個詞在你們的心中，在你們的字典裡要永久地刪除。

「當你完成了這項新投資的意見書後，你最好用心地製作某種借貸對照表，按照適當的比例安排家庭與工作的時間，偏重於任何一方都是不健康的。你尤其要注意在新婚旅行結束後不久，工作不可過於繁重。追逐萬能的金錢固然是我們的工作，如果每週五天從早上8時到晚上6時還不能維持生計的話，這種工作你千萬別碰它。

「如果你能充分實現我在此所表述的意見，使事業的成功與無數的幸運永遠伴隨著你，你就能夠維持幸福的婚姻。」

Rule

14

慎重地對待合夥經營的誘惑

合作是所有組合式的開始，

這一過程中最重要的三個要素是：專心、合作、協調。

光是把人組織起來，並不足以保證一定能獲得傑出的成功。

一個良好組織包含的人才中，

每一個人都要能夠提供這個團體其他成員所未擁有的特殊才能。

許多商業活動之所以失敗，主要是因爲這些商業所擁有的，

清一色是銷售人才，或是財務人才，或是採購人才。

在進行合夥經營之前，費用、不可不付出的犧牲，

以及必須忍耐長時間乏味的工作這一現實，

還有必須覺察到困難等等，你都必須考慮清楚。

小約翰的三個朋友——懷特、查理和奧立弗想讓小約翰和他們合夥投資一項新產業的運營，小約翰認爲這是一宗賺錢的大買賣而躍躍欲試。洛克菲勒以一名老實業家的觀點向小約翰說明，投資一項新產業要愼重再愼重，必須充分估計到合夥營運可能出現的種種情況，他的告誡使小約翰不得不重新審視這一投機事業。

星期日一早，小約翰就出現在客廳裡，一副興奮的樣子。看到洛克菲勒從樓上走下來，他一面迎上去，一面說道：「您好，爸爸。」

「你好啊，約翰，怎麼這麼早？」

「我有個好消息，想要跟您說一下。」

「哦？」

「您知道懷特和查理嗎？」

「那不是你的大學同學嗎？他們還是你們棒球隊的隊員吧？」

「對，就是他們兩個，昨天我們一起吃了一頓飯，他們給我帶來一宗賺錢的大買賣。」

「賺錢的大買賣？」

「對，我們想一起投資於服務大型的建材設備。據說利潤是相當驚人的。」

「建材設備？」洛克菲勒重複道。

「約翰，你不覺得那離我們的行業太遠了嗎？俗話說：『隔行如隔山。』迄今爲止，我們從來沒有涉足過這一行業，你不覺得太冒險了嗎？」

「可是，爸爸，有懷特他們啊。」

「約翰，你有沒有想過他們爲什麼會找你合資呢？就你們三個人？」

「因爲我們是朋友啊，並且他們幾個的私人公司也發展得相當不錯呢，還有一個合夥人奧立弗，他是查理的朋友。」

「事情並非那麼簡單，如果我沒猜錯的話，他們之所以把你拉去合夥做生意，似乎是因爲你跟我在一起，生意可以變得熱門。如果這樣就不難推測，你的朋友們爲了他們自己的新事業能得到後援，而期待著將我們的利益分流到他們那裡。」

「爸爸，那您認爲合夥經營沒有什麼好處了？」

「那倒不是，約翰，**合作是所有組合式的開始，這一過程中最重要的三個要素是：專心、合作、協調。**

「光是把人組織起來，並不足以保證一定能獲得傑出的成功。一個良好組織包含的人才中，每一個人都要能夠提供這個團體其他成員所未擁有的特殊才能。

「幾乎在所有的商業範圍內，至少需要以下3種人才——那就是採購員、銷售員以及熟悉財務的人員。當這3種人互相協調，並進行合作後，他們將經由合作的方式，而使他們自己獲得個人所無法擁有的強大力量。

「許多商業活動之所以失敗，主要是因為這些商業所擁有的，清一色是銷售人才，或是財務人才，或是採購人才。你呢，約翰，你認爲你眞的瞭解你的夥伴們嗎？

「還有，約翰，你預備在這項事業中充當什麼角色呢？」

「我是股權人啊，我爲他們提供資金。」小約翰不解地回答道。

「約翰，那麼就是說你是一個旁觀者嘍，他們使用你的資金而你卻是一個旁觀者。約翰，新從事的產業並非屬於我們原有的行業範圍內，而懷特和他那些理科出身的朋友們和你一樣經驗不足。如果根本不用去借助產業界的經驗與鍛煉而只是本能地瞭解產業經營的方法，你們可能是這類天才中的幾位。可是我卻認爲這種可能性太小了。

「你想想看，你是4位同等資格的合夥經營者中的一位，你是出錢的，懷特、查理、奧立弗一開始都會爲事業付出努力，誰都會全身心地投入。可是隨著時間的變遷，你們4個人當中會有一位或兩位在半路失去興趣，這種現象是很普遍的。在事業成功的時候也會如此，沒有任何迴避的辦法。可是，一旦進展非常困難，每天必須賠上七八個小時的工作時，這種重負會把誰或他的妻子壓垮，其最終的景象將慘不忍睹。

「『約翰這小子每天花上3小時掏出200美元去享受午餐，可是我們卻在這裡辛辛苦苦的工作。』『幹嘛今晚非得加班不可呢？大家不是都去玩了嗎？我賺的1美元有75美分給了他人，這工作我可不想做。』他們會這麼想，接下來就是對你典型的不滿。『爲什麼那小子要從我們所賺的每1美元中抽走25美分，他可是什麼活也沒做哪！』要知道，人是很容易淡忘的。你在啓動公司時在資金方面的貢獻，他們卻沒有一直抱著深深的感謝之念。而在經營者們的腦海中，一直心想著這個事實：『你今天爲我們的公司做了什麼？』」

小約翰陷入了沉思，「這樣說來，我還眞要仔細斟酌一下了。」

洛克菲勒意味深長地說：「約翰，在進行合夥經營之前，**費用、不可不付出的犧牲，以及必須忍耐長時間乏味的工作這一現實，還有必須覺察到困難等等，你都必須考慮清楚。**如果你決心自立於這項新的冒險產業的話，我期望你取得成功。」

Rule 15 成由勤儉敗由奢

顯示公司的經濟繁榮固然重要，
而做浪費金錢奢侈豪華的愚人之舉則極不可取。

傻瓜跟財富的友誼是不會長久的。

金錢的奧妙無窮，創造財富的過程也複雜艱難，
一個人要成功創造財富，
絕對少不了對金錢的正確態度。
正確的態度能將我們引上致富之路，
錯誤的態度卻可能導致人財兩空。

這是小約翰公司的財務部第三次請洛克菲勒去核查小約翰的公關費用支付帳單了。看著帳單上的一筆筆巨額支出，洛克菲勒不禁皺起了眉頭。他拿著帳單徑直走進小約翰的辦公室。

洛克菲勒把帳單遞給兒子：「約翰，我開門見山地跟你說好了。我是爲了這些帳單而來的。」

「有什麼問題？爸爸。」

「你不覺得這些支出太過龐大嗎？你的公關費用怎麼可能這麼高呢？有兩三張帳單讓我懷疑你的公關費用是否用在接待王公貴族上。就我所知，我們跟王公貴族沒有任何生意上的來往。或許是客人對你提出要求，希望以一種皇族的氣派度過一個高貴典雅的夜晚？諷刺的話就不說了，我想知道的是，你自身是否已經染上了形同皇族一般的消費癖。」

「可是爸爸，我這樣做是爲了吸引我們的客戶啊！我認爲第一印象是十分重要的，當顧客參觀過我們的工廠，再接受我們食堂100美元的接待，你是否還能充滿自信地跟他進行商業洽談？」

「約翰，」洛克菲勒有些激動，**「顯示公司的經濟繁榮固然重要，而做浪費金錢奢侈豪華的愚人之舉則極不可取。**實業家們將創造利潤視爲他們的工作，這是他們在大部分場合最爲關心的大事。即使構築了數以千計的財富，如果過於浪費地使用，還是會被人視爲傻瓜，誰也不想跟這種人繼續做買賣。你也許聽說過這樣一句古老的格言：『**傻瓜跟財富的友誼是不會長久的。**』的確如此。

「如果你給人一擲千金、花錢如流水的印象的話，大多數顧客會對你敬而遠之，他們會考慮你所花的錢不正是透過跟他們的交易而得到的利益嗎？並由此而產生動搖。而且，花錢方面像暴發戶，總是採購一些價格昂貴的東西，這一想法會掠過他們的腦海，這樣他們就會把他們的目光轉向我們競爭對手的長處，而你爲了維持跟他們的生意關係就必須付出更大的代價。」

停了一會兒，洛克菲勒的語氣緩和了一些：「我們的金錢有兩種用途，一種是投資事業，期待著高收益；一種是藉由使用來得到快樂與幸福。

「我至今還記得我小的時候，和父母頭一次到100公里外的地方去旅行的情形。那是到350公里外的一個大城市去。爲了這一次『無與倫比』的假期，父母花了好幾個星期去規劃。定訂計畫的快樂與置身實地的感動緊緊聯繫，旅行結束歸來之後，就發展成爲無休止地談論此次旅行的樂趣了。而現在年輕人若不到1萬公里外的地方去旅行便提也懶得提了。

「就這樣，因爲我們的期望大，就極難在經濟上安下心來。和周圍的人攀比的結果是，開銷越來越大，存款越來越少。我們必須切實地控制住自己對經濟的渴望。應該想到若可維持一定程度的生活水準便足矣，在此之上的寬裕不妨視之爲自己努力的額外報酬——正餐後的甜點吧。」

小約翰若有所思地說：「爸爸，或許眞的是我錯了，我會重新安排的。」

「約翰，我也並不是強調要你過苦行僧式的生活，那是根本不可取的。總之，我們是否擁有財富與我們對待財富的態度和創富過程中明智的抉擇關係極大。**金錢的奧妙無窮，創造財富的過程也複雜艱難，一個人要成功創造財富，絕對少不了對金錢的正確態度。正確的態度能將我們引上致富之路，錯誤的態度卻可能導致人財兩空。**」

「爸爸，您說得太精闢了，我發現您越來越像個哲學家了。」

「約翰，積攢財富需要花很長的時間，而失去它，卻異常迅速，一晃而過。如果你害怕攢錢太多才去揮霍的話，我告訴你這個世上還有相當多需要幫助的人。我並不打算對你說你過分沉溺於財富之海了，可是現在只要看一眼你上一個月的交際費用，我發現你已經被埋沒在帳單的深淵裡了。」

「爸爸，我想我會努力改的，不過你知道，我已經習慣了那種交際方式，如果一下子改掉，恐怕要很不適應呢。」

「約翰，對於財富運用的觀念，我很欣賞現在流行的『託付觀』，它認爲人生爲過客，你一生中擁有的任何東西都不屬於你個人，而是被交托到你手中。這種觀念帶來責任感——你必須小心處理所擁有的一切，並正確地運用財富造福衆人。約翰，我衷心地希望你也能遵循這一觀念，那樣，你必然會眞正體會到人生之樂趣。」

Rule

16

友誼是事業成功的助力

每個人一生都會結識很多朋友。
在生命的每個階段裡，
這些朋友都有自己不同的價值。
朋友有很多種，所有的朋友都應該保持聯繫，
因爲擁有各路朋友很重要。

花費所有的時間，爲賺錢而賺錢，
是最無恥和悲哀的事情。
如果年輕四十歲，我很願意再戰商場，
因爲與有趣、機智的人來往是很快樂的事情。

「爸爸，您是如何看待庫克的？」小約翰向自己閱歷豐富的父親詢問人生的經驗，「您瞭解他的。但是我們之間出現了一些問題，可能是我們之間長期沒有聯繫或者其他方面的原因，雖然我們從大學時代起就是最要好的朋友。」

洛克菲勒沉思了一下，對小約翰說：「我想，我這些老人家的故事對你們年輕一代來說可能沒有什麼吸引力，但是我還是想說一下我的故事，也許你會覺得它並非完全沒有意義。」

小約翰安靜地坐在洛克菲勒旁邊，等待父親講述他過去的故事。父親總會在自己出現問題的時候給自己提出一些寶貴的建議，如同給大海中迷失的艦船指引方向的燈塔。

「每個人一生都會結識很多朋友。在生命的每個階段裡，這些朋友都有自己不同的價值。朋友有很多種，所有的朋友都應該保持聯繫，因為擁有各路朋友很重要，雖然朋友肯定有親疏之分。隨著年歲的增長，對這一點的體會便會越發地深刻。有一種朋友，在你需要幫助的時候，總是恰好不能幫忙。

「我不能借款給你，」他說，「因爲我和合作夥伴之間有協議。」

「我非常願意幫你，但這個時候確實不方便，」諸如此類。

「我的意思並不是指責這種友誼。有時候是性格使然，有時候朋友只是心有餘而力不足。我的朋友中這一類是比較少的，大部分都屬於爲朋友兩肋插刀的類型。我記得有一位朋友，從第一次見面起便對我非常信任。他的名字是哈克內斯。

「有一次，一場大火將我們的所有倉庫和煉油廠在幾個小時內夷爲平地。雖然可以向保險公司索賠幾十萬美元，但我們仍擔心索賠這麼大的數目會耗費很多時間。工廠必須馬上重建，資金的問題亟待解決。哈克內斯先生對我們的生意頗感興趣。於是我對他說：『我可能需要向你借些錢。我不知道最後是否需要，但想先跟你提一下。』」

「他聽到我的話後，並沒有多問什麼。他是個沉默寡言的人。他只說：『好的，我會盡我所能幫助你。』但回到家後，我的煩惱就解決了。在建築商要求我們付款之前，我們收到了利物浦倫敦環球保險的全額賠款。雖然不用向他借款，但我永遠不會忘記他在危難之時慷慨眞誠的幫助。

「我很幸運地遇到許多這樣的朋友。在創業早期我是個負債王。公司發展很快，需要大量的資金，而銀行總是慷慨地爲我提供貸款。火災帶來一些新的狀況，我開始分析當前的情形，考慮我們的現金需求量。我們開始重視應繼續資金的儲備。也在同一時期，有一件事情證實了患難見眞情的道理。但我是在多年以後才聽到了事情完整的經過。」

「發生了什麼事情？」小約翰覺得父親的故事每次都那麼有吸引力，雖然他很想一下子知道結果，但他還是保持著耐心和理性。

「當時，我們曾與一家銀行有衆多的業務往來，我的一位朋友斯蒂爾曼·維特先生是該銀行的董事。有一次，董事會正討論關於我們貸款的問題。爲了讓其他成員沒有提出異議的機會，斯蒂爾曼·維特董事拿來了他的保險櫃，指著保險櫃說：『各位，這些年輕人信譽良好，如果他們想貸款，我希望銀行毫不猶豫地借給他們。如果你們還覺得不放心，這個保險櫃就是保證。』

「爲了節約成本，我們通常採用水運的方式運輸石油，借很多錢來支付這些費用。我們已從另一家銀行貸了很多款，那家銀行的行長告訴我，董事會已經在過問我們的貸款，並且可能會約我面談。我回答道，可以與董事會見面，我深感榮幸，因爲我們正計畫申請更多的貸款。不用說，我們申請到了貸款，但並沒有人約我面談。

「恐怕我對銀行、金錢和生意討論得太多了。花費所有的時間，為賺錢而賺錢，是最無恥和悲哀的事情。如果年輕四十歲，我很願意再戰商場，因為與有趣、機智的人來往是很快樂的事情。但我有衆多興趣愛好用以打發時間，所以我更願意用餘生去完成生命中未完成的計畫。從16歲開始工作到55歲退出喧囂的商界，我工作了很長時間，但我必須承認在這期間我經常有一些很棒的假期，因爲我有最精練的團隊，最優秀的人才幫我分擔重任。

「我是個注重細節的人。我的第一份工作是簿記員，我對數字和論據極其看重，不管是多麼細微的資料。早年，任何涉及會計的工作都會分派給我做。我有一種追求細節的熱情，而這正是後來我不得不強迫自己去克服的。

「在紐約波肯提克山莊，我在一棟舊房子裡住了許多年。那裡優美的景色讓心靈得到釋放，我們過著簡單而平靜的生活。我在那裡度過了許多美麗的時光，研究美景和樹木，以及哈德遜河所形成的景觀效應，而那時我本應該分秒必爭地投身於我的事業中的。所以我擔心自己會被認爲是不勤奮。「勤奮的商人」這個說法讓我想起了克利夫蘭——一位舊識之友。他在事業上可稱得上是鞠躬盡瘁了。我曾經與他談起我的一個愛好——園林藝術，但對我來說只是設計林中小徑之類的——他覺得非常無聊。35年來，這位朋友直接否定了我的愛好，認爲商人不應該將時間浪費在愚蠢的事情上。

「一個春意盎然的下午，我邀請他來觀賞我花園裡新鋪設的小徑（在當時，對於一個商人來說，這是一個衝動而魯莽的提議）。我甚至還告訴他我會熱情款待他。

『我來不了，約翰，』他說，『今天下午我手上有件重要的事情。』

『即使這樣，』我還在勸他，『你看到那些小徑的話肯定會開心的——還有兩旁的大樹……』

「約翰，繼續講你的樹和小徑吧。今天下午有條礦砂船到，我的工廠正等著它呢。」他心滿意足地搓著手，「即使錯過欣賞基督教界所有的林間小徑，我也不想錯過看它開進來。」他爲貝西默鋼軌合夥公司提供的礦砂售價每噸120—130美元，如果他的工廠停工一分鐘等礦砂，他便覺得正在錯過一生的機遇。正是這個人，經常遙望湖面，精神緊繃，希望看到礦砂船的影子。

「我想礦砂業是克利夫蘭最主要並且最具誘惑性的行業。50

年前，我的老闆從馬凱特地區購進礦砂，價格是每噸4美元，再想想數年後，這個原來的園藝匠以80美分每噸的價格整船購進礦砂，並由此發家。這就是我自己在礦砂業發展的經歷，也得益於我的這位老朋友克利夫蘭的影響。」

「我知道應該怎麼做了，爸爸。我很高興傾聽到您的經驗之談。」小約翰的困惑已經解除，他走出房間驅車前往庫克的家中。

Rule

17

以謀求最高職位爲目標

越是費時間的工作就越應該委託給部下。

所謂想像力，

意味著決定把公司何時引向何地的能力；

所謂出色的指導能力，

就是策劃達到目的的路線，

選擇實施其計畫的勝任者；

所謂決心，則是以上兩點不管在途中遇到什麼障礙，

一定要達到目的的能力。

與其生活在既不勝利也不失敗的黯淡陰鬱的心情裡，

成爲既不知歡樂也不知悲傷的懦夫的同類者，

倒不如不惜失敗，大膽地向目的挑戰，

奪取輝煌勝利，這要可喜可賀得多。

「爸爸，我是來向您辭行的，我和查理斯要去海邊旅遊。」伊莉莎白保持著往日的笑容。

洛克菲勒神色嚴肅地說：「貝茜，妳知道我最不喜歡逃兵了，妳在這個時候去旅遊，是不是想做逃兵啊？妳公司的總經理6個月以後就要引退了，我不理解妳爲什麼不請求參加下一任的競選。爲了獲得現在的負責交易副經理的職位，妳已經付出很大的努力，有時甚至犧牲了家庭生活，爲此，妳們夫妻倆都很好地克服了困難。妳有這麼好的家庭，對妳的經營才能人人都給予高度的評價。至今爲止，妳一直以優異的成績一步一步地往上升，現在只剩下最後一步，爲什麼卻放棄晉升最高的職位這一目標呢？」

「爸爸，您無法體會我的苦衷，我不想爲了這個職位失去所有的快樂。我主要擔心的有三點。一是擔心工作太忙，二是擔心太操心，三是擔心自己沒有資格。」

「可是，」洛克菲勒搖搖頭說：「妳這不是掩耳盜鈴嗎？妳可要知道這次度假有可能會讓妳前功盡棄。」

「就任總經理無疑是一場大挑戰。可是妳已經習慣於挑戰了。在這點上，妳沒有什麼值得害怕的新因素。概括地說，總經理的職責和以前一樣，就是在人事、組織及損益計算上發揮妳的才能。只不過是規模大了一些。在這一方面妳還有什麼沒有經歷過的呢？我常常給妳引用梭羅的話：『最可怕就是恐懼心理。』此刻妳不覺得應該重溫這句話嗎。」

「可是，難道您不知道我已經得了嚴重的神經衰弱嗎？再不休息，我都要崩潰了。查理斯已經受不了我的失眠了！」伊莉莎白竭力辯解。

洛克菲勒語氣柔和了下來：「貝茜，我認爲在管理人員中特別優秀的人，是一個星期用四天的時間與職員、顧客、銀行家、研究者、政府官員等，精神百倍地進行有關經營企業的經驗交流；還有一天，他們用冷靜的心情進行一段時間以來的反省，同時制訂下一周或下個月的周密計畫。這一天是他們的『思考日』，歸根到底，思考是總經理的工作。

「工作過於繁忙的總經理大概是因爲工作過多的緣故吧。在這裡我反覆強調，**越是費時間的工作就越應該委託給部下**。長期以來，妳在丈夫、家庭、朋友以及職業方面實際上已巧妙地安排了時間，並取得了很好的效果，對時間的管理已經很熟練了。因此，我覺得妳沒有理由不能增加一個總經理的職務。」

「我總是感覺力不從心，爸爸，我真的很累了！」伊莉莎白有點煩躁地說。

「我覺得這不是退出競爭的有力理由，勞神的原因及其解毒劑——一切都在於人。多挑選一個能接受任務並有才能完成任務的職員，你就會減少這一份費神。我反覆強調過合作以及合作帶來的相應效果的重要性。

「公司的生活當然避免不了許多無謂的問題，妳常年忍受著愚蠢的會計標準、無聊的生產方面的問題，以及不肯接受妳對此進行必要的改革的現任總經理的固執。這些都一直對妳公司的士氣和效益帶來影響。如果妳是總經理的話，產生這種讓人著急的事態時，憑妳個人的意見，隨時都可以糾正。妳不能只忙於現在的小小的『費神』。」洛克菲勒充滿理性地幫伊莉莎白分析著。

「還有啊，爸爸，在企業界奮鬥到今天，我似乎已拼了全力，真不知道自己能否勝任這一職務啊！」伊莉莎白不自信地感慨著。

「貝茜，我真不知該怎麼說，以最嚴格的要求，現實地評估自己的能力和過高的評估是同樣的重大錯誤，妳的實績或經驗是足以就任此職的基本條件。優秀的總經理所需要的想像力、指導能力和決心都是在這個基礎上出現的。

「所謂想像力，意味著決定把公司何時引向何地的能力；所謂出色的指導能力，就是策劃達到目的的路線，選擇實施其計畫的勝任者；所謂決心則是以上兩點不管在途中遇到什麼障礙，一定要達到目的的能力。如果你想測量一下自己的決心，試著數一數過去10年裡妳所計畫的、未能完成的專案就行了。沒有幾項吧？」

聽到這裡，伊莉莎白陷入了長久的沉思中。

洛克菲勒走到書架旁，取下一本書，翻開扉頁把一句話指給女兒：**「與其生活在既不勝利也不失敗的黯淡陰鬱的心情裡，成為既不知歡樂也不知悲傷的懦夫的同類者，倒不如不惜失敗，大膽地向目的挑戰，奪取輝煌勝利，這要可喜可賀得多。」**

伊莉莎白湊上去，與父親一起思考起這段話來。

Rule

18

事業金字塔的建立需知人善用

在企業界最令人高興的不是是否加薪，
而是自己的能力得到重視，
被授予能夠燃起熱情的任務。

為了使堅強有能力的管理人員和忠實可靠的部下合為一體，
作為堅實的基礎，就需要指點。
在實業界獲得巨大成功的人，
常常是極其優秀的教師。

最重要的是妳要有信心，
相信他們能完成新的任務，
並會實際上為你完成任務。
妳的新任務就是支持他們，使他們能夠克服困難。

一連4個星期，伊莉莎白爲公司的一項沒有得到充分實施的顧客服務專案分析和策劃可能的改善方面及其方法，準備一份調查報告，每天都工作到很晚。這是一項關係到公司的生存、爲之奠定基礎的極其重要的調查。

晚上9點洛克菲勒走進總經理室，伊莉莎白在伏案工作，神色十分疲憊，頭髮有點兒淩亂。

「貝茜，妳怎麼還沒回家？」洛克菲勒關心地問。伊莉莎白抬起頭，「嗨，您來了，爸爸？」她聳聳肩，「這麼多工作，回家也不安心，一樣憂心！」

看著女兒略顯憔悴的臉，洛克菲勒很不放心：「妳知道，貝茜，不知有多少次別人問到我：『怎麼做才能同時經營幾家公司，還有兩個月的休假，開著家用小車去享受大自然的樂趣呢？』我的回答總是同樣的一句話：『因爲我把日常的業務委託給非常能幹的管理人員。』大概妳會說這是簡單的回答。的確是簡單的回答。可是，事業的經營者爲了把自己的工作委託給他人，訓練自己的部下，使其提高工作能力，這是非常少見的。爲什麼這麼多的人不願意把工作委託給部下呢？這對於我來說是個謎。是不能信任？還僅僅是愚蠢？還有，害怕別人做的工作比自己還要好，大概這是主要的理由？因為某人大概比自己還能幹，所以把某項工作委託給這人，有這種勇氣的人是很少的。

「想想看，我不得不下這樣的結論，一個不能把工作委託給部下或不想委託給部下的經理，肯定是對自己是否有能力負起現任經理的責任而感到惶惑不安。在我們的公司，這樣的經理，倒不如說是失職。每逢這樣的經理失敗於培養部下時，事業之基礎就受到腐蝕。」

「爸爸，這些管理理論我都懂，可您不知道，這份報告我已經讓秘書寫了好幾次都不行，很耽誤時間，所以我決定自己寫！」伊莉莎白很無奈地說。

「這也是我想和妳說的問題。寫重要報告的時候，為了慎重起見，要確認五個階段的程式。一、目的的設定——這份報告要弄清楚的是哪一點；二、為了得出與目的吻合的結論需要什麼樣的情報，該怎樣調查和選擇；三、實際收集必要的情報；四、為了能正確分析，應系統地整理處理過的資料；五、得出結論的最後分析。」洛克菲勒條理清晰地表述著報告的寫法。

伊莉莎白搖搖頭說：「這些我也知道，除了調查報告，還有好多別的事情要做啊。」

洛克菲勒幫女兒倒了杯咖啡，自己也倒了一杯，說：「妳確實是知道。然而，高明的職權委任的第一原則，是對於部下的能力、野心和慾望進行細微的評價。一般人，如果妳給他機會，他能取得的優秀成績，會讓妳大吃一驚。並且他接受新的任務的那一天，一定信心十足。**在企業界最令人高興的不是是否加薪，而是自己的能力得到重視，被授予能夠燃起熱情的任務。**當妳知道接受新的任務的部下做得很出色時，妳的喜悅也許是另外的問題。

「如果把重要的工作交給部下，妳也許必然要做你從來沒想過的事。那就給予指點。**為了使堅強有能力的管理人員和忠實可靠的部下合為一體，作為堅實的基礎，就需要指點。在實業界獲得巨大成功的人，常常是極其優秀的教師。**當優秀教師，就是要支援和鼓勵他們，耐心地、盡可能地引導學生的潛在能力。

「決定人選、完成訓練計畫之後，作爲努力的成果，妳要將一部分工作交由新人去做。能否帶來最後的成功，關鍵在於新分配的任務的整個管理系統的發展。希望妳能經常透過新的情報儘早地發覺問題，及時糾正錯誤，這意味著要建立妳和妳的部下之間的溝通管道。**最重要的是妳要有信心，相信他們能完成新的任**

務，並會實際上為你完成任務。妳的新任務就是支持他們，使他們能夠克服困難。」

伊莉莎白臉上的表情輕鬆多了，洛克菲勒又繼續說道：「建設事業或者公司的某個部門，就像從上面建起金字塔一樣。妳是頂部的石塊，在你的下面能夠有多少層堅實的基石，就看妳選擇、訓練、依賴、監督或者晉升部下的能力了。許多經理都不理解這一點，生怕提拔部下後自己的地位受到威脅。這是最令人遺憾的。妳的情況怎樣我不知道，但是我對自己的金字塔的基石是很有把握的，晚上可以安心地睡覺。

「大約在西元前2600年，埃及的斯內夫魯王第一個眞正地建起了金字塔。然而，繼承他的遺志建起理想的金字塔——吉薩金字塔的是他的兒子胡夫。希望妳繼續建設妳的金字塔，並且像胡夫王那樣，把它建成一個理想的金字塔。」

Rule

19

創造力是事業成功的保障

優秀的公司爲了長期保持公司的優勢，
即使分出一部分利潤，也要對研究和開發新產品進行投資。

爲了事業的成功，
必須培養業務人員的創造性和豐富的想像力。

牛頓在抓住靈感之前，蘋果已多次落到他頭上！
自然常常給予我們啓發，反覆地啓發我們。
而我們則是偶然得到了靈感。

孤獨是創造力的最重要的催化劑之一。
爲了抓住靈感，就必須給予心靈一個可以構思的、安靜的、
心平氣和的環境，需要有使新的構思浮現在腦海裡的安靜時刻。

兩個以上的人『合作』，爲了解決目前的問題，
一起進行『腦力激盪』時，
常常比自己一個人更能激發創意火花。

「還記得我帶你們到北部打獵的情景嗎？」晚餐上，洛克菲勒有意轉移話題。

「是啊，那個時候約翰是多麼勇敢，面對狼群臨危不亂。」伊莉莎白感慨道。

「我希望，你們還用當初那種『初生之犢不畏虎』的精神來面對今天的挑戰！我們要對付的問題，即競爭公司的新產品。你們大概也已經發現，這需要我們全面地應用創造能力。這是人的心理本能之一。現在，雖然我們的一種產品在市場上落後於競爭產品，但我們並非對這種事態毫無準備，等閒視之。

「具體地說，我們貫徹了這樣的方針，即常常把公司的相當一部分盈利投資到持續性的研究和開發計畫裡。並且爲改良現在的產品，我們最近打開了若干重要突破口。因此，我堅信很快就能對付競爭產品的威脅。」

「技術開發部已經設計了幾個方案投入市場，但仍然毫無起色！」小約翰很懊惱地說。

「約翰，別著急，從我的經營哲學來說，只要是與製造公司有關的新改良方案，都不應該馬上拿到市場上去實踐，而用於準備對付我們現在所經歷的『不時』之需，才是高明的。

「作爲一個成功的商人，我們必須總結經驗教訓。作爲這次事件的最大教訓，你必須牢記以下事情。有不少公司將大部分利潤作爲紅利分給股東，而對於新產品的開發和改良一毛也不花，這是嚴重的錯誤。**優秀的公司為了長期保持公司的優勢，即使分出一部分利潤，也要對研究和開發新產品進行投資。**

「作爲第二個教訓，希望你們理解的是，**為了事業的成功，必須培養業務人員的創造性和豐富的想像力**。過去只要有教育和努力，就有希望獲得成功。但是時代不同了，要取得今天的成功，就要在教育與努力之外再加上這些要素——有創造性的、想像力豐富的心靈。

「年輕時開始做事業的時候，我對年長同事們的發明才能和天才的創造能力有一種敬畏感，認爲自己毫無創造能力。值得高興的是，隨著時間、學習、習慣和經驗的積累，證明了那只是自己的一種想法。如果當初就能領悟這一點的話，就可以省去很多徒勞的苦惱、動搖的時間。」洛克菲勒分析入微。

「我想我從小就缺乏較強的創造力，因此在那方面一直缺乏信心！」伊莉莎白自我反省地說。

洛克菲勒笑著說：「貝茜，現在你還是在犯我以前所犯過的、各種年齡的許多人都犯的錯誤。

「創造能力的應用有以下4個方面。我們把這些方面稱爲『心理活動』、『成熟期』、『孤獨』和『主角精神』吧，下面我們就各個方面進行探討。

「心理活動是指就你準備調查的任何課題，首先必須在潛意識中儲存所有已知的事實，然後在潛意識中理出錯綜複雜的事實頭緒，做到心中有數，很快就會找到解答，主意會一個接一個地浮現在你的腦海裡。有時在你意想不到的時候也會有辦法。總之，辦法會浮現到你腦海裡，並以某種形式集中起來。之後你就把它作爲一種試驗去實行。

「成熟期指創造性的瓶頸並不是在一夜之間就能突破的，希望你能理解這一點。當然也有例外的時候，但一般來說，構思的發展需要時間。有時甚至必須花上好幾年的時間，耐心思索事實，反覆試驗，在潛意識中儲存新的資料，等待最後全部的解答。詩人羅伯特・李・費羅斯特是這樣說的：『**牛頓在抓住靈感之前，蘋果已多次落到他頭上！自然常常給予我們啟發，反覆地啟發我們。而我們則是偶然得到了靈感。**』人類從這種創造性的心靈中『抓住靈感』，發明了車輪、紙張、玻璃、電、汽車、飛艇；在其他方面也取得了許多卓越的成就。

「孤獨是創造力最重要的催化劑之一。為了抓住靈感，就必須給予心靈一個可以構思安靜的、心平氣和的環境，需要有使新的構思浮現在腦海裡的安靜時刻。詹姆斯也曾這樣說過：『正如社會可以培養完美的人格一樣，培養想像力需要孤獨。』我從星期四傍晚離開辦公室以後到星期一才回公司就是這個原因。一般的朋友認爲我是星期五休息。他們不知道，星期五不管我在家裡度過還是去划橡皮艇，對於我來說都是安靜『思索』的一天，是長期以來一個星期中成果最多的一天，一個最寶貴的工作日。

「主角精神的定義是說，它是『爲了達到特定的目標，在兩個以上的人們之間，以合作精神所進行的知識和努力的統一』。**兩個以上的人『合作』，為了解決目前的問題，一起進行『腦力激盪』時，常常比自己一個人更能激發創意火花。」**

Rule

20

瞭解和關心團隊中的每一位成員

作爲公司的領袖你必須掌握職員跳槽的一切原因。
在這個基礎上，你要盡可能地消除公司裡存在的跳槽動機，
這樣才能挽留踏實可信的部下和良好的工作環境。

優秀的管理人員不會放鬆觀察，
以免部下之間擴散不安定的心態、厭倦感和不滿情緒。

雖然不可能指望全體的優秀部下一輩子支持你，
但是如果常常關心他們的利益、雄心和幸福的話，
我想可以把大多數人留在你身邊。

正當伊莉莎白準備在公司上下開展一場轟轟烈烈的改革時，她的愛將邁克離開了公司……

伊莉莎白去探望住在聖瑪麗醫院附屬康復院療養的洛克菲勒，正碰上父親和他的愛犬甜甜在草坪上曬太陽。

「貝茜，妳看上去有些心事，發生了什麼事？」洛克菲勒說。

「爸爸，是這樣的，邁克遞了辭職信，然而，我擔心的是爲何失去像他這麼可貴的管理人員。兩個月前凱西剛剛走，這就更令人擔憂。我覺得很有必要調查情況，弄清他們離去的原因。」

「是這樣，」洛克菲勒想了想，「據我的經驗看，有的人僅僅是爲了改變生活環境而換工作；也有人是性格不穩，不能一直在一個地方待下去；還有很多人是爲了追求理想的工作崗位而成了『爲觀念所強迫的人』。這些人不管去哪個公司都是來了就走的『候鳥』，對於公司來說，是時間和金錢的極大浪費者。」

「這些原因，我也想過了，而且邁克他們與我的交情很不錯啊！我升爲總經理後，他卻漸漸疏遠了我。而我由於忙於公務，也沒太注意到，現在就出現了這麼尷尬的局面。」伊莉莎白撫摸著甜甜說。

「別著急，貝茜，與人相處需要高超的技巧，做一個好的管理者，更需要處理許多微妙的關係。

「**作為公司的領袖，妳必須掌握職員跳槽的一切原因。在這個基礎上，妳要盡可能地消除公司裡存在的跳槽動機，這樣才能挽留踏實可信的部下和良好的工作環境**。並且，對你的職員要積極支持他們的成長，完善他們的工作環境，給他們加薪。如果他們知道你已爲此盡了最大努力的話，他們就不能不對跳槽有所猶豫吧。

「依我看，工作得不到成就感——對報酬、公司地點、上司等產生不滿——常常成爲跳槽的主要動機。如果做了一天的工作卻沒有成就感的話，對第二天的工作應當不會有多少興趣和熱情，這種狀態只會每況愈下。**優秀的管理人員不會放鬆觀察，以免部下之間擴散不安定的心態、厭倦感和不滿情緒**。最近辭職者一個接一個的唯一原因或許在於妳本身。」

「爸爸，如果您不提醒我的話，我還眞沒意識到這一點。我已經被各種雜務搞得焦頭爛額了。」伊莉莎白愧疚地說。

「這是許多身居高位者常常忽略的事情，即忘了與下屬要常常溝通。因爲妳不會『讀心術』，所以你可以每幾個月徵求一下部下的意見，問問他們對你平時的工作方法是否認爲有該改進的地方和該改善的方面。許多優秀人才沒有說出自己的意見，或公司沒有爲他們解除不滿的機會就走掉了。

早年我爲別人的公司服務時，我部門的一位現在完全成爲老手的成員，說她工作過於緊張，似乎做不下去了，並遞交了辭職報告。她認爲與其被解雇，不如自己辭職好。幸虧我及時瞭解情況，知道她對自己所擔任的工作完全是誤解了。她感到自己的責任比公司對她的期望重大得多。她放心地走出我的辦公室，我作爲上司也放下了心。因爲我挽留了一個部下，她今天已是那家公司培養出來最優秀的職員之一。

一般說來，年輕人，尤其是銷售部門的人，有一種向著目標邁進的頑強個性，如果看不到晉升的希望，馬上就想調動工作。因此，對你隊伍裡的每一個成員的情況，你都要頻繁定期地進行觀察，以便及早發現。或許憑著你的一點鼓勵和個人的支持就能夠調整他們的不滿，這是很重要的。

也有的年輕人在得知同事、朋友或者同行的熟人升遷後就暈頭轉向。作爲瞬間的反應，他們認爲自己沒有別人聰明，容貌也不佳，沒有魅力，或者認爲不像別人那樣有成績，一定是因爲工作不適合自己，公司不適合自己。也許完全是那樣，但是如果並不是他們所想的那種，你就必須說服他們，使他們理解：技術知識、熱情、努力以及誠心一定會得到回報的。但是一定要有機遇，並不一定能按照他們所預想的或希望的那樣得到回報。

「莎士比亞曾寫道：『我們知道自己是什麼，但不知道自己今後成爲什麼。』你很有必要仔細瞭解自己小組的每個成員，和他們一個一個地或全體小組成員談心，問問他們將來想做什麼。這樣，妳作爲公司的管理者，**雖然不可能指望全體的優秀部下一輩子支持妳，但是如果常常關心他們的利益、雄心和幸福的話，我想可以把大多數人留在妳身邊**。希望妳能領會這一點。」

洛克菲勒的分析十分透徹，伊莉莎白十分信服地點著頭。

Rule

21

成爲一位出色領袖的要領

第一，領導者要以非凡的氣度和美的外表形象讓人折服。
第二，領導者要以高尚的人格來感召他人。
第三，領導者要以實幹精神和以身作則的作風讓人尊敬。

領導者要以敢於、善於承擔風險的經營風格服人。
這是領導者有力量、有膽識的表現，同時，
這種風格也是感染部下和員工的領導藝術。

能使整個集體運作起來，你才會被人視爲領導。
一個優秀的領袖當以身作則，樹立榜樣，帶領大家前進。
即使只有5分鐘，你要是讓掌舵的手休息了一下，
其他人也會跟著紛紛效仿。

小約翰被同行推薦爲商會會長，可是他認爲自己只有32歲，恐怕難以勝任。

靠在沙發背上的小約翰向前傾了傾身子，說：「我被選爲同業的商會會長了。」

「這是一個喜訊啊，你眞是年輕有爲。」洛克菲勒讚賞道。

一時間小約翰竟有些靦腆起來：「爸爸，我剛32歲，擔任這一職位恐怕不太合適吧？」

「哦？你怎麼會有這種想法？我應當向你表示祝賀哩，你才32歲，就受到廣大會員的擁戴，眞是榮幸之至。我像你這麼年輕的時候，恐怕還是個沒人注意的毛頭小子呢。」

「可是，爸爸，我的前任托瑪斯76歲，我和他差得太遠啦。」

「你可不要有這樣自卑的想法，小約翰，你的同行會員既然推選你爲會長，那他們肯定認爲你的年紀夠大，否則他們就不會推舉你，你一定不要總是去想自己有多大。農場後面有一個男孩在證明他能做大人的工作時，他就成了大人，而這跟他過了幾次生日沒有關係。這對你也適用，當你證明你能做好會長時，自然就變得夠老練。

「即使前任比你年長，也並不意味著你不能成爲一名才華出衆的領導者。你的許多前任只是同行的友人出於好意推選出來的，在他們的任期中，本行業因之陷入不利之境地的事情，亦屢見不鮮。如果我跟你說，在過去的會長中，有人甚至連把母牛牽進牧場都辦不到，你一定會爲此大感驚奇吧。」

「眞的嗎？不會吧。」小約翰爆笑道。

「所以，你根本不必爲此而擔心，你所應做的就是充分地擁有自信，學會運用令人佩服的領導藝術統禦商會。具體的做法呢，你應當遵循下列三個原則。**第一，領導者要以非凡的氣度和美的外表形象讓人折服。第二，領導者要以高尚的人格來感召他人。第三，領導者要以實幹精神和以身作則的作風讓人尊敬。**

「當然，我以上所說的理論實際上只是一種總結，好在你已經做過幾年經理。但是商會可能是一個新領域。」

「你不必考慮過多，約翰，」洛克菲勒摩挲著茶具說，「就我而言，各個領域都是相通的，你的領導能力不應受到如此的侷限。如果你想從人際交往中得到眞實的情感體驗，就應當在領導商會的過程中，使自己的聰慧、自信、能力，以及善待他們的良好特質形成一種吸引人的光芒。如果處理好人際關係，這光芒便會使你周圍的人產生一種向心力。」

「爸爸，我在經辦許多大事時需要親力親爲嗎？托瑪斯向我交付工作時特地強調了這一點。」

「你要儘量如此，儘量做好決斷，不可逃避自己，不可將此呈交給特別委員會的委員長。在充分理解難以應付十分棘手這一點的基礎上，對任何意見與決定都必須蓋上你的裁決印章。這樣一來，也就無須與他人的意見相左。但是，若因此而認爲完成了領導者的任務，還是無法迴避這類不太融洽的事態的。

「領導者要以敢於、善於承擔風險的經營風格服人。這是領導者有力量、有膽識的表現，同時，這種風格也是感染部下和員工的領導藝術。

「能使整個集體運作起來，你才會被人視為領導。一個優秀的領袖當以身作則，樹立榜樣，帶領大家前進。即使只有5分鐘，你要是讓掌舵的手休息了一下，其他人也會跟著紛紛效仿。而且在你根本沒有覺察的時候，問題就開始堆積如山，向無望之海崩潰、墜落。因此，要求一切從你自身開始帶頭，要求全體相關人員，拿出聰明才智，做出最大限度的努力。」

「那麼，爸爸，我需要最後確認一下。」小約翰搓著手，

「您是說，我的年輕的確不應成爲我就任會長一職的障礙，對嗎？」

「你還在擔心你的年輕？約翰，年輕絕不是一項負擔，除非是年輕人自己這麼認爲。許多年輕人覺得他們被自己的年輕拖累了。沒錯，如果有人怕自己的職位受到威脅，他可能會用『年輕』或其他理由來阻擋你。

「但是那些實力派的人物就不會這樣做了。他們會把他們認爲你能承擔的責任，儘量放手交給你。這時你就要積極地發揮你的能力，證實你的『年輕』是一項有利的籌碼。

「你取得成功的比例，將取決於在你的會長任期結束時，你所開創的一切在怎樣的程度上後繼有人，這才是眞正的試金石。同事們讚揚你的努力的話，你就要誠懇謙讓地予以接受。人眞正的本性，在接受表揚時，往往能看得一清二楚。」

「那麼，您是說，當我卸任時，或許會像托瑪斯那樣被認爲是個很不錯的會長嘍？」

「你一定會的。」洛克菲勒鼓勵道。

Rule

22

猶豫一刻可能錯失千金

做決定，尤其是做出迅速的決定，這一向是挑戰。
挑戰越大，機會就越大。

在做結論以前，或做出結論以後，
絲毫不要把時間浪費在不安和焦慮上。

堅定意志是人生的定心丸。一旦做出了決定，
就不應該左思右想，又焦慮不安，或又擔心起來。

所謂從商就意味著下決心，嘗試新的想法，
賭一賭，抓住機會，贏——甚至輸。

經常因害怕失敗，就連試一試也不敢，
怎麼能取得勝利呢？

巴黎新產品博覽會上，伊莉莎白本躊躇滿志地要奪得產品專賣權，但因她的決定晚了1小時而痛失良機……

洛克菲勒聽說公司在歐洲新產品代理權的競爭中落後了，感到很遺憾，他尤其感到遺憾的是伊莉莎白失利的具體情況。可以做個形象的比喻，他們是在跑道內側的有利線路上跑，占最先進入決勝點的優勢，但由於伊莉莎白的重要決定晚下了一步，就在最後衝刺的關鍵時刻使勝利落空了。

每當這個時候，伊莉莎白第一個想到的人就是父親。她與父親通起了長途電話。「爸爸，約翰已經把博覽會的事告訴您了吧？歐洲的這個公司如此匆忙地指定美國代理店，並沒有事先告訴我。我以為可以在時間上充分考慮之後再做出必要的決定呢。」

洛克菲勒在電話那邊說：「不要著急，貝茜，不管怎樣，妳已經盡力了。不過我只是想對妳說，從事商業的人常見的重大缺點之一就是缺乏迅速、果斷的判斷力。如果放任緩慢的意志而優柔寡斷，其時間的浪費和低效率會給公司帶來極大的損失。

「在企業界沒有成功的完美方法，但在這複雜的拼圖遊戲中，可以說，經過檢驗、證實了的眾所周知的最基本方法有二三點，果斷力是其中之一。另一點是，如果最後拍板的人是妳，而又只有你一個人的時候，妳就要確認這個事實。**做決定，尤其是做出迅速的決定，這一向是挑戰。挑戰越大，機會就越大。**實際上有許多這樣的機會從過分猶豫的人眼皮底下溜走了。他們對情況不做系統的整理，也不做出建設性的結論，而是擔心、著急、磨時間。絕大多數人，大概都沒有聽說過人們自古以來在做重大決定時常用的一種簡單方法，或即使聽了也當耳邊風。」

「爸爸，這是什麼方法呢？」伊莉莎白急切地問。

「其實是很簡單的方法：收集所有的眞實情況，分別打上『＋、－』符號，然後就只需要一張白紙、一支筆和一點時間了。在白紙的中間畫一道豎線，一半記『＋』號，另一半記『－』號，然後把你所收集到的資料塡到合適的欄目上，按得分表的要領記分。要仔細評估兩個欄目上的各個因素，在旁邊以1—10的評價記分，再合計各種得分。如果有一邊的分數比另一邊分數大得多，妳應該決定的方向就很明顯了。或者倒過來考慮的話，是否有必要全部重新分析或再次評估就很明顯了。

「**在做結論以前，或做出結論以後，絲毫不要把時間浪費在不安和焦慮上。**做出決定的時候，擔心也就到頭了，也就戰勝了挑戰。**堅定意志是人生的定心丸。一旦做出了決定，就不應該左思右想，又焦慮不安，或又擔心起來。**這也是南北戰爭時期美國總統林肯的信念。」洛克菲勒語氣平和地安慰著處於巨大的失敗壓力下的女兒。

「我不得不承認，我失敗了，爸爸。或許我應該辭職。」伊莉莎白的情緒仍然很糟。

洛克菲勒頓了頓說：「這不是一個經理的做法，這是一個很平庸的女人的做法。妳應該冷靜下來，仔細分析一下。害怕失敗，優柔寡斷的態度是主要原因。但是，與其默默地看著這個難得的機會從妳的辦公室的窗戶外面飛到競爭公司去，倒不如試過之後再失敗的好。我敢肯定，能以消極的態度管好企業的先例是沒有的，關於類似的動搖和躊躇也是一樣的。**所謂從商就意味著下決心，嘗試新的想法，賭一賭，抓住機會，贏——甚至輸**。不管是什麼冠軍，都不可能保證自己永遠勝利，只不過取勝的時候多一些罷了。可是，**經常因害怕失敗，就連試一試也不敢，怎麼能取得勝利呢**？在企業界也同樣，就像一個幼兒，大膽地邁出的第一步，很快就會成爲接近勝利的目標的、毫不畏懼的巨人般的一步。

「商場上的競爭是殘酷的。不過，你沒有抓住新代理店權利的機會，我感到十分遺憾，但是過不了多久妳會把這次失敗看作是人生一大進步的。這是因爲，有了這次經歷，在你的許多優點中，尤其是加強果斷的重要性方面，你會瞭若指掌的。

「這是一次嚴重的教訓。正因爲它的嚴重性，才增大了妳下次成功的機會，這種喜悅將越來越甜美。值得慶幸的是，如果妳留意的話，將會遊來很多很多比這次跑掉的更大的魚，但願妳會趕緊去釣它，下一次可千萬別讓機會溜掉。」

一個漫長的越洋電話終於結束了，伊莉莎白覺得空氣中充滿了愛的電波，巴黎的夜景眞的很壯觀。

Rule 23

無信者將在企業界無處藏身

長期以來，我把保持顧客、職員、供貨單位以及銀行關係戶的信用作爲個人的信條去嚴格要求管理人員。

要加強你的公司信譽，
讓別人評價說這是一家可靠的公司，
就不要忘記你本身和在你手下工作的職員的誠實。

在企業界，信譽是奸詐的人不管賺多少錢都買不到的，
他們無法體驗贏得它的樂趣。

小約翰負責推銷任務的那家大公司的主管，打算讓其私下給他現金作爲回扣，才和小約翰簽約……

「爸爸，我爲了得到這個顧客，長期以來拼命地努力，終於做到了這一步。現在爲了最後能簽訂合約，我想或多或少給他一些好處。」小約翰來到父親的書房，與父親聊起了此事。洛克菲勒搖搖頭說：「如果你眞去做那種事，才是眞會招惹到不堪設想的麻煩。

「首先你就幫了這個人對自己的公司進行盜竊。如果供貨廠商能提供這種性質的資金，對於他的公司來說，就應該是節省經費。不能讓這筆錢作爲賄賂落入這個管理人的口袋裡。他很明顯是在怠忽職守，他欺騙了公司，他利用那種方式，進行詐騙。幫助這樣的人，唆使他做壞事，就連你本身也騙了人，撒了謊，也是在進行詐騙了。你想做那樣的人嗎？對這個人的提議就不要去考慮了，以其他正道賺錢吧。

「你在商品交易中，這種情況大概不會是最後一次吧。一般的經營者都是以正當、直率的手段扶持公司，提高效益。但確實也有不是那麼正直的人，有的人認爲『名譽不如財富重要』，他們高舉的標語是和我們相反的。然而，世界不會寬闊得能讓企業界無操守的人長期藏身，不能受其影響而將自己的信用置於險境。

「我最近和朋友聊天的時候他問我，在商界生存最重要一點是什麼。我毫不猶豫地答道，是誠信。我認爲，具有誠實的人格的人，就是有道德且品格高尚的人。也就是說，他在日常生活中總是正直、坦率的。在企業界，具備這種品格是帶來長期成功的生命力。我想提醒你，不要把誠實說成是一種白送的禮物或最貴重的優點之一，而要把它看成是生命力。這是帶來長期性成功的眞正的『生命氣息』。的確，相當多的人不想誠實地進行商品交易，而且那種人看來似乎多數都是每次背叛別人後就逃之夭夭。可是根據我的經驗，你很快就會明白，那些人不可能會永遠這樣做事。在企業界，沒有比欺詐和違反道德倫理的商品交易的消息傳得更快的了。」

「您從來就是這樣教育我們的，但事實上有時我們也必須與現實妥協。」小約翰苦惱地說。

「約翰，誠實和慈悲心同樣，不正直多半是由家庭開始的。最初形成孩子性格的是父母，不是別人。很遺憾，如今的父母一般出於對孩子的一片好心，多數採取這樣的教育方針：與其說是叫孩子『學學我』，不如說是讓孩子『按照我所說的去做』。如果可以說百聞不如一見的話，行動——父母示範的榜樣——對孩子恐怕有10倍的說服力。如果你以各種方式表現出奸詐的行爲，如在餐館結賬時，服務員少算了錢對自己有利就高興，這樣怎樣教孩子正直也是白搭。有許多父母由於自己本身的行爲，不知不覺地以細微的方式教給了幼小的孩子怎樣撒謊、騙人。

「**長期以來，我把保持顧客、職員、供貨單位以及銀行關係戶的信用作為個人的信條去嚴格要求管理人員**。我們的公司也是以這個方針爲基礎建立起來的。我們爲了獲得這一信譽經過了長期的努力，我個人也爲此感到自豪。作爲一名管理者，不損害這個信譽也是你的重要責任之一。信用有著不可估量的價値，你也應像我長期以來所感覺的那樣，當自己不是欺騙對方，而是設法戰勝對方，誠實地去迎接企業的挑戰時，一定感到精神煥發吧，這就是守信用。**要加強你的公司的信譽，讓別人評價說這是一家可靠的公司，就不要忘記你本身和在你手下工作的職員的誠實**。

「希臘的哲學家第歐根尼說過：『我在尋找正直的人。』愛爾蘭哲學家喬治．伯克利也說過：『誠信是人人都高舉的標語，但實踐的人是很少的。』誠信也許確實是極少數人所擁有的財富。在企業界，信譽是奸詐的人不管賺多少錢都買不到的，他們無法體驗贏得它的樂趣。讓我們用自己的方式去賺錢吧。」

小約翰信服地點點頭說：「我知道該怎麼辦了！」

「你要對策劃那件壞事的負責人說，不能接受那樣的交易。你在這個城市是以最廉價、最大的優惠提供最優質的產品，作爲提供原料的同業者，當然有資格和他們的公司進行交易。或許他們會良心發現，並公開競爭，接受你的契約。好，不要多想了，現在我請你到這個城市裡有最上等香檳酒的飯店吃晚餐。」

過了一會兒，父子倆一齊開車消失在茫茫夜色中。

Rule

24

過度男權和女權主義都應摒棄

做一個優秀的管理者，以無可非議的行動，
妳很快就會抓住妳圈子內的、像妳一樣的眞正勇者的心理。
並且有朝一日，就連那些天生的男性優越主義者也會向妳學習。

在任何社會都有一兩個堅信只有男性才能
推動這個世界進步的頑固分子。
爲了使我們的公司最大限度地繁榮起來，
如果妳的部下有那樣的人，你必須把他推開，
換上不受偏見限制的聰明人才。

過度的女性解放運動和男性優越主義一樣討厭。
因爲兩者都會給任何事業帶來時間、效率和利益方面的巨大損失。

面對男性同事的騷擾，伊莉莎白有時眞是忍無可忍。在一次例行的家宴中，她向父親講述了自己的苦衷。

「爸爸，他們有時眞的很過分。他們在工作單位有時叫我『寶貝』或『親愛的』，有時『親密』地擁抱我，公然向我求愛，並且有時也開下流的玩笑，或對我個人及全體女性假裝天眞幽默實則諷刺。」

「哦，我機智聰明的貝茜怎麼也碰到那種事情呢？我絕對忘不了聽說你打了一個漂亮的勝仗而捧腹大笑的情形。在公司，一個男同事當著你的顧客的面毫無顧忌地叫你『寶貝』，而妳反過來叫他『心肝』，以後他對妳的態度很快就改變了。有一次，妳在被一個上司拍了一下屁股的時候，妳毫不客氣地立即反擊一掌，聚集在辦公室的全體女性爲妳喝彩。當然，也有以開玩笑解決不了問題的時候。某個推銷員糾纏不休地向妳求愛時，妳不得不報告董事長。某個男性以他『有家屬比妳獨身的生活花費多』爲理由，在加薪上拉大與妳的距離的時候，妳只能默默地接受。」洛克菲勒半調侃似地對女兒說。

「那些事還不算什麼呢！主要是工作方面存在許多不平等！」伊莉莎白看上去已被壓抑很久，她憤憤地說。

洛克菲勒信手從花瓶裡抽出一支新鮮的紅玫瑰，送給了女兒，笑著說：「妳經過長期努力，克服了一切譏諷和不平等，終於與公司董事會的男性並駕齊驅。你原以爲位居企業界上層的男性會好些，沒想到還要與他們心胸狹窄的偏見做如此激烈的鬥爭，可見偏見比以往還要多，只是偏見的種類不同罷了。

「不知妳想過沒有，有誰保證過什麼時候，企業社會會成爲玫瑰花園呢？不管問誰，恐怕都會立即回答，女性管理者在企業界不論爬到什麼地位，對於女性的差別待遇都不會魔術般地消失。特別像現在，在企業界活動的大部分人是男性，這種偏見今後也不會消失。妳只不過是最近遷入男性王國的移民而已。今後這種情況肯定會長期繼續下去。」洛克菲勒竭力讓女兒的情緒變得平和。

「我恨透了男性優越主義，已經不想再忍受了。我眞想永遠離開企業界。」伊莉莎白憤憤不平地說，「我不能理解男性爲什麼這麼心胸狹窄，憎恨女性進入主流社會呢？」

「這一點恐怕我也解釋不了，厚顏無恥的男性優越主義，雖然隱蔽起來了，但它根深蒂固，仍然沒有衰退的跡象。過低地估計女性的智慧，是許多男性所犯的錯誤。女性的許多優秀、有益的設想恐怕就因此才未見天日。而女性希望自己的設想得到世人公平的傾聽，頑強地堅持自己的主張時——正如你所經歷的——常常被說成是『強行的或好戰的』，有時還會有更難聽的話。與此相反男性們同樣主張自己的構思時則會受到同性的讚揚，這能說是公平的嗎？關於這一點，我也解釋不了我們許多同性心胸狹窄的問題。」洛克菲勒也很無奈地回答。

「我不會輕易放棄付出這麼大犧牲爭取來的位置。」伊莉莎白倔強地向父親表白。

「太好了，貝茜，如果妳下定決心，妳就應該忘掉所有的氣憤憎恨，我認爲這種精神是最重要的。乾脆把這當做一項業務，再發起挑戰吧。

「爲此，不管別人如何企圖阻止你參加重大決策，干預你的設想——在任何情況下，你都不可動搖，你要頑強地拿出周密的計畫和意見，直到對方接受，做出公正的評價爲止。你要常常保持穩重、嚴謹、公正、幽默感——你的獨特氣質。

「做一個優秀的管理者，以無可非議的行動，妳很快就會抓住妳圈子內的、像妳一樣的真正勇者的心理。並且有朝一日，就連那些天生的男性優越主義者也會向妳學習。如果將對工作的熱情和忍耐力相結合，勝利必定屬於妳。

「在任何社會都有一兩個堅信只有男性才能推動這個世界進步的頑固分子。為了使我們的公司最大限度地繁榮起來，如果妳的部下有那樣的人，你必須把他推開，換上不受偏見限制的聰明人才。

「另外，隨著地位的確立，你也許想讓男性也多少嚐嚐你長期以來忍受的苦惱。拜託了，希望妳不要陷入這種謬誤。過度的女性解放運動和男性優越主義一樣討厭。因為兩者都會給任何事業帶來時間、效率和利益方面的巨大損失。」

洛克菲勒用堅定的目光注視著女兒，深情地鼓勵著女兒。

Rule 25 用心面對平平淡淡的婚姻生活

一對好伴侶在有緊急和特殊情況時，
一人不惜負擔起兩人的責任，
這個時候一般彼此都無條件地樂意代勞，
這就是同甘共苦，所謂婚姻生活就是這麼一回事。
可是，不管是多麼愛妻子或丈夫，
永遠承擔不公平的責任的配偶恐怕是沒有的。

愛情就像一粒種子，到時它就會成長、開花。
我們不知道開的是什麼花，但是肯定它會開花。
如果你的選擇是精心而明智的，
愛情的花朵將會是甜美的；
如果你選擇的時候不用心或判斷錯誤，
愛情之花就不會完美。

剛剛參加完父母的寶石婚，伊莉莎白的婚姻卻出現了小小的危機……

星期六，洛克菲勒去伊莉莎白家，卻沒有見到她。她丈夫查理斯說，最近星期六她都在公司度過，而且星期日晚上也常常在公司過。洛克菲勒聽得出查理斯的語氣中流露出不滿的意味，儘管他有十二分的心意和自己的女兒平等地分擔對家庭的責任，然而迄今爲止他一直承擔著不平等的負擔，這一點誰都看得出來。

洛克菲勒到公司找到女兒，約她一起吃飯，並想乘機同她好好談談。可他驚訝地發現伊莉莎白對侍者表現出魯莽、粗暴的態度，與平時彬彬有禮、溫柔體貼的她判若兩人。洛克菲勒覺得女兒最近的情緒很不好，這表現出她滿腦子都是工作，以致於對日常生活中必須盡到的其他責任，如感情、慾望等都不在乎了。

「爸爸，我現在總是很煩躁，尤其是回到家。查理斯越是對我好，我越是討厭他，怎麼辦呢？」伊莉莎白垂著頭，向父親傾訴著。

洛克菲勒握住女兒的手說：「貝茜，我想我不僅僅作爲你的父親，也作爲一個瞭解後悔的人衷心地勸告你，要注意危險信號。請你後退一步，仔細查查原因。工作漸漸地占去了妳大部分的時間，尤其像在買賣和市場交易的『無邊無際』的領域裡，這種傾向更為嚴重。的確，我平時勸你要想晉升就要勤奮工作。但你過分地恃寵於親人的好意了，尤其是查理斯的支持、協助及愛情。成功、知識、經驗都不能在這種錯誤中保護你，誰也保證不了妳不受其害。

「恕我多管閒事，由於我在這個世界上比你多活了30多年，我膽子也大了。我想順便把問題追究到底，再提兩三點意見。這段時間，查理斯一直配合你的情況安排自己的工作時間，並且在你為公司工作的期間，他負責了80%的家務。**一對好伴侶在有緊急和特殊情況時，一人不惜負擔起兩人的責任，這個時候一般彼此都無條件地樂意代勞，這就是同甘共苦，所謂婚姻生活就是這麼一回事。可是，不管是多麼愛妻子或丈夫，永遠承擔不公平的責任的配偶恐怕是沒有的。**如果你認為你的丈夫是主動地承擔起責任的話，那是因為你的目光還不夠深遠。」

伊莉莎白搖搖頭說：「無論如何也找不到當初的激情了。您知道，當初我和查理斯是多麼地相愛呀！」

洛克菲勒從女兒的眼中讀到了幾許失望。「這個，我怎麼說呢？我與你母親的婚姻算是美滿幸福的，可大多數時候我們的生活還是很平淡的。

「然而，我偶爾也會看到幾對老夫妻，他們在一起時看上去是那麼地容光煥發。他們似乎眞的是生活在愛河裡，而不僅僅是相互依靠和容忍對方性格上的缺點。這種情景眞是讓人震驚，因爲對我來說似乎是根本不可能的事。我不禁問自己，對於對方的不良習慣以及這麼多年單調的生活，他們是怎樣忍受下來的？當我們大多數人好像對伴侶感情淡漠、難以相處的時候，是什麼使他們依舊彼此深愛著對方？

「我希望婚姻是一種轉化。**愛情就像一粒種子，到時它就會成長、開花。我們不知道開的是什麼花，但是肯定它會開花。如果你的選擇是精心而明智的，愛情的花朵將會是甜美的；如果你選擇的時候不用心或判斷錯誤，愛情之花就不會完美。**

「對於婚姻的負面轉化這一現實，我們總是無可奈何地接受。在我年輕的時候，對於這種負面轉化，總是感到害怕，因爲它讓我想起了婚姻的痛苦。實際上，我認爲愛情在初期是激情萬分的，但它以後卻不可能變得更強烈、更有意義。我所相信的是這種激情的力量，擔心的是它冷卻後會帶給我的失落與苦澀。

「但是的確也有積極的轉化。就像消極轉化一樣，積極轉化也是來自於一些小事的積累，小事就是對愛的理解逐漸深入。它會使愛情昇華，而絕不是可以使人致死的千萬次的打擊。這種積極的轉化就是兩個人的生活交織在了一起。兩個不同的人、兩種不同的風度、兩種不同的意識走到了一起，並一起分享生活。他們看起來各自不同，其實早已融爲一體。雙方對生活都有了新的認識，我曾經擔心的愛情枯萎和生活束縛並沒有出現。」

洛克菲勒的這番悉心教導沖淡了女兒的困惑。「或許眞是這樣，」伊莉莎白將目光投向窗外，「我應該與查理斯出去度一次假了，我們好久都沒有享受兩人獨處的時光了。」

Rule

26

勇於傾聽下屬的不同聲音

在企業運行的過程中，在對待下屬員工時，
千萬要記住，不管你喜歡他的個性也好，
不喜歡也好，也不管他個性乖戾、孤僻，
溫順、柔和也好，都不必過多地考慮，
要把注意力集中在他的工作業績及工作態度上。

經營光芒是燦爛的，還是暗淡的，
這完全取決於公司的人才培養與如何使用的問題。

從根本上說，經營始於人，也終於人。
育人、用人，成為企業家事業成敗的關鍵所在。

小約翰銷售部下屬的業務主管維奇，跟小約翰發生了衝突而辭職不幹了……

今天，洛克菲勒突發奇想要去公司看看。

「對了，」洛克菲勒問了一句，「怎麼沒見到維奇？他不是你這部門的主管嗎？」

「他呀，他一個月前就辭職不做了。」小約翰漫不經心地回答。

「眞的？」洛克菲勒顯得很吃驚，「爲什麼？」

「他不想做了啊！就是這樣。」

洛克菲勒坐了下來：「約翰，我是認眞地問你的，希望你能嚴肅地回答我的問題。培養一個職員直至他們能獨立工作，得花費不少資金。若是不斷辭退剛剛訓練完畢的職員，那麼公司的利益就會被訓練職員這一項所占去。爲了維護部下的士氣，要創造一個良好的氣氛，也是必要的條件之一。」

「爸爸，我沒想到您的反應會這麼強烈。那天，我提出了一個計畫方案，維奇當然又要反對，自從我接管銷售的工作，成爲他的頂頭上司以來，我每提一個方案，都會無一例外地遭到他的反對。這次他又故技重施，我再也忍不下去了，就和他吵了起來。當時我們倆人都很激動。兩天以後，他交了辭職報告就走了。」小約翰聳聳肩說，「就是這樣。」

「約翰，我認爲在這件事上，你的處理不夠愼重。維奇在我們公司做了13年，他忠於職守，是一位勤奮刻苦的職員。這一點誰都沒有懷疑過。」

「可是，爸爸，一直以來，他給我的感覺就好像是一條暗藏的毒蛇，準備隨時隨地趁人不備咬上一口。」

「噢，約翰，我沒想到你竟會對他有這種印象。在我直接管理公司的銷售部門時，他雖然有些方面有點古怪，卻是一個十分重要的職員。或許是他奇怪的脾氣使你很反感，造成了反目成仇的原因吧！

「在企業運行的過程中，在對待下屬員工時，千萬要記住，不管你喜歡他的個性也好，不喜歡也好，也不管他個性乖戾、孤僻，溫順、柔和也好，都不必過多地考慮，要把注意力集中在他的工作業績及工作態度上。而一個職員一天一次還是一千次擤鼻涕都不成問題，只要不是給他人造成麻煩的、令人不快的，或者是特別古怪的脾氣，都不應成爲辭退他的理由。在我們每個人身上，都存在著不少各式各樣有時甚至是特別古怪的癖好。

「維奇先生辭職的理由如果你認眞地評價一番的話，會發現受益良多。我只是聽你反映他怪異的脾氣，似乎怎麼都不能讓你稱心如意。你要知道我們是一個企業，而性格分析是我們的外行，這一點你切不可小看。維奇在我們公司工作了13年，這期間沒有一位其他的職員向我反應過對他的不滿，這一事實應該敦促你不斷反省。」

「可是每次開會，他總是對我提出的意見說長道短，要不就是一臉的不屑，這實在讓我受不了。」小約翰依然耿耿於懷。

「約翰，你不要忘了，一致的意見不見得就是最好。當下屬對你的方案無異議時，並不能認爲這項方案就是完美無缺的。在這個時候你切不可沾沾自喜，反而應該鼓勵下屬，讓他們敢於提出相反的意見。一個方案——即使是挺不錯的——只有不斷改進補充，才能更上一層樓。良好的方案往往不是由互相容忍得來的，而是爭吵的結果。

「你我都清楚，維奇是一個眞正的恪盡職守的員工，只要花一定的時間，很多性格都可以相互磨合。況且你跟維奇一起工作僅有4個月的時間，也許再過4個月你會對這個人產生更多的好感。到時候你就會以不同的觀點評價這個人了。

「對寶貴的有經驗的老員工，你是否以你自己的所爲所好作爲基準呢？只要不符你的標準就看不順眼，那麼公司是否有失去他們的可能？這是我心中的一大疑問。如果這是事實的話，那麼我就得在你將公司員工全部解雇之前，提早把你送到精神病醫生那裡去。」

「您太誇張了，爸爸，恐怕我還沒有那麼嚴重吧！」

「約翰，對於我們這種企業集團來說，**經營光芒是燦爛的，還是暗淡的，這完全取決於公司的人才培養與如何使用的問題。從根本上說，經營始於人，也終於人。育人、用人，成為企業家事業成敗的關鍵所在**。因此有必要研究企業家應該具有什麼樣的用人心態。

「第一，企業家要確立『公司裡沒有不稱職的人』的人才觀，才能在用人上做到人盡其才。第二，企業家在選拔、使用人才時，要樹立公正、民主的心態。第三，企業家在用人上要有『看人長處、容忍短處』的寬宏心態。第四，企業家還要有不避用仇人的用人心態。第五，企業家在用人上還要有感恩的心態，才能在人才中形成向心力和凝聚力，使事業興旺發達。

「總之，約翰，員工是寶貴的資源，不可將他們跟青磚、紅瓦、泥灰等建築材料等同對待，也不可將他們跟機械設備一樣對待。」

「約翰，」約莫半晌，洛克菲勒說道，「我並不是想干預你的事務，可能我的這一番說教會讓你深感厭倦。」

「當然不會，爸爸，正相反，您的這一番話讓我受益匪淺，我想以後遇到類似問題時，我會按您的教導去處理的。」

Rule

27
天賜特權：爲人父母

爲人父母，是天賜的特權，是最高的地位。
然而，有時也要做比任何職業都更頑強的工作。

在漫長的歲月裡，
毫無疑問有爲孩子吃苦的日子。
但快樂的日子很快就會來臨，
有許許多多的喜悅在等待著妳。

不要只是體驗所有這些成長階段的樂趣和新奇感；
爲了孩子的成長著想和努力是父母應盡的責任。

伊莉莎白順利生產了，洛克菲勒看到伊莉莎白的女兒感到欣喜萬分……

洛克菲勒欣喜地看著初生嬰兒的粉嫩小臉、她稀疏的頭髮、明亮的眼睛。回想起伊莉莎白和小約翰小時候的時光，不禁感慨萬千，他回想起一首詩來：

這是我曾經抱過的小女孩吧？

這是我曾經和他遊戲過的小男孩吧？

自己不知不覺地老了，

你們倆什麼時候就長大了？

那女孩什麼時候就變得這麼美麗了？

那男孩什麼時候就長得這麼高了？

你們倆都小的時候，

不還是昨天的事嗎？

嬰兒一聲清脆的啼哭打斷了他的思緒。伊莉莎白抱過小寶寶，卻重重地歎了一口氣：「爸爸，我可能得有相當長的一段時間不能回公司上班了！」她對洛克菲勒充滿內疚地說。

「哦，貝茜，處理好養育孩子與職業的關係，這是任何男女都應該比選擇職業更優先考慮的一個方面。也有些夫婦決心不要孩子，逃避一切問題。確實，沒有孩子也許可能度過滿足、幸福的一生。但是，作爲妳和妳弟弟的父母，多虧了和妳們共度愉快的生活，我們不能不認爲，妳們倆給我們帶來了任何東西都不能取代的喜悅。

「許多心理學家說，長大成人後情緒上的安定——或不安定——幾乎在3歲以前就形成。在這期間，能否感到愛，是否平靜、滿足，或神經質地感到不安，這些都有很大的影響。

「也有許多夫妻，不得不雙雙在外面工作，可是若你有自信的選擇的話，那就要中斷幾年，親自撫育孩子，等孩子到了學齡期，感到不太困難，或沒有多大不利條件的時候再恢復工作。如果是在幼兒撫育期間能以某種方法或形式在家裡繼續工作的職業也許更理想。妳母親在撫育妳和妳弟弟期間，辭去了廣告公司的高級主管職務，當一個沒有固定收入的撰稿人。但是，這純粹是個人問題，應該在夫婦愼重考慮後再做決定。

「我告訴妳，**為人父母，是天賜的特權，是最高的地位。然而，有時也要做比任何職業都更頑強的工作。**」洛克菲勒慈愛地望著外孫女的小臉蛋說，「貝茜，頭幾個月妳也許覺得精疲力盡，能力的限度受到考驗。妳的『新陽光』——孩子——不會在妳往日睡覺的時候睡覺，肚子餓了還會哭叫，還會頻頻地要求妳爲她換尿布。妳會滿足她的要求吧？上帝就是爲了這個才賜予母親綽綽有餘的忍耐力的。而有一天妳會發現，妳的這位極好的女兒，在妳們夫婦倆的溫暖、永恆的慈愛中成長爲一位美麗出衆的女性了。

「在漫長的歲月裡，毫無疑問有為孩子吃苦的日子。但快樂的日子很快就會來臨，有許許多多的喜悅在等待著妳。如孩子頭一次在臉上露出『笑容』時，即使告訴妳孩子『打嗝』看上去也像笑，妳也絕不會不同意吧，孩子長出第一顆牙齒時的喜悅，孩子危險而大膽地走第一步時的喜悅，孩子自己繫鞋帶時的喜悅，還有孩子頭一次看見聖誕老人時的喜悅。但是，**不要只是體驗所有這些成長階段的樂趣和新奇感；為了孩子的成長著想和努力是父母應盡的責任。**

「有時候，爲了得到滿意的結果，作爲一種手段可以考慮『行賄』。不錯，是賄賂。坦白地說，我對妳和妳弟弟都做過好幾次。作爲我的想法，做好事的話一定有好的回報，這是誘使這種做法的原因之一。但是，如果有時藉助於誘惑的方式，你和你弟弟能夠達到看起來困難的目標的話，那對於我們家裡的全體成員來說，都是一件大樂事。可是，如果妳一定要採取這種策略，希望只是偶爾玩一玩，或作爲一種挑戰。不要過分，必須謹慎行事，絕不能作爲慣常報酬來期待著。

「作爲妳和妳弟弟的父母，如果把我和妳媽媽共用的快樂回憶寫成文章，會把好幾冊筆記本寫得滿滿的。在妳兩歲生日時妳把巧克力蛋糕塗在臉上，妳用玩具烤箱烤的小蛋糕是妳弟弟最喜歡的東西。妳試用過妳媽媽的化妝品，穿過媽媽的高跟鞋。還有妳弟弟學校的慶祝盛裝遊行，妳們學校的畢業舞會。還有，妳頭一次在百慕達眞正『幽會』時，妳媽媽和我都爲妳大吃一驚，感到妳忽然『像大人樣兒了，美極了』。」

「眞的嗎？」聽到這裡，伊莉莎白一手握住父親，一手撫摸著女兒的小臉蛋笑了，笑容很像牆上的聖母像。

Rule

28

善待自己，善待自己的一生

人在青春韶華時，
就應爲自己的健康負起責任。

人們所感受的壓力、抱怨、焦慮，
都是自心而生的一種感覺，如果一個人能認識到這一點，
或許他就會眞正地控制自己。
如果一個人不能控制自己，
那他永遠是自己精神的奴隸。

我們往往在瀕死之時，
才明白可愛的東西是如何地可愛，
而事前就已明白這一點的人是幸運的。

洛克菲勒的一位好朋友，也是多年的合作夥伴去世了……

一進客廳，小約翰就看見父親坐在沙發上，兩手撐著太陽穴，埋著頭。「出了什麼事，爸爸？」小約翰急忙走了過去。

洛克菲勒伸手把兒子拉到自己身邊，「是有個壞消息，」他的嘴唇哆嗦著，「你的班叔叔死了。」

「怎麼可能！」這個消息無異於晴天霹靂，小約翰確實吃了一驚。

「他死於心肌梗塞，今天上午10點，瑪麗來的電話。」

班的形象是美好的。小約翰的眼前立刻浮現出他的樣子來：身高180公分，體重100公斤，他的面孔崎嶇不平，好像是花崗岩絕壁。他早年和洛克菲勒一樣，都是白手起家，而現在他的事業也相當龐大。他是洛克菲勒最早的合作夥伴之一。

參加完班的葬禮回來，小約翰見父親正在翻看他的舊相冊。「坐吧，約翰。」

看了一會兒，洛克菲勒闔上了相冊，轉向了小約翰：「兒子，世事眞的無常啊。由此可見，擁有身心的健康對我們來說是多麼重要。人的生命應當依附於身體，藉此才能展現人生中多姿多彩的一面。**人在青春韶華時，就應為自己的健康負起責任。**人們都認爲自己有一個健康的體魄是天理使然，進而虐待它、勞作過度、傷害它、粗暴地對待它，就成了人之常態。」

「是啊，」小約翰深有感觸地說，「也許這是因爲我們沒有理解恩賜莫深的主將我們創造得何其纖毫不差、精緻無比，且不對此心存感激。不過，現代人所受的壓力也確實太大了。」

「約翰，很多人在壓力過多的生活中，往往深陷其中不能自拔，針對這種情況，要開的處方很多，而其中的大部分，都是能夠自我調製的簡單處方。」

「處方？」「我認爲根本的處方還在於個人，至於**人們所感受的壓力、抱怨、焦慮，都是自心而生的一種感覺，如果一個人能認識到這一點，或許他就會真正地控制自己。如果一個人不能控制自己，那他永遠是自己精神的奴隸。**」小約翰拿過父親的相冊慢慢地翻起來。忽然他指著其中的一張對父親說：「爸爸，這是你那次做完手術之後，我們去夏威夷渡假時的合影吧！」

「哦？」洛克菲勒湊了過去，在照片上，一家四口沐浴在夏威夷的溫暖陽光下，洛克菲勒的精神很好，一點也看不出大病初癒的樣子。

「你知道嗎，約翰，20多年前的那次心臟手術在我的一生中留下了相當大的影響。

「記得那天下午，我在醫生的辦公室裡被告知，一周前進行的一次每年一度的例行檢查測試的結果，我被診斷患有狹心症，即心臟的冠動脈閉塞症候。可是我當時根本就不在意，那時我年僅40多歲。

「僅僅4天之後的傍晚，我正坐著閱讀報紙。突然極感不適，胸膛裡面像燃燒一樣，全身直冒冷汗，簡直像是要澆冷燃燒的熱度似的。你媽媽對我的症狀大爲驚恐，立即叫來醫生。

「經過兩個小時的急救，我挺過來了。從此我住進了加護病房。在等待進一步的檢查期間，我心裡出現過各種各樣的念頭。一想到要拋下你媽媽和年僅13歲的伊莉莎白，還有10歲的你而去，我便心如刀割。

「我藉由讀書知道，不安和絕望無助於身體的恢復。這場戰鬥只能有兩個結果：死亡，或者生存。我當然希望是後者。

「在進行手術之前，我記得的最後一句話是麻醉醫生說的：『現在要注射了。請從10開始倒數。10、9、8、7……』

「接下來記得的，是女護士對我說的話：『洛克菲勒先生，請您醒一醒。』像醫生所警告的那樣，我身上插著令人眼花撩亂的管子。你媽媽看見我的時候，一定是吃了一驚。然而我打贏了這一仗。

「畢利醫生對我說，手術圓滿成功。兩個多月之後，我便坐你媽媽的車子回家了。

「我知道自己還活著眞是好極了。仍然擁有和家人一起度過的時間，以及享受這個世界上好多東西的時間，這讓我欣喜不已。而我曾經面對死亡而沒有恐懼，也是值得高興的。

「從這次經驗中我得到了幾個重要的教訓。第一，感到不舒服的時候一定要去看醫生。本應可以聽到有益的建議，卻總不去向醫生專家求助，直至病症發展到連世界第一流的名醫也無計可施的狀態的，實在是爲數不少。

「另一個重要的教訓，是我知道了死亡的恐懼是可以克服的。我因爲年輕氣盛，曾經數次臨險。然而，此次患病之前的災難，在尚未明白發生了什麼之時，或者尚未發現有危險的時候，就結束了。」

「爸爸，您的經歷眞夠驚險的。那時媽媽爲了不讓我們擔心，在提到你的病情時總是輕描淡寫。況且那時我和姐姐都還小，我們眞的以爲您的病沒有什麼大礙呢。」小約翰直到現在才知道父親當時得病的嚴重狀況。

「那次經歷給我的教訓最深刻的，就是要永保身心的和諧，善待自己的一生；愛家人和朋友，知道其可貴之處，恐怕是無可比擬的良藥吧。**我們往往在瀕死之時，才明白可愛的東西是如何地可愛，而事前就已明白這一點的人是幸運的**。天堂是如此的美好，」洛克菲勒打趣道，「可是畢竟我去那裡還爲時過早。」

Rule 29

獨樂樂不如衆樂樂

賺錢不應成爲我們經營的唯一目的，
我們應當學會貢獻，
爲這個社會、爲其他人，貢獻一份我們應盡的力量。

我們生活在這世間必有價值，也必有使命。
看看四周，一定有你可以幫上忙的地方。
因爲你伸出了一雙溫暖的手，這世界上就少了一個哭泣的人。

我想人生有兩件事可當做目標，首先是得到你要的東西，
然後是分享它。只有最明智的人才能做到第二點。

利用財富勝於擁有財富。

眾樂樂會使喜悅加倍又加倍，因此，喜悅照亮我的朋友，
也會回到我身上來；他的蠟燭越亮，也就更容易照亮我。

小約翰和幾個朋友成立了一個爲救助非洲貧困人口募捐的基金會，洛克菲勒對兒子的舉動大加讚賞。

打高爾夫球休息時，小約翰對父親說，「爸爸，有件事我想跟您商量一下。」小約翰開口說道。

「什麼事？」

「我和安迪、華特，還有科比打算成立一個救助非洲貧困人口的基金會，我們4個人打算分別以各自的帳戶先捐助一筆資金，作爲基金會的活動經費，然後我們要逐漸向社會各界募捐，號召有能力的人貢獻自己的一份力量。並且我已經向董事會提交了申請，打算每年從集團的營業收益中抽取一定的比例作爲基金會的活動儲備金。」

「這是一件好事啊，」洛克菲勒很高興，「我支持你，約翰。」

「我們集團的經營雖是爲了賺錢，但**賺錢不應成為我們經營的唯一目的，我們應當學會貢獻，為這個社會，為其他人，貢獻一份我們應有的力量**。

「隨著我年事的增長，我知道了爲了在這個世界上生存，不少人是需要他人支援的。非洲的貧困人口是絕對需要國際援助，施以人道主義的救助，此外，社會上還有許多身體殘障、低能等弱勢群體需要我們去援助。

「遺憾的是，許多人終其一生不知道自己也有支援他人的力量，這種開心的體會從未有過，他們讓多麼開心的一刻溜走了！

「所以我想我們這個基金會要越早建立起來越好。」

經過一系列的籌備，1個月後，基金會正式成立了，小約翰被推舉爲基金會會長，其他3個發起者也分別擔任基金會的組委會成員，洛克菲勒被特邀擔任榮譽理事長。成立大會這天，商場界的人士、民間社團的代表，還有許多記者都參加了會議，並且因爲這個基金會是爲非洲貧困人口募捐，所以甚至國際紅十字會也派來了代表參加。

大會開始時，主持人先請小約翰爲大會致辭：「我感謝今天到會的每一個人，因爲你們的到來使我們的基金會又多了一份力量。

「也許很多人想問我成立基金會的源起，我想那是幾個月前我看了一部非洲貧民的記錄片，它讓我深深地被震撼了。我在此之前實在是無法想像非洲難民的生活景況，可是那天我看到了，我知道了這世界上還有一些人生活在水深火熱之中。我想我們有能力，爲什麼我們不能幫他們一把呢？

「因此，成立基金會的念頭一直在我腦中盤旋。我和我的3位朋友商量過後，決定成立這個基金會，我認爲我們這個基金會並不是慷慨的富人對窮人的施捨；它應是各階層的人們奉獻社會、服務他人的一種選擇，它所得的回報是受援者一生的友誼和信任，是建立起社會公正和穩定的基石，這個基金會的價值和意義是金錢所不能衡量的。它提供的是金錢無法買到的人間溫馨：關懷和幫助，友情與愛心。

「此外，我要十分感謝我的父親洛克菲勒先生，他爲我們的基金會注入了很大一筆的資金，並且他在精神上也一直鼓勵著我們。」小約翰一直望著坐在嘉賓席上的父親，「記得我在少年時，父親就一直跟我說：『**我們生活在這世間必有價值，也必有使命。看看四周，一定有你可以幫上忙的地方。因為你伸出了一雙溫暖的手，這世界上就少了一個哭泣的人。**』」

會場上的掌聲立刻響成了一片。最後，主持人請洛克菲勒上臺講話。

洛克菲勒走上台，以愉快的語調說：「感謝大家蒞臨基金會的成立大會，有這麼多人參加大會，我認爲有愛心的人越來越多了。

我想人生有兩件事可當做目標，首先是得到你要的東西，然後是分享它。只有最明智的人才能做到第二點。到現在，我認爲我的事業是成功的，我擁有了一定的金錢，我的集團規模也越做越大，但是我私下裡認爲，眞正的財富絕不僅僅是擁有金錢，它還包括健康、幸福、充裕、富庶、豐富、開心、學習、了解、機會、享受、平衡，以及分享。

我從不認爲我的財富是僅憑一己之力賺取的，諸位知道我是一個白手起家的人，我認爲我的財富是神賜的。所以我想我、包括在座的各位都應當善用財富。不能好好利用財富。它就會變成我們的一項負擔：利用財富勝於擁有財富。記得愛默生曾經說過：『金錢是一定數量的玉米和其他商品的代表。它是這麼多溫暖，這麼多麵包。』我想現在是將這些玉米和麵包分享出去的時候了。我認爲一個人的富有程度和他能放手出去多少事物成正比。將愛心傳佈於他人，是一件頗有價值的事，而這件事對施與者自己也有好處，『眾樂樂會使喜悅加倍又加倍，因此，喜悅照亮我的朋友，也會回到我身上來；他的蠟燭越亮，也就更容易照亮我。』

「最後，我想引用《聖經·提摩太前書》中的一句話：『要囑咐他們行善，在好事上富足，甘心施捨，這樣，他們就為自己積成美好的根基，預備將來，叫他們持定那真正的生命。』謝謝，謝謝大家。」

洛克菲勒走下了講臺，會場上響起了久久不停的掌聲。

後記

我相信個人的價値至高無上。

我相信每一項權利都意味著責任。

我相信法律是爲人而制定的。

我相信政府是人民的僕人。

我相信勞動。

我相信勤儉是井然有序的生活之必需。

我相信眞理和公正對社會的長治久安至關重要。

我相信諾言是神聖的。

我相信提供有用的服務是人類共同職責。

我相信全能、全知、大慈大悲的上帝。

我相信愛是世界上最偉大的事物。

洛克菲勒的一生是輝煌的一生，是傳奇的一生。他的成功必然有其特殊和必然的原因。有人說，洛克菲勒是窺見上帝秘密的人，他找到了成功的捷徑。瞭解洛克菲勒的思想、信條和信仰就可以幫助我們少走許多彎路，開啓屬於自己的成功之門。

洛克菲勒在青少年時期就一向有自己的主見。他對別人的讚揚無動於衷，因而沒有那種孩子氣的虛榮心。家境的貧寒和母親的教誨讓他變得成熟、穩重，這個踏實的孩子一旦認定了目標便勇往直前，絲毫不是出於小孩子的衝動。在這一點上他表現得與衆不同。

他雖然平時很嚴肅，大部分時間都在看書、聽音樂或者上教堂，但又不失機敏風趣，是那種在話語中出其不意地表現出來的風趣。

他具有父親的膽大妄爲和他母親的謹愼小心。從不對別人的輕侮耿耿於懷，而是定睛在切實可行的目標上——他具有超強的忍耐力和持之以恆的決心。

雖然他平時寡言少語，但是他卻是個超群的辯論家。語言條理清晰、表達準確，在闡述自己的觀點時總頭頭是道，不得不讓人信服。

後記

不管他有多孤僻，洛克菲勒一直有他自己的朋友圈子，而且他爲人十分地眞誠。

他有超凡的魄力、敢於冒險的精神、和一定成功的自信。對待找工作這件事他絲毫沒有任何懷疑或自憐的看法，所以能藐視所有的打擊與挫折。

他始終保持理性的分析，善於定訂策略，避免行爲受到情感的支配。

他有耐心、有禮貌，而且還表現出令人意想不到的不屈不撓的精神。

他節儉、守時、勤奮，篤信成功之信條。「我從來沒有想吸煙、喝茶或者喝咖啡的慾望。」

他始終視工作爲與生俱來的快樂，從來不把工作看成是毫無樂趣的苦役。

雖然生活富足，但是他卻如同虔誠的清教徒一樣，仔細檢查每天的一舉一動，調整自己的各種慾望，以期從自己的生活中消除未加檢點的自發行爲和不可預測的因素。

他相信帳本是神聖的，無論私人生活還是公司的生活都是一樣，是受一筆筆帳目支配的。在上面詳細地記下自己每一筆收入和開支。

他樂於施捨財富，他相信自己的財富是上帝給予的。在他工作後的第一年裡，就把自己6%左右的工資捐給了慈善機構。

他正直、誠信，賺錢有方，花費有道。「要去賺錢，光明磊落地賺，然後明智地花出去。」

他在事業上極少走冤枉路，只要發展時機成熟，他絕不會躑躅不前。

他工作起來一本正經，不知疲倦。他告誡自己說：「你的前程就繫於一天天過去的日子上。」

這些就是他成功的秘密，也是他對自己子女們的忠告。他是一位智者，更是一位慈祥、教子有方的父親。他知道，能帶給孩子一生幸福的不是金錢，而是精神上的富足和良好的生活習性。他唯一的兒子和繼承人——小約翰．洛克菲勒受其影響，繼承了洛克菲勒的家訓並將其繼續傳承下去。下面就是小約翰．洛克菲勒說出的家族信條：

這些信條是我和我的夫人在努力教育全家時所依據的原則。它們是先父深信不疑和處世立身的原則，它們是我在母親膝前所學到的原則。

這些信條指引人們活得有價值，活得幸福，死得勇敢，死得安詳。

如果這些信條對我的含義與對各位的含義相同的話，它們或許有助於我們的子女得到指引和鼓舞。

讓我把這些信條敘述如下：

『我相信個人的價值至高無上，個人有生存的權利、自由的權利和追求幸福的權利。

我相信每一項權利都意味著責任，每一次機遇都意味著義務，每一種佔有都意味著職責。

我相信法律是為人而制訂的，但人卻不是為法律而造就的；我相信政府是人民的僕人，而不是人民的主人。

我相信勞動——無論腦力勞動還是體力勞動——是堂堂正正的；就生活而言，世界對任何人都不欠什麼，但它卻欠每個人一次謀生的機會。

我相信勤儉是井然有序的生活之必需，而節儉是健全的金融機制之根本，無論政府、商務或個人事務皆然。

我相信真理和公正對社會的長治久安至關重要。

我相信諾言是神聖的，一言既出駟馬難追，如同契約；我相信個人品格——而不是財富、權勢或地位——具有至高無上的價值。

我相信提供有用的服務是人類共同職責，只有在犧牲的煉火中，自私的渣滓才能被消除，人類高尚的靈魂才能釋放。

我相信全能全知、大慈大悲的上帝——不管怎樣稱呼上帝；而個人最大的成就、最大的幸福、最大的作為，都必須在和上帝的意志和諧一致的生活中找到。

我相信愛是世界上最偉大的事物；我相信只有愛才能消除恨；我相信公理能夠而且必將戰勝強權。

不管如何表述，上述就是全世界一切善良的人們所代表的原則，不論其種族、信仰、教育、地位或職業如何，而為了這些原則，許多人正在受苦受難，獻出生命。

只有在這些原則的基礎上，才能建立起人人親如兄弟，上帝親如父輩的新世界。』

——小約翰．洛克菲勒於1941年7月8日的演講

後記

洛克菲勒家族信條英文版：

They are the principles on which my wife and I have tried to bring up our family. They are the principles in which my father believed and by which he governed his life. They are the principles, many of them, which I learned at my mother's knee.

They point the way to usefulness and happiness in life, to courage and peace in death.

If they mean to you what they mean to me, they may perhaps be helpful also to our sons for their guidance and inspiration.

Let me state them:

I believe in the supreme worth of the individual and in his right to life, liberty, and the pursuit of happiness.

I believe that every right implies a responsibility; every opportunity, an obligation; every possession, a duty.

I believe that the law was made for man and not man for the law; that government is the servant of the people and not their master.

I believe in the dignity of labor, whether with head or hand; that the world owes no man a living but that it owes every man an opportunity to make a living.

I believe that thrift is essential to well-ordered living and that economy is a prime requisite of a sound financial structure, whether in government, business, or personal affairs.

I believe that truth and justice are fundamental to an enduring social order.

I believe in the sacredness of a promise, that a man's word should be as good as his bond, that character--not wealth or power or position--is of supreme worth.

I believe that the rendering of useful service is the common duty of mankind and that only in the purifying fire of sacrifice is the dross of selfishness consumed and the greatness of the human soul set free.

I believe in an all-wise and all-loving God, named by whatever name, and that the individual's highest fulfillment, greatest happiness, and widest usefulness are to be found in living in harmony with His will.

I believe that love is the greatest thing in the world; that it alone can overcome hate; that right can and will triumph over might.

These are the principles, however formulated, for which all good men and women throughout the world, irrespective of race or creed, education, social position, or occupation, are standing, and for which many of them are suffering and dying.

These are the principles upon which alone a new world recognizing the brotherhood of man and the fatherhood of God can be established.

——John D. Rockefeller Jr.， for the speech of July 8th, 1941

洛克菲勒相關傳記與研究書目（以出版年份排序）

- Brown. Marcus M. A Study of John D. Rockefeller, The Wealthiest Man in the World. Cleveland: Marcus M. Brown, 1905.

- Flynn, John T. God's Gold: The Story of Rockefeller and His Times. New York: Harcourt, Brace and Company, 1932.

- Engelbrecht, Curt E. Neighbor John: Intimate Glimpses of John D. Rockefeller. New York: The Telegraphic Press, 1936.

- Allstorn, O. Old Rocky: The World's First Billionaire Centenary, 1839-1939. Chicago: M.A. Donohue & Company, 1939.

- Nevins, Allen. John D. Rockefeller: The Heroic Age of American Enterprise. New York: Charles Scribner's, 1940.

- Nevins, Allan. Study in Power: John D. Rockefeller, Industrialist and Philanthropist; 2 vols. New York: Charles Scribner's Sons, 1953.

- Goulder, Grace. John D. Rockefeller: The Cleveland Years. Cleveland: Western Reserve Historical Society, 1972

- Hawke, David Freeman. John D.: The Founding Father of the Rockefellers. New York: Harper & Row, 1980.

- Hawke, David Freeman, ed. The William O. Inglis Interview with John D. Rockefeller, 1917-1920. Meckler Publishing, in association with the Rockefeller Archive Center, nineteen microfiches and a printed index, 1984.

● Rockefeller, John D. Random Reminiscences of Men and Events. New York: Doubleday, 1908; London: W. Heinemann. 1909; Sleepy Hollow Press and Rockefeller Archive Center, 1984.

● Coffey, Ellen Greenman. John D. Rockefeller: Empire Builder of the American Dream. New York: Silver Burdett, 1989.

● Ernst, Joseph W., editor. Dear Father, Dear Son: Correspondence of John D. Rockefeller and John D. Rockefeller, Jr. New York: Fordham University Press in cooperation with the Rockefeller Archive Center, 1994.

● Chernow, Ron. Titan: The Life of John D. Rockefeller, Sr. New York: Random House, 1998.

● Segall, Grant. John D. Rockefeller: Anointed with Oil. New York: Oxford University Press, 2001.

● Laughlin, Rosemary. John D. Rockefeller: Oil Baron and Philanthropist. Greensboro, North Carolina: Morgan Reynolds, Inc., May 2001.

● Dalzell, Robert F.; Dalzell, Lee Baldwin. The House the Rockefellers Built: A Tale of Money, Taste, and Power in Twentieth-Century America. Holt Paperbacks, 2008.

國家圖書館出版品預行編目（CIP）資料

洛克菲勒給子女的一生忠告／約翰．D．洛克菲勒（John D. Rockefeller）著；馬劍濤，肖文鍵編譯
-- 初版.-- 臺北市：笛藤，2012.05 印刷
面；公分
ISBN 978-957-710-589-9（精裝）

1. 成功法 2.自我實現

177.2 101008777

《典藏精裝版》

洛克菲勒給子女的一生忠告 **定價380元**

2019年1月23日 初版第7刷

著　　者：約翰．D．洛克菲勒（John D. Rockefeller）

編　　譯：馬劍濤．肖文鍵

封面設計：碼非創意

內頁設計：賴巧淩

總 編 輯：賴巧淩

發 行 所：笛藤出版圖書有限公司

發 行 人：林建仲

地　　址：台北市中山區長安東路二段171號3樓3室

電　　話：(02)2777-3682

傳　　真：(02)2777-3672

總 經 銷：聯合發行股份有限公司

地　　址：新北市新店區寶橋路235巷6弄6號2樓

電　　話：(02)2917-8022．(02)2917-8042

製 版 廠：造極彩色印刷製版股份有限公司

地　　址：新北市中和區中山路2段340巷36號

電　　話：(02)2240-0333．(02)2248-3904

訂書郵撥帳戶：八方出版股份有限公司

訂書郵撥帳號：19809050